大歷史大文章
——大歷史的根源與基石

古代篇

起於堯舜，迄於唐代

龔鵬程 主編

主　編：龔鵬程

編　委：周鳳五　林素清　鄭志明　簡宗梧
　　　　李　春　周益忠　王　樾　陳　韻
　　　　沈寶春　周志文　簡松興　黃復山
　　　　蔣秋華　林保淳

夏禹王像

周武王像

孔子像

伏生授經圖

鄭玄誡子圖

武侯高臥圖

高逸圖

虞世南摹蘭亭序

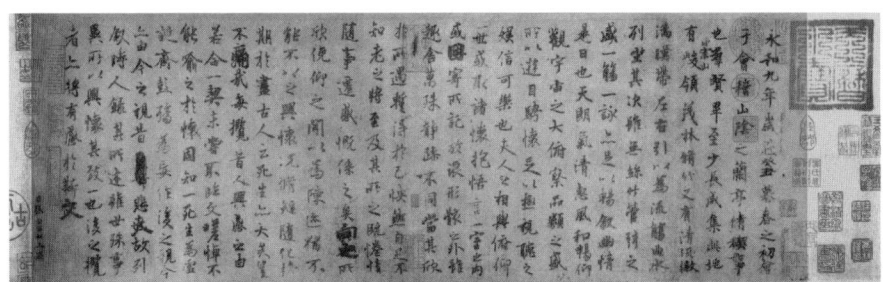

北魏遷都洛陽壁畫

十八學士圖（局部）

玄奘和侍者像

《尚書正義》書影

目錄 ｜ 大歷史・大文章 古代篇

序　歷史，在轉捩點上…………龔鵬程 /015

堯　典……………………………不　詳 /029
盤　庚……………………………盤　庚 /040
牧　誓……………………………姬　發 /051
利簋銘……………………………利 /055
洪　範……………………………不　詳 /059
大　誥……………………………姬　旦 /068
康　誥……………………………姬　旦 /075
何尊銘……………………………何 /084
盠駒尊銘…………………………盠 /088
裘衛盉銘…………………………裘　衛 /091
史牆盤銘…………………………史　牆 /095
禹鼎銘……………………………禹 /100
多友鼎銘…………………………多　友 /104
中山王䤿鼎銘……………………䤿 /108
方升銘……………………………商　鞅 /114
諫逐客書…………………………李　斯 /118
議廢封建…………………………李　斯 /124
初并天下議帝號令………………嬴　政 /127
禮　運……………………………不　詳 /132
除肉刑詔…………………………劉　恆 /150
論貴粟疏…………………………晁　錯 /155
難蜀父老…………………………司馬相如 /163
賢良對策…………………………董仲舒 /170

論六家要旨	司馬談	/182
劇秦美新	揚　雄	/190
移讓太常博士書	劉　歆	/199
《漢書》敘傳	班　固	/208
三綱六紀	班　固	/220
《說文解字》敘	許　慎	/228
渾天儀	張　衡	/238
太平經和三氣興帝王法	不　詳	/247
求賢令	曹　操	/250
典論論文	曹　丕	/254
出師表	諸葛亮	/261
養生論	嵇　康	/268
徙戎論	江　統	/278
蘭亭集序	王羲之	/294
《文心雕龍》序志	劉　勰	/299
宋書恩幸傳論	沈　約	/309
《文選》序	蕭　統	/315
遷都議	元　宏	/324
《顏氏家訓》序致	顏之推	/329
征高麗詔	楊　廣	/334
《切韻》序	陸法言	/342
《隋書·經籍志》序	魏　徵	/348
大唐三藏聖教序	李世民	/363
《大唐西域記》序	玄　奘	/370
《尚書正義》序	孔穎達	/377

序　歷史，在轉捩點上　　龔鵬程

觀乎人文，察於時變

「江聲不盡英雄恨，天意無私草木秋」，歷史的驚濤駭浪，翻翻滾滾。奔騰處，激越慷慨；低迴處，幽咽纏綿。但是，游動波流，卻徒然教人悲喜莫名，根觸萬端，而不能知其究竟。

到底歷史只永遠表現為一種周而復始的循環，還是發展成無窮無盡的追尋？一切變化都歸於既定的人類使命，還是它在變化中帶領我們攀上幸福的頂峰？文明的驟起驟衰，猶若潮汐，人類的生涯有限，又怎能探勘歷史的跫音、尋找文化的座標？暗夜長途，何處才是歷史的光明？忽焉就死，歷史對人生的意義又在哪裡？

任何人在面對這些問題時，都是相當惶惑茫然的。歷史，常像雅士培（Karl Jaspers）所說，不時表現為一團烏七八糟的偶然事件，如急轉的洪流，從一個騷動或災難緊接到另一個，中間雖有瞬間出現的短暫歡樂，亦如小島一般，終究也要遭到吞沒。但有時，歷史也並不全然如此盲亂，它彷彿如康德所說，是一種明智計畫的理性過程，並不斷趨向於成熟完美──雖然他也承認整個人類歷史之網，是由愚昧幼稚的虛榮、無聊的邪惡、破壞的嗜好所織成。那麼，歷史到底是什麼？歷史中是否確能找到明顯的因果關聯或變遷的規律呢？

這當然是相當困難的事。我們傳統的史學，大抵總相信歷史的道德趨向，王道理應成功、霸道終歸失敗，暴君一定亡國、仁者當

然無敵。歷史的道德規律,推動著歷史的發展,所謂「天有常度,地有常形,君子有常行」(東方朔《答客難》)。西方自奧古斯丁(Augustine)以降,亦輒欲說明人類歷史乃遵循一種形而上的律則在進行著,一切皆為上帝所安排,個人的遇合、國家的治亂,乃至於皇權之成立,都決之於上帝的旨意與恩寵。

十八世紀以後,因受科學發展的影響,認為人性與物理都須受自然法的支配,一切都決之於理智,而既以理智為依歸,則人類即必須珍視自由,不自由,文化必定衰落。十九世紀後,又由於達爾文學說的影響,相信人類的歷史一定是步步前進的,不管分成若干階段,後一階段總要比前一階段好些。另一派則是自古以來就有的歷史循環說或週期說,諸如「天下分久必合,合久必分」「五百年必有王者興」「五德轉移,治各有宜」之類,與西方思辨性歷史哲學亦多有暗合者,其言甚為繁賾。這些主張,雖各有論點,但總都具有決定論傾向,不認為歷史只是盲目的、偶然的聚合,故努力地想在歷史的變遷中,抽絲剝繭,爬梳出一個規律的模型,以掌握歷史的動態。不幸的是,歷史事件之雜亂無章、龐然紛若,歷史知識之性質特殊,往往使得這些規律在解釋時遭到困難。所以自十九世紀蘭克(Ranke)及普魯士歷史學派提倡經驗的史學以來,黑格爾式思辨性的歷史哲學即逐漸式微了,近代實證論及行為主義者,甚至都曾排除對歷史之意義的追究。但是,這也是矯枉過正之談,因為追問歷史的意義,不僅是一種合法的(legitimate)探索,而且是我們非做不可的事。故奧古斯丁這個傳統,在當代又漸有再生的趨勢:梅耶霍夫(Meyerhoff)所編《我們這個時代的歷史哲學》中,曾列舉 Berdyaev(柏提耶夫), Barth

（巴特），Niebuhr（尼布爾），Tillich（蒂利希），Butterfield（巴特菲爾德），Löwith（洛維特）等當代思想家，來證明這一點。

糾纏於這些傳統、質疑與趨勢之中，歷史，依然曖昧難明。那裡面，自不乏小樓聽雨、深巷賣花的款款情致；那裡面，也總合藏著鐵馬秋風、樓船夜雪的莽莽蒼蒼。英雄叱吒，遺民淚盡，千古興衰，一紙論定。歷史的浩瀚博大、莊嚴深邃，實非此類爭辯與追詰所能窮盡。每當我們仰觀蒼穹，列星燦燦、浮雲皓皓時，便自然而然地會興起這種充脹胸臆的歷史感情，思而不見，望古遙集，歷史的呼喚，於焉展開。

就是在這樣的呼喚與感應中，歷史才對此時此地的我們具有意義，而我們也才能真正進入歷史中，去「觀看」歷史的動態，稽其成敗盛衰之理。不管歷史是理性自主的運作，是隨順理性的計畫安排，抑或只是受到盲目意志的撥弄，既無理想目標，也無法則，我們觀察歷史的這個行動，本身就具有省察人類存在之歷程的意義。而這種省察，也內在地開展了我們的世界，讓我們超然拔舉於此時此地之上，開拓萬古之心胸，獨與天地精神相往來。這不是遁世逃避，乃是積極開拓自我，並借著這樣一種活動來跟現實人生社會做一番對照，以「察盛衰之理，審權勢之宜」（賈誼《過秦論》）。換言之，歷史縱使只是一條惡魔遍佈的價值毀壞之路，觀看歷史，依然可以讓我們更清明地向理性與道德的完美境域邁進。

這也就是說，歷史的性質與功能，它所能提供給我們的，其實就在我們觀乎人文、察於時變的行動中。人文的發展、價值的探索、社會的變動、人類一切理性與非理性的成就，俱在歷史中向我們招手，

並展露它廣袤繁多的姿容。只要我們真正涉入其中，歷史立刻就進入了我們的生命，使我們能通古今之變，參與歷史的脈動。

歷史遺忘了中國，中國也遺忘了歷史

古今之變，到今天可說是劇烈極了。

明朝末年，利瑪竇來華傳教時，他所繪印送給中朝士大夫的《輿地全圖》中，因為中國並不在中央，以致引起許多批評，《聖朝破邪集》裡甚至攻擊他：「利瑪竇以其邪說惑眾。……所著《輿地全圖》……真所謂畫工之畫鬼魅也。……試於夜分仰觀，北極樞星乃在子分，則中國當居正中，而圖置稍西，全屬無謂。」（卷三）這時，中國人對自己的國家與文化，還是充滿自信的，他們所表現的文化內容，也能讓耶穌會遠人欣然嘆服：認為在世界各國仍處於蒙昧之時，中國即已有了孔子，孔子與基督有相同的神性與使命，是「真的神」；而儒教基於相愛之關係所產生的政治制度，迥異於西歐基於主人與奴隸的關係，對西歐社會，更為一優美之對照，要改造西歐，即有「接種中國思想」的必要。

可是，不到二百年後，這種局面就完全改變了。在歐洲刮起的中國熱，逐漸冷卻，自十五世紀以來，基督教國家向「落後地區」擴展其文化的行動倒越來越熾烈。不僅有黑格爾這樣的大哲學家宣稱「所有的歷史都走向基督，而且來自基督。上帝之子的出現是歷史的軸心」；詩人吉卜林（Rudyard Kipling）也高唱「白人的責任」。所謂白人的責任，就是說白種人有責任「教導」有色人種，要他們採取西

方的制度、西方的生活方式,並學習西方的技術。 遠洋殖民和貿易事業,逐步把他們這種「偉大」的理想推拓到非洲、亞洲。 利用船堅炮利,轟開了天朝的大門,搖撼了中國文化的核心價值。

於是,夕陽殘照漢家陵闕,天朝的光榮,恍若西風中的枯枝敗葉。 沉淪崩圮的世代、花果飄零的民族,這時所再呼喊的,便不再是歷史與文化,而是接種西洋思想了。 受挫折的中國靈魂,從此被迫去擁抱另一個天朝,學習另一套歷史與文化,以重塑中國的未來,並理解中國的過去。

這當然是可哀的事。 昔日的真神,現在概在打倒之列,歷史被當作包袱,視為與現代對立的僵化凝固體、阻礙進步的絆腳石。 任何人在面對中國歷史時,都可以毫無敬謹謙抑之心,或莊嚴誠懇之情,都有資格恣意批判。 很少人真正通過歷史的屬辭比事,以疏通知遠,卻大言炎炎,棄此歷史文化如敝屣。 社會上一般人,對歷史更是隔膜,歷史知識至為貧乏,即使是高級知識分子,對本國史,亦輒有比鄰若天涯之感。

連橫曾說:「史者,民族之精神,而人群之龜鑑也。 代之盛衰,俗之文野,政之得失,物之盈虛,均於是乎在。 故凡文化之國,未有不重其史者也。」(《〈臺灣通史〉序》)章太炎也以為:「群之大者,在建國家、辨種族。 其條例所系,曰:言語、風俗、歷史。 三者喪一,其萌不植。」(《檢論》卷四《哀焚書》)這些,在今天大概都是不甚流行的看法。 姑不論我們是否仍可稱為文化之國,也暫時不管當前社會名流是否皆以競作世界公民是尚,而恥言民族主義;倘若我們毫不諱飾地來看,自會發現目前我們對歷史的淡漠與無知,確實已經

到了令人拊膺長嘆的地步了。

　　造成這種現象，固然肇因於這次天朝的大變動，勢之所趨，莫可奈何，但我們對歷史教育的輕忽與僵化，實也是一大原因。至少在制度上，大學分組的辦法，幾乎強迫一半以上資質穎異的學子，從高中起便視歷史為身外之物，從此不再接觸。少年時期，如此缺乏歷史的薰陶，長大以後又怎能奢求他們會有歷史的感受和理解？而等到整個社會上的成人都普遍欠缺歷史的認知時，又怎麼會尊重歷史？怎麼可能汲探文化的根髓？徒然讓兒童去肩負背誦《三字經》《唐詩三百首》的重任，就算達到歷史灌輸的目的了嗎？何況，歷史教育並非灌輸即能奏效的。現今歷史教育之所以收效甚微，不能激發國民的熱情與嚮往，無法砥礪種性、激昂民氣，教材之平板僵硬，自屬重要癥結。須知讀史之要，在使人知政事風俗人才變遷升降之故，所謂「《堯典》可以觀美，《禹貢》可以觀事，《皋繇謨》可以觀治，《洪範》可以觀度，六《誓》可以觀義，五《誥》可以觀仁，《甫刑》可以觀誡」（《書大傳》）。我們的歷史教育，似乎對此仍少措意。

　　當然，可以告慰的是，在學術界、高等研究機構中，仍有不少傑出的學者在從事歷史之探索。但彷彿大家還不曾理解到：歷史，尤其是自己國家文化的發展歷史，並不只是一門孤立的學科，而是人存在的基石。人存在的意義，無不是根於歷史而展向未來的，過去的歷史傳統，構成了我們理解的背景。我們之所以能立足於世界，並向這個世界開放的唯一依據，仰賴的就是這個力量。這個力量一旦不顯，歷史就成了搞歷史的人的專職，成為紙面上的一堆堆資料，與公共大眾無關，而我們的研究與教學，自然也就僅能局限於平面事件的排比與

介紹，不再致力於觀人文、察時變了。

但是，我們必須注意：當我們漠視歷史時，歷史也正在遺忘我們。

從前，四夷賓服、萬方來朝的時代，我們天朝對於四裔遠人及寰宇全貌，實在缺乏理解。而現在的天朝，也同樣沒有把「落後地區」算進人類的歷史裡去。像房龍那本名著《人類的故事》裡，你就幾乎找不到人類之一──中國人的故事。威那・史坦恩（Werner Stein）原著，貝納德・古倫（Bernard Grun）和華萊士・布勞克威（Wallace Brockway）英譯增訂的《歷史時間表》中所指的歷史，也不全是整個人類的歷史，而只以西歐、美洲為其重點。儘管印度、中國、日本等國的重大歷史事件也有記載，也非有意省略，「但作者們也沒有做任何努力來調查這些地區的歷史事件」（見該書序文）。

更有趣的例子，是羅伯特・唐斯（Robert B. Downs）所寫的《改變世界的書》（*Books that Changed the World*）。唐斯是著名的圖書館學家，他認為自文藝復興以來，有十六本書改變了世界，這十六本書是：一五一三年馬基雅弗利的《君主論》、一七七六年潘恩的《常識》、一七七六年亞當・斯密的《國富論》、一七九八年馬爾薩斯的《人口論》、一八四九年梭羅的《不服從論》、一八五二年斯托夫人的《湯姆叔叔的小屋》、一八六七年馬克思的《資本論》、一八九〇年馬漢的《海權論》、一九〇四年麥金德的《歷史的地理樞紐》、一九二五年希特勒的《我的奮鬥》、一五四三年哥白尼的《天體運行論》、一六二八年哈威的《心血運動論》、一六八七年牛頓的《自然哲學的數學原理》、一八五九年達爾文的《物種起源》、一九〇〇年佛洛伊德的《夢的解析》、一九一六年愛因斯坦的《相對論原理》。

這些書，在我們《辭海》的「中外歷史大事年表」裡差不多都提到了，但是像《傳習錄》《四庫全書》之問世，卻不見於唐斯這份書單裡。當然，我們並不因此而否認這紙書單裡的書確實影響深巨，確實改變了人類的歷史，可是，這究竟是誰的歷史？那個也曾參與人類文明之創造、也曾貢獻世界歷史之開展的中國，難道就這樣被遺忘在歷史之外了嗎？

是的，天朝的燈影舞姿，正如是之璀璨，蜷縮在文化邊陲的荒煙蔓草中的我們，恐怕早已被剔除在歷史之外，置諸天壤若存若亡之間了。

然而，何必慨嘆，何用嗟傷，旁人本來也並沒有義務要熟諳咱們中國的歷史。而且，只要我們自己不遺忘歷史，歷史也必不遺忘我們。無人懷疑中國現在必須參與世界，必須接納西洋文化，可是假若我們再想想當年新文化運動諸賢如梁啟超、胡適等人開列「國學最低限度必讀書目」時，為什麼要說「並此而未讀，真不得認為中國學人矣」，就可知道歷史的認知，原無礙於新世界的開拓；歷史文化的薰習，則是人生必備的條件之一；至於對歷史變動與發展的理解，更是國民最可貴的能力。何況，王國維說得好，「只分楊朱嘆歧路，不應阮籍哭窮途」，因為「窮途回駕無非失，歧路亡羊信可吁」(《天寒》)。處身在新舊交沖、中西激盪的偉大時代，加強歷史的認知，正是「窮途回駕」，時猶未晚，且也是避免「歧路亡羊」的唯一辦法。我們對此，自宜知所戮力。

只不過，中國歷史源遠流長，歷史文獻龐雜無儔，要瞭解中國歷史的源流與交遷，我們「必讀」的又該是些什麼？

通古今之變：改變中國的劃時代文獻

　　以中國史學「疏通知遠」的特質來看，尋求通古今之變的歷史功能，乃是任何史著不論其體裁如何都想達成的目標。雖然像鄭樵，標榜通史，以為「自《春秋》之後，惟《史記》擅製作之規模」，班固「以斷代為史，無復相因之義……會通之道，自此失矣」(《〈通志〉總序》)。但即使是斷代為史，依然可以有會通之義，只是斷代者包舉一代，通史者綜括古今，範疇各有所宜而已。

　　話雖如此，觀時變而察古今，畢竟仍以通史為優。中國除《史記》之外，有《通典》《通志》《通考》這一類傳統，囊括歷代典章名物制度，而觀其嬗遞興變之跡；也有編年為史的《資治通鑑》，其體制雖與紀傳不同，但實質上仍為一種通史。這些通史，著歷代盛衰興壞，以見事勢之遷變，足以使人識大體而知條貫，自然是我們所該諷誦研讀的。

　　但史文浩繁，舊籍所存，其實都是史家在面對他那個時代時，針對他所關心的問題而提出的解答，代表著史家個人的存在感受與歷史理解。譬如司馬遷撰寫《史記》，自謂「欲以究天人之際，通古今之變，成一家之言」，把「究天人之際」和「通古今之變」並舉，同為他寫史的兩大宗旨。這種對天人之際問題的關切，乃是太史公特殊的存在感受與歷史理解，也是他那個時代的主要問題。太史公對於這個問題，「究」的結果，是要於人事盡處始歸之於天命；是強調天變與政事俯仰；是主張為國者必貴三十年一小變五百年一大變的天運，

然後天人之際續備；是堅持天道難知，而人道可期，道不同時，則各從其志……我們看《史記》時，觸目所見，都是「豈非天哉」「此非天命乎」「人能弘道，無如命何」「非天命孰能當之」「乃天也」一類話。這些話顯示了《史記》正是司馬遷對歷史提出的解答。旁的史家，關切的不是這個問題，其解答便當然不同，胡三省《新注〈資治通鑑〉序》說司馬光寫《通鑑》時，正與諸人爭論國事，因此：「其忠憤感慨不能自已於言者，則智伯才德之論，樊英名實之說，唐太宗君臣之議樂，李德裕、牛僧孺爭維州事之類是也。至於黃幡綽、石野豬俳諧之語，猶書與局官，欲存之以示警。此其微意，後人不能盡知也，編年豈徒哉！」講的也是這個道理。

既然如此，則我們閱讀這些史著，便不只是熟悉它們裡面所記載的歷史事件，而是重新經驗該史家的問題與解答，重新認知他的存在情境。這種經驗與認知，誠然十分珍貴，誠然如柯林伍德（R. G. Collingwood）所說，是「重新思考別人所思考的當兒，就是自己在思考所思考」（《自傳》第十章）。但那畢竟不是我們自己的問題，畢竟不是在這中西交沖巨大變動時代所急欲尋求的答案。我們需要一部能夠具體而清晰顯示中國歷史之變遷與發展的史著，好讓我們觀人文，察時變，揭明中國歷史的源流。

這種史著，乃是新時代的需要，因此非舊有史籍所能替代。而事實上，身當我們這個空前奇異偉麗的時代，是理應有大史學家出來，網羅放失舊聞，恢張高情宏識，創以新體，勒成一書，為史學開一新局面，如太史公或司馬溫公那樣。

不幸現在我們並沒有這樣的史家，也沒有這樣的史著，通史大

業,墜緒茫茫,賢者不作,實令人有「小子何述焉」之慨!

我們無從取則,又無法緘默,無此學識,自然也不足以當纂修之任,沒有辦法,便只好用選文來替代著述。當此「莽莽神州入戰圖,中原文獻問何如」之際,徵文考獻,選輯改變了中國歷史的文章若干篇,略仿編年之體,排列條貫。任何人只要看了這些文章,中國文化如何摶塑成形,中國歷史如何興動遷變,必皆可一目了然。

歷史,在變動中

我國選文總集的傳統,向來以文學為主,《四庫提要》謂總集為「是固文章之衡鑒,著作之淵藪矣。三百篇既列為經,王逸所衷,又僅楚辭一家,故體例所成,以摯虞《流別》為始」(卷一八六),充分說明了這一事實。固然總集中也不乏《三台文獻》《中原文獻》《清源文獻》《嶺南文獻》《經世文編》這一類具有史學意義的東西,但從未蔚為傳統。

其實,編總集,可以有門類;選文章,可以定宗旨。這跟史家的別擇心裁,不是恰可相通嗎?輯錄原始文獻,讓材料自己說話,不也跟歷史的客觀性要求相符合嗎?運用這種方式來作史,不單可以開拓傳統選集的領域,更能圓滿安置歷史的主觀性與客觀性問題,對於「文章,經國之大業,不朽之盛事」這一事實,尤其是有力的印證,昔人見不及此,實在是很可惜的事。

何況,一切歷史的變動,都要顯示在人文成品上,而文字,即是其中最重要的一項。文章本身,不僅記載了歷史,也解釋了歷史。而

這些遺存的文獻記載之中，又有一些，不只是記載，不只是解釋，更直接塑造了歷史，產生了絕大的變動，引導人類或一個文明走向另一個全新的境地。例如董仲舒的《賢良對策》、韓愈的《原道》、孫中山的《〈民報〉發刊詞》、胡適的《文學改良芻議》之類。歷史之流，因這些文獻出現而扭動了航道，因此，它們是積極地改變了歷史的文章，一紙之微，旋乾轉坤。

另外，還有些文章雖並未直接塑造、改變歷史，可是它反映了時代的變動，刻畫了歷史的軌跡，影響了後來的發展，如秦始皇的《初并天下議帝號令》、嵇康的《養生論》、歐陽修的《朋黨論》、梁啟超的《論小說與群治之關係》等等，對歷史之流衍，亦有舉足輕重的地位。這些文章，是中國歷史甬道裡，一座座里程碑、一盞盞標示其曲折面貌的燈簇。把這些爝火燈盞串聯起來，即成了一條蜿蜒燦爛的中國之路。中國，就是這樣一步一步、一站一站走過來的。

換句話說，歷史如果有所謂的「轉捩點」，這就是了。透過這些文章，我們可以發現歷史不斷在轉捩點上，人類也永遠在對其生存情境做價值的判斷、意義的創造、技術的更新和生命轉捩點式的抉擇。他們或如《太極圖說》，張惶幽眇；或如《天工開物》，寄情物理；或究幾何之原理，或申薙髮之禁令；或者館開四庫，或者奉天討胡。孔子改制、鐵雲藏龜，政治經濟學術科技，各個層面彷彿都在齊聲用力唱出一種歷史的理則：人類的歷史，畢竟是由人類自己用他自由的意志與思索，努力創造出來的；不論幸福還是沉淪，一切也都得由他自己來負擔。

這本選集，就是想表達這樣一種觀點。

選文的體例，是經義奧旨、諸子成書，只發揮思想哲理，而不涉及歷史變動者不選；影響深巨，難以句摘篇選如《論》《孟》《老》《莊》之類，也無法甄錄。同一事，而其變動見於各文者，則擇其尤要者；假如改變歷史的，不是一篇文章，而是一本書，如歐陽修《集古錄》、嚴復《譯〈天演論〉》之類，便以序代書，借見一斑。每篇文章後面，略加注釋，並附譯文，以便讀者籀讀。最後，則加上編者們對該文的詮釋，簡要說明文章的內容、寫作的背景以及造成的影響等。

　　這樣的編寫工作，當然困難甚多，因為上下五千年，什麼文章改變了歷史、什麼文章足以顯示歷史的腳步、什麼文章具有里程碑的意義、什麼文章展現了文字的尊嚴與力量，實在頗費斟酌。而且，這些文章不是早已融入中國人的血液中，釋注繁多，師法紛雜，難以董理；就是從來沒有人詮解過，其名物度數隨時代變遷而難以稽考。編寫者限於學力和時間，倉促就事，亦無法探驪得珠、曲盡其要。至於以今言釋古語，本是訓詁的舊例，現在卻要全部「翻譯」成白話文，這當然是不可能的事，其不如人意，還用得著說嗎？

　　但椎輪大輅，本來就是歷史的通例，假如這種編輯理念沒有大錯，這種歷史觀點和通史的要求還不算太荒謬，則這次粗糙的嘗試，便不會是毫無意義的。更周全的歷史詮釋、更具代表性的篇章、更廣泛的層面，都可以在增訂時重作調整。

　　編輯這本書，原先是周浩正先生慫恿的；編寫過程中，陳恒嘉先生的辛勤奔走、編寫諸友人的案牘勞形，都令我甚為感動感激。我知道他們之所以願意如此辛勞，是因為相信這本書可以成為現代國民「必讀」的歷史讀本，相信中國歷史的源流與發展可以借此展示出

來。但我偶爾也會憶起陸放翁的詩句:「鏡雖明,不能使醜者妍;酒雖美,不能使悲者樂」(《對酒嘆》)。沒有一部歷史能自然彰示其意義,除非讀者自有其存在的感受與之相應;我們也不能從任何一部歷史著作中學到什麼,假若我們並無歷史感。讀者能從這些改變中國的文章裡,改變自我,呼喚起自己的存在感受來與它對應,以期相視而笑,莫逆於心嗎?

或許,這也是個轉捩點吧?

堯典
不詳

　　《堯典》是尚書的第一篇，記述上古時代帝堯與帝舜的事蹟，作者不詳。據近人考證，本篇文辭淺易，且篇中所見詞語，如帝、考妣等的用法合於戰國時期的語言現象，則本篇當係戰國時人述古之作。

背景

　　《尚書》是我國上古史料的淵藪，保存了大量的上古公文檔案，其中如《周書》的《大誥》《康誥》《酒誥》等篇，其重要與可信的程度，較諸考古發掘所得的甲骨文與金文毫不遜色；而屢經附益的後人傳抄之作如《堯典》，也依然具有不可抹殺的史料價值。可惜的是，一般人苦於其文字古奧，無法通讀；部分學者則囿於疑古與辨偽的成見，未能平心靜氣地加以研究，以致其史料價值迄今猶昧而不彰。

《尚書今古文注疏》書影

　　說到《堯典》的史料價值，這裡可以舉一個例證。《戰後京津新獲甲骨集》有一片殷代的牛肩胛骨刻辭，釋《堯典》文如下：

東方曰析，風曰劦。
南方曰夾，風曰屳。
西方曰夷，風曰彝。
北方曰夗，風曰伇。

刻辭簡略，不易明瞭，但用《山海經》來對照就容易通讀了：

有人名曰折（析）丹，東方曰折（析），來風曰俊，處東極以出入風。（《大荒東經》）

有神名曰因乎，南方曰因，來風曰民，處南極以出入風。（《大荒南經》）

有人名曰石夷，西方曰夷，來風曰韋，處西北隅以司日月之長短。（《大荒西經》）

有人名曰鵷，北方曰鵷，來風曰狳，是處東極隅以止日月，使無相間出沒，司其短長。（《大荒北經》）

《山海經》各節依次敘述（1）神人名（2）方位名（3）風名（4）所處極隅（5）神人職司。殷代刻辭所見的正是其中（2）方位名和（3）風名兩部分。顯而易見，這裡所記載的正是遠古四方風的神話。在《堯典》中，這段事情是指羲和兄弟四宅觀日，推行政令的故事，試看《堯典》：

分命羲仲，宅嵎夷……厥民析。

申命羲叔，宅南交……厥民因。
分命和仲，宅西……厥民夷。
申命和叔，宅朔方……厥民隩。

堯像

將四方神名轉化為四季不同的生活作息方式（如「東方曰析」即為春天人民分「析」散佈於田野），又因不認識「風」字（甲骨文「風」字像鳳鳥之形），誤認作「鳥」，又加「獸」字成「鳥獸」一詞。於是無端添出一段「鳥獸」脫毛、換毛的記錄。我們今天以甲骨文、《山海經》來和《堯典》對照，其逐漸脫離神話，而具有政治理想色彩的演化過程猶歷歷在目。

此外，《堯典》在文辭方面也有一個特色，即遣詞用字特別古奧，而且刻意用冷僻的字詞。例如以「欽」代「敬」，以「疇」代「誰」，以「載」代「事」，以「庸」代「功」……這種風氣對後代的散文也有很大的影響，直到近代，號稱古文家的人還在採用這種以古文代今字的做法。

其實，《堯典》雖為後人傳述之作，但並不能因此降低其史料價值。「四宅觀日」出自四方風神話，朱、虎、熊、羆可視為圖騰（totem）的孑遺，四岳與十二牧更是古代氏族社會的痕跡。凡此種種都足以證明《堯典》非向壁虛構的偽書可比。

影 響

就在中國歷史、文化上的地位而言，《堯典》是中國傳統政治思

想及道德修養的永恆典則，尤其禪讓政治對後代的影響之深，堪稱無與倫比。

原文

　　曰若稽古帝堯，曰放勳[1]。欽明文思安安，允恭克讓，光被四表，格於上下。克明俊德，以親九族，九族既睦[2]。平章百姓，百姓昭明。協和萬邦，黎民於變時雍。

　　乃命羲和，欽若昊天，曆象日月星辰，敬授人時[3]。分命羲仲，宅嵎夷，曰暘谷[4]。寅賓出日，平秩東作[5]。日中、星鳥，以殷仲春[6]。厥民析，鳥獸孳尾。申命羲叔，宅南交。平秩南訛，敬致[7]。日永、星火，以正仲夏[8]。厥民因，鳥獸希革。分命和仲，宅西，曰昧谷[9]。寅餞納日，平秩西成[10]。宵中、星虛，以殷仲秋[11]。厥民夷，鳥獸毛毨[12]。申命和叔，宅朔方，曰幽都。平在朔易。日短、星昴，以正仲冬[13]。厥民隩，

---

1 曰若稽古：考察古代。曰若，發語詞。
2 九族：同姓的親屬，上自高祖，下至玄孫。
3 羲和：古代神話中太陽之車的馭者，此處則分化為羲氏與和氏，兄弟四人分掌四方。「曆象」二句：指觀測天象以定曆法。
4 暘谷：古代神話傳說東方日出之處。
5 寅賓出日：恭敬地引導太陽出來。寅，恭敬。
6 「日中」二句：以晝夜等長，初昏時鳥星七宿見於正南方來推定春分。即觀測天象以定曆法。
7 敬致：夏至正午祭日而以土圭測日影。
8 「日永」二句：以晝長夜短，初昏時大火星見於正南方來推定夏至。
9 昧谷：古代神話傳說西方日入之處。
10 寅餞納日：恭敬地餞別太陽。
11 「宵中」二句：以晝夜等長，初昏時虛宿見於正南方來推定秋分。
12 毛毨：長出新毛。
13 「日短」二句：以晝短夜長，初昏時昴宿見於正南方來推定冬至。

鳥獸氄毛[14]。帝曰:「咨!汝羲暨和,期三百有六旬有六日,以閏月定四時成歲。允釐百工,庶績咸熙。」

帝曰:「疇咨若時登庸[15]?」放齊曰:「胤子朱啟明。」帝曰:「吁!嚚訟,可乎[16]?」帝曰:「疇咨若予采[17]?」

驩兜曰:「都!共工方鳩僝功[18]。」帝曰:「吁!靜言,庸違,象恭滔天。」帝曰:「咨!四岳。湯湯洪水方割,蕩蕩懷山襄陵,浩浩滔天[19]。下民其咨,有能俾乂?」僉曰:「於!鯀哉!」帝曰:「吁!咈哉!方命圮族[20]。」岳曰:「异哉!試可乃已。」帝曰:「往,欽哉!」九載,績用弗成。

帝曰:「咨!四岳。朕在位七十載,汝能庸命,巽朕位?」岳曰:「否德忝帝位。」曰:「明明揚側陋。」師錫帝曰:「有鰥在下,曰虞舜。」帝曰:「俞!予聞。如何?」岳曰:「瞽子,父頑,母嚚,象傲。克諧以孝烝烝,乂不格姦。」帝曰:「我其試哉。」女於時,觀厥刑於二女。釐降二女於媯汭,嬪於虞[21]。帝曰:「欽哉!」

慎徽五典,五典克從;納於百揆,百揆時敘;賓於四門,四門

---

14 氄毛:長出細密的絨毛。
15 疇咨:誰啊。
16 嚚:口不道忠信之言為嚚。訟:爭論。
17 采:事。
18 方鳩僝功:遍攬事權,具有績效。方,普遍。鳩,聚。僝,具。功,績效。
19 懷山襄陵:環繞山嶺,漫過丘陵。
20 方命:違反命令。圮族:滅族。圮,毀。
21 媯汭:媯水曲處,帝舜所居。媯,水名。汭,河流曲處內側。

穆穆；納於大麓，烈風雷雨弗迷。帝曰：「格！汝舜。詢事考言，乃言厎可績，三載。汝陟帝位。」舜讓於德，弗嗣。

　　正月上日，受終於文祖。在璇璣玉衡，以齊七政[22]。肆類於上帝，禋於六宗，望於山川，遍於群神[23]。輯五瑞，既月乃日，覲四岳群牧，班瑞於群後[24]。歲二月，東巡守，至於岱宗，柴，望秩於山川，肆覲東後。協時月正日，同律度量衡，修五禮、五玉、三帛、二生、一死贄，如五器，卒乃復。五月，南巡守，至於南岳，如岱禮。八月，西巡守，至於西岳，如初。十有一月，朔巡守，至於北岳，如西禮。歸，格於藝祖，用特[25]。五載一巡守，群後四朝。敷奏以言，明試以功，車服以庸。

　　肇十有二州，封十有二山，濬川。象以典刑，流宥五刑，鞭作官刑，撲作教刑，金作贖刑。眚災肆赦，怙終賊刑。欽哉，欽哉，惟刑之恤哉！流共工於幽州，放驩兜於崇山，竄三苗於三危，殛鯀於羽山，四罪而天下咸服。二十有八載，帝乃殂落，百姓如喪考妣。三載，四海遏密八音。

　　月正元日，舜格於文祖，詢於四岳，辟四門，明四目，達四聰。咨十有二牧，曰：「食哉！惟時柔遠能邇。惇德允元，而難任人，蠻夷率服。」

　　舜曰：「咨！四岳，有能奮庸熙帝之載，使宅百揆，亮采惠

---

22 璇璣玉衡：指北斗七星。
23 類：祭名，非時祭天。禋：祭名。置牲於柴上，而使其香味上達於天。六宗：指天地四時。
24 五瑞：五種作為信物的玉器。
25 特：一頭牛。

疇[26]？」僉曰：「伯禹作司空。」帝曰：「俞咨！禹，汝平水土，惟時懋哉！」禹拜稽首，讓於稷、契暨皋陶。帝曰：「俞，汝往哉！」帝曰：「棄！黎民阻飢。汝后稷，播時百穀。」帝曰：「契！百姓不親，五品不遜，汝作司徒，敬敷五教，在寬。」帝曰：「皋陶！蠻夷猾夏，寇賊奸宄，汝作士。五刑有服，五服三就；五流有宅，五宅三居，惟明克允。」帝曰：「疇若予工？」僉曰：「垂哉。」帝曰：「俞咨！垂，汝共工。」垂拜稽首，讓於殳斨暨伯與。帝曰：「俞，往哉！汝諧。」帝曰：「疇若予上下草木鳥獸？」僉曰：「益哉！」帝曰：「俞咨！益，汝作朕虞。」益拜稽首，讓於朱、虎、熊、羆。帝曰：「俞，往哉！汝諧。」帝曰：「咨！四岳，有能典朕三禮？」僉曰：「伯夷。」帝曰：「俞咨！伯，汝作秩宗，夙夜惟寅，直哉惟清。」伯拜稽首，讓於夔、龍[27]。帝曰：「俞，往，欽哉！」帝曰：「夔，命汝典樂，教冑子[28]。直而溫，寬而栗，剛而無虐，簡而無傲。詩言志，歌永言，聲依永，律和聲，八音克諧，無相奪倫，神人以和[29]。」夔曰：「於！予擊石拊石，百獸率舞。」帝曰：「龍，朕堲讒說殄行，震驚朕師[30]。命汝作納言，夙夜出納朕命，惟允。」帝曰：「咨！汝二十有二人。欽哉！惟時亮天功。」

　　三載考績，三考，黜陟幽明，庶績咸熙。

　　分北三苗。

---

26 亮采惠疇：分類輔佐政務。亮，輔佐。采，事。惠疇，唯類。惠，即唯，語助詞。
27 夔：長角獸。
28 冑子：天子與卿大夫的長子。
29 永：同「詠」，詠唱。
30 堲：厭惡。

舜生三十，征庸三十，在位五十載，陟方乃死。[31]

《尚書》

譯文

　　考察古代帝堯，名叫放勳。他謹慎明達，文雅溫和，恭敬謙讓，德業照耀四方，感動天地。他德行偉大，使宗族親睦、百官盡職、諸侯和諧、人民和善。

　　帝堯命羲氏、和氏觀象授時。他命羲仲居東方暘谷以引導太陽升起，教人民春耕，以晝夜等長、初昏時鳥星見於正南方的現象來推定春分。這時人民都在田間耕作，鳥獸也都交尾繁殖。又命羲叔居南方交阯教人民夏耘，夏至日敬謹祭日並測日影的長度，以晝長夜短、初昏時大火星見於正南方的現象來推定夏至。這時人民都解衣下田，鳥獸也都開始脫毛。又命和仲居西方昧谷以餞別太陽，教人民秋收，以晝夜等長、初昏時虛星見於正南方的現象來推定秋分。這時人民都為收成喜悅，鳥獸也都長出新毛。又命和叔居北方幽都教人民冬藏，以晝短夜長、初昏時昴星見於正南方的現象來推定冬至。這時人民都居家避寒，鳥獸也都長出柔細的絨毛。帝堯說：「羲氏、和氏，一年有三百六十六天，要採用置閏的方法來確定四季、推算年曆。順應天時，整飭百官，績效才會顯著。」

　　帝堯說：「誰能像這樣成就功業？」放齊推舉帝堯的嗣子朱，說：「嗣子朱開明通達。」帝堯說：「哼！他言論荒謬，又好爭辯，怎麼可以呢？」帝堯說：「誰能像我這樣承擔職事？」驩兜推舉共

---

31 三十：據鄭玄注當作「二十」。

工，說：「共工遍攬事權，且都有績效。」帝堯說：「哼！他不聽忠言，貌似恭謹，其實連上天都敢侮慢。」帝堯說：「唉！四位諸侯領袖，洪水成災，直漫青天。人民都在嘆息，誰能治理呢？」四人都說：「啊！鯀可以。」帝堯說：「哼！不可以。他違抗命令，要滅族的！」四人說：「姑且試用吧！」帝堯任命鯀說：「去吧！要謹慎呀！」經過九年，毫無成效。

帝堯說：「啊！四位諸侯領袖，我在位七十年了，你們誰能順應大命，我把帝位讓給他吧？」四人說：「我們鄙陋，怕辱沒了帝位。」帝堯說：「那麼就推舉高明的人，即使出身微賤也不妨。」四人向帝堯推舉說：「有個無妻的賤人，名叫舜。」帝堯說：「嗯，我聽說過，他到底怎麼樣？」四人說：「他是盲人之子，父親糊塗，母親多嘴，弟弟無禮。他卻能和睦相處，恪盡孝道，感化他們。」帝堯說：「我要試用他。」於是把兩個女兒嫁給舜，藉以觀察舜的德行。帝堯對女兒說：「要謹慎啊！」

命舜推行五教，五教有成；命舜擔任政事，政事有成；教舜到四面城門接待賓客，都能肅然有禮；使舜進入大山深林，遇大風雷雨也不迷路。於是帝堯說：「來，舜。你所作所為績效卓著，三年有成，你擔任我的職務吧！」舜謙退不肯。後來終於答應了。

正月上旬吉日，舜在堯的祖廟接受堯的職務。他觀測天象，制定曆法；類祭上帝，禋祭天地四時，望祭山川神靈，遍祭諸神。帝舜收聚諸侯的信物，選定吉月吉日，接見四位諸侯領袖及各州州長，頒予信物，確認職權。這年二月，帝舜出巡東方，禋祭泰山，望祭其他山川，接見東方諸侯，調協四季，頒定正朔，統一音律與度量衡，修

訂禮儀。 五月，出巡南方，來到南岳衡山，所行禮儀一如泰山。 八月，出巡西方，來到西岳華山，所行禮儀同前。 十一月，出巡北方，來到北岳恆山，所行禮儀如西岳。 回朝之後，祭告於父廟、祖廟，各用一頭公牛為祭品。 每五年出巡一次，其他四年由四方諸侯分別來朝。 朝覲時讓諸侯發言，考驗其績效，若有功績則賞賜車馬服飾。

帝舜開始區劃天下為十二州，祭祀十二座大山，疏導各州的河流。又制定刑法，以放逐代替五刑。鞭笞行於官署，撲打行於學校，罰金可以贖罪。 過失可以赦免，怙惡不悛則加重其刑。 謹慎用刑，力求公平。 放逐共工到幽州，放逐驩兜到崇山，把三苗族驅趕到三危山，把鯀流放到羽山。 這四件事的處置，令天下人心悅誠服。 舜攝政二十八年，帝堯駕崩，百官哀悼如同父母去世一般，天下不舉樂凡三年。

正月吉日，舜祭告於祖廟，正式即位。 帝舜與四位諸侯領袖共謀國事，打開四面的城門以廣聽聞，又訪問十二位州長，說：「要努力啊！要安定遠近，要敦厚善良，要拒用奸佞，能夠這樣，四方蠻夷都會服從了。」

帝舜說：「啊！四位諸侯領袖，有誰能努力工作，光大帝業，就讓他居百官之位，分類輔佐政務。」四人都說：「伯禹可做司空。」帝舜說：「是啊！禹，你曾平定水土，現在可要奮勉呀！」禹跪拜叩頭，謙讓給稷、契及皋陶。 帝舜說：「你最合適，去吧。」帝舜說：「棄！人民受饑困厄，你主持農業，種植百穀。」帝舜說：「契！人們不親睦，父子兄弟不和順，你主管教育，謹慎推行五常教化，要寬大呀！」帝舜說：「皋陶！蠻夷擾亂中國，造成內亂外患，你主掌刑罰，要使人心悅誠服，斷獄以明察為主。」

帝舜說：「誰能做好百工之事？」四人都說：「垂可以。」帝舜說：「好啊！垂，你掌管工務。」垂跪拜叩頭，謙讓給殳斨和伯與。帝舜說：「你最合適，去吧。」帝舜說：「誰能管理山林川澤、草木鳥獸？」都說：「益可以。」帝舜說：「好啊！益，你做我的虞官。」益跪拜叩頭，謙讓給朱、虎、熊、羆。帝舜說：「你最合適，去吧。」

帝舜說：「啊！四位諸侯領袖，有誰能為我掌管祭禮？」四人都說：「伯夷可以。」帝舜說：「好啊！伯夷，你做我的秩宗，要早晚恭敬，端莊正直啊！」伯夷跪拜叩首，謙讓給夔、龍。帝舜說：「你最合適，去吧！要敬謹從事啊！」帝舜說：「夔！命你職掌樂律，教導長子，使他們正直而溫和，寬大而謹慎，剛強而不苛虐，簡易而不傲慢。詩表達意志，歌拖長聲音，樂音配合歌聲，律呂調和樂音。樂音若和諧，神、人也就和睦了。」

夔說：「啊！我奏起樂來，連野獸都會循聲舞蹈哩！」帝舜說：「龍！我痛恨邪說暴行驚擾民眾，任命你做納言，為我傳佈命令，轉達下情，一定要誠信不欺啊！」帝舜說：「啊！你們二十二人，要謹慎啊！要完成天意啊！」

每三年考核一次，考核三次之後，依考績分別升級或降級，於是官員的績效便顯著了。

把三苗族驅趕出中國。

帝舜三十歲時被堯徵召，攝政二十年，在帝位五十年，死於出巡途中。

（周鳳五／編寫整理）

盤庚
盤庚

　　盤庚，殷帝名；祖丁之子，陽甲之弟，小辛之兄。率領殷人遷居於殷（今河南安陽市西北小屯村），此後至帝辛（商紂）亡國，前後二百七十三年，殷國都於此。

　　本篇文辭古奧，大概是殷代史官所作的記錄，由於年代久遠，歷經傳抄，其中可能羼雜後人潤飾的成分。今本《尚書》中《盤庚》分為上、中、下三篇，漢代則合為一篇，而區別為三大段。今依文義以中、上、下為次，合為一篇。

背景

　　據學者考證，殷民族起於我國東北，後來逐漸南徙，往來於濟水、黃河之間。《詩經·商頌·玄鳥》歌詠殷商始祖的誕生云：

　　天命玄鳥，降而生商。

　　《史記·殷本紀》也載殷始祖名契，其母簡狄出浴，見玄鳥（燕）墮卵，簡狄取而吞之，遂有孕而生契。這種祖先以卵生而創業的神話，流行於我國東北民族，

契像

較晚出的史料如《後漢書・東夷傳》《魏書・高句麗傳》與《清太祖武皇帝實錄》中也都有類似的傳說。比較特殊的是秦的始祖。秦國「僻處西戎」，似與東北民族不相干，而《史記・秦本紀》云：

  秦之先，帝顓頊之苗裔孫曰女修。女修織，玄鳥隕卵，女修吞之，生子大業。

原來，秦為嬴姓，也是東方濱海的民族，後來輾轉西遷，終於據有周人的故地而稱霸西戎。秦國既原屬東方濱海的民族，則其始祖的神話與東北民族類似也就不足為奇了。

影　響

據《尚書・序》說，殷民族「自契至於成湯八遷」，而《尚書・序》又說「盤庚五遷，將治亳殷」，似乎殷民族自立國以來一直轉徙不定。殷商何以屢次遷徙？學者說法不一，有人主張遷居係為避水患，有人主張當時社會生產尚以游牧為主，真相如何，恐怕一時也無法考知。唯據史料記載，自盤庚遷殷迄帝辛（紂）亡國，二百七十三年之間，殷人定居於殷，不再遷徙。殷的地望，《史記・項羽本紀》有「洹水南，殷虛上」之說。據近代田野考古發掘的成果可知，即今河南安陽市西北小屯村一帶。

《盤庚》的文辭古奧，不易通讀，就連熟讀先秦古籍的唐代大文豪韓愈都要慨嘆：「周誥殷盤，詰屈聱牙！」近代由於考古學、語言學、歷史學的發展，我們對先秦文獻有了更深一層的瞭解與體會，讀

《盤庚》之文，於詰屈古奧之外，也能夠領略它所特有的質樸之美，那是早期散文所特有的口語成分，不假修飾，娓娓道來，於自然質樸中有其動人的力量。如：

若乘舟，汝弗濟，臭厥載。
若網在綱，有條而不紊；若農服田力穡，乃亦有秋。
若火之燎於原，不可向邇，其猶可撲滅。
今予其敷心腹腎腸，歷告爾百姓於朕志。

其說理取譬，反覆周至，絲毫不覺拖遝冗長。韓愈說本篇「詰屈聱牙」，我們卻領略它質樸自然的美感。本篇除史料價值之外，在先秦散文史上也是重要的代表作。

原 文

盤庚作，惟涉河以民遷。乃話民之弗率，誕告用亶[1]。其有眾咸造，勿褻在王庭[2]。盤庚乃登進厥民，曰：「明聽朕言，無荒失朕命。嗚呼！古我先後，罔不惟民之承保[3]。後胥戚鮮，以不浮於天時[4]。殷降大虐，先王不懷厥攸作，視民利用遷。汝曷弗念我古後之聞？承汝俾汝，惟喜康共；非汝有咎，比於罰[5]。予若吁懷茲新邑，亦惟汝故，以

---

1 誕：大，普遍。亶：誠懇。
2 褻：怠慢。
3 承：愛護。
4 胥：互相。戚：憂慮。
5 俾：使。惟喜康共：只是喜歡和你們共安樂。

丕從厥志[6]。

「今予將試以汝遷,安定厥邦。汝不憂朕心之攸困,乃咸大不宣乃心,欽念以忱,動予一人,爾惟自鞠自苦[7]。若乘舟,汝弗濟,臭厥載。爾忱不屬,惟胥以沈。不其或稽,自怒曷瘳[8]?汝不謀長,以思乃災,汝誕勸憂。今其有今罔後,汝何生在上?今予命汝一,無起穢以自臭;恐人倚乃身,迂乃心。予迓續乃命於天:予豈汝威?用奉畜汝眾。

「予念我先神後之勞爾先,予丕克羞爾[9]。用懷爾然。失於政,陳於茲,高后丕乃崇降罪疾,曰:『曷虐朕民!』汝萬民乃不生生,暨予一人猷同心,先後丕降與汝罪疾,曰:『曷不暨朕幼孫有比!』故有爽德,自上其罰汝,汝罔能迪[10]。

「古我先後既勞乃祖乃父,汝共作我畜民。汝有戕,則在乃心,我先後綏乃祖乃父;乃祖乃父,乃斷棄汝,不救乃死。茲予有亂政同位,具乃貝玉。乃祖乃父,丕乃告我高后曰:『作丕刑於朕孫。』迪高后丕乃崇降弗祥。

「嗚呼!今予告汝不易;永敬大恤,無胥絕遠;汝分猷念以相從,各設中於乃心。乃有不吉不迪,顛越不恭,暫遇姦宄;我乃劓殄滅之,無遺育,無俾易種於茲新邑,往哉生生!今予將試以汝遷,永建乃家。」

---

6 新邑:新國都。
7 忱:誠意。鞠:窮,走絕路。
8 稽:延遲。
9 丕:大。羞:進。
10 迪:說話

盤庚遷於殷,民不適有居。率吁眾戚出矢言。曰:「我王來,既爰宅於茲;重我民,無盡劉[11]。不能胥匡以生,卜稽曰其如台?先王有服,恪謹天命;茲猶不常寧,不常厥邑,於今五邦。今不承於古,罔知天之斷命,矧曰其克從先王之烈?若顛木之有由蘖,天其永我命於茲新邑,紹復先王之大業,厎綏四方。」

　　盤庚斅於民,由乃在位,以常舊服,正法度。曰:「無或敢伏小人之攸箴!」王命眾,悉至於庭。王若曰:「格汝眾,予告汝訓汝。猷黜乃心,無傲從康。古我先王,亦惟圖任舊人共政。王播告之,修不匿厥指,王用丕欽;罔有逸言,民用丕變。今汝聒聒,起信險膚,予弗知乃所訟。

　　「非予自荒茲德,惟汝含德,不惕予一人[12]。予若觀火,予亦拙謀,作乃逸。若網在綱,有條而不紊;若農服田力穡,乃亦有秋。汝克黜乃心,施實德於民,至於婚友;丕乃敢大言,汝有積德。乃不畏戎毒於遠邇,惰農自安,不昏作勞,不服田畝,越其罔有黍稷[13]。汝不和吉言於百姓,惟汝自生毒;乃敗禍姦宄,以自災於厥身。乃既先惡於民,乃奉其恫,汝悔身何及!

　　「相時憸民,猶胥顧於箴言,其發有逸口,矧予制乃短長之命?汝曷弗告朕,而胥動以浮言,恐沈於眾?若火之燎於原,不可向邇,其猶可撲滅。則惟汝眾自作弗靖,非予有咎。

　　「遲任有言曰:『人惟求舊,器非求舊,惟新。』古我先王,暨乃

---

11 劉:殺。
12 含德:《史記‧殷本紀》作「舍德」,是。譯文從之。
13 戎毒:大災害。

祖乃父，胥及逸勤，予敢動用非罰？世選爾勞，予不掩爾善。茲予大享於先王，爾祖其從與享之。作福作災，予亦不敢動用非德。

「予告汝於難，若射之有志。汝無侮老成人，無弱孤有幼。各長於厥居，勉出乃力，聽予一人之作猷。無有遠邇，用罪伐厥死，用德彰厥善。邦之臧，惟汝眾；邦之不臧，惟予一人有佚罰。

「凡爾眾，其惟致告：自今至於後日，各恭爾事，齊乃位，度乃口[14]。罰及爾身，弗可悔。」

盤庚既遷，奠厥攸居，乃正厥位，綏爰有眾[15]。曰：「無戲怠，懋建大命。今予其敷心腹腎腸，歷告爾百姓於朕志。罔罪爾眾，爾無共怒，協比讒言予一人。古我先王，將多於前功，適於山[16]。用降我凶，德嘉績於朕邦。今我民用蕩析離居，罔有定極。爾謂朕：『曷震動萬民以遷？』肆上帝將復我高祖之德，亂越我家[17]。朕及篤敬，恭承民命，用永地於新邑。肆予沖人，非廢厥謀，吊由靈[18]。各非敢違卜，用宏茲賁[19]。

「嗚呼！邦伯、師長、百執事之人，尚皆隱哉[20]。予其懋簡相爾，念敬我眾[21]。朕不肩好貨，敢恭生生，鞠人、謀人之保居，敘欽。今我既羞告爾於朕志，若否，罔有弗欽，無總於貨寶，生生自庸。式敷民

---

14 度乃口：閉起你們的嘴巴。度，閉。
15 位：指主要建築的方位。包括王宮、王的祖廟和社稷——土神、穀神的基址等。
16 先王：指湯。多於前功：擴大湯以前的商代先王的事業。山：山區，指亳。
17 肆：語詞。高祖：指湯。
18 沖人：童子，自謙的話。吊：至。靈：善。說大家意見不同，總歸採用好的。
19 賁：大。指遷都的大業。
20 隱：安定。
21 懋：勉勵。簡：大。

德，永肩一心。」

《尚書》

譯 文

　　盤庚準備渡河遷居，有些人不願意，於是盤庚把這些人召來，誠懇地告誡他們。那些人來到王宮，不敢簡慢。盤庚登上高處，召他們進前來，說：

　　「大家用心聽我講話，不許怠慢我的命令！唉！古代先王沒有不盡心愛護人民的，臣民也互相體諒，無不順從天意行事。從前上天降大災給殷國，先王也不敢留戀舊都，就根據人民的利益而遷都。你們為什麼不回想一下先王的舊事呢？我現在決定遷都，是為了使你們安全，希望遷到那裡能過安定的生活，並不是因為你們犯了什麼罪，要懲罰你們。我命令你們遷到新的都城，完全是為你們打算，你們應該順從我的心意。

　　「現在我準備帶你們遷居，把我們的國家安定下來。但是，你們都不體念我的苦心，都不肯拿出真心來，以致驚動了我，這是你們自走絕路，自找苦吃！你們好像已經上了船，卻不肯開船過河，結果只是讓所載的東西都腐爛掉！你們大家都不拿出誠心來，結果只會彼此都叫水淹死。不是還有人遲疑不肯走的嗎，到那時再抱怨也來不及了！你們不做長遠打算，想想你們現在所碰到的是什麼樣的大災，這樣下去，就會大大地增添憂患。你們只想暫時在這裡過活，不管將來怎麼樣，你們這樣地不懂道理，老天爺還怎能叫你們活下去呀！現在我訓告你們：你們心裡要明白些，不要輕信什麼謠言。那些謠言，就

和骯髒的東西一樣,是一點也活不得的。 我恐怕那些造謠的人利用你們、迷惑你們,叫你們拿不定主意。 我現在叫你們遷移,正是為你們向天祈求延續命運。 我哪裡是要懲罰你們?我正是要拯救你們,叫你們好好地活下去!

「我想從前我的先王是很愛護你們先人的,我也很能進而關懷你們,把你們遷移到安全的地方去,叫你們過較好的生活,如今老在這裡,這就是我在政事上的過失,若我硬要把你們留在這個壞地方,先王就會降大災來懲罰我。 先王會這樣責難我:『你為什麼這樣虐待我的人民,不帶他們走開呢?』若是你們大家不肯前進,不肯好好地和我一心一意地遷都,先王也一定會降大災來懲罰你們的。 先王也會這樣責難你們:『你們為什麼不順我幼孫的命令,而別具用心呢?』先王那時一定會從天上降大災來懲罰你們的,你們誰也沒有話說。

「你們要想想: 從前我先王既然很信任你們的先人,你們就更應該順從我的命令遷移。 如果你們存心要破壞遷都的計畫,我先王在天上告訴你們的先人,你們的先人就會棄絕你們,不救援你們了。 現在一些在位的官員如果有人想破壞遷都的計畫,貪圖這裡的財物,不肯遷移,你們先人在天上也一定會告訴我先王說:『要重重地懲罰那些不孝的子孫!』這樣,先王一定會降大災來懲罰你們的。

「唉!現在我再鄭重告訴你們一聲: 我的遷都計畫是決定不變的了,你們都應該很謹慎地來對待這次大災,不要違背我的意思,應該很誠懇地順從我的命令。 你們都要把自己的心放在正當的地方,誰都不能胡思亂想,亂造謠言。 如果還有胡作非為、抗拒命令、造謠搗亂的壞人,我定把他殺淨,一個不留!我決不讓一個壞種子留在那新

邑！你們快遷到那邊去吧！到那裡好好地生活。我現在就要率領你們遷到那裡，建立起永久的家業！」

盤庚遷殷，人民不樂意，盤庚要親近的大臣向人民講話，說：「王上遷居，業已住下，這樣做是重視大家的生命，不要全死於災難。你們卻不能互助求生，不妨卜問一下，看看結果如何？先王行事都謹遵天命，然而尚且不能永保安寧，不能定居一地，迄今已經五次遷都了。如今若不繼承先人，又如何效法先王的功業？這次遷都，就像大樹仆倒，又長出新芽一樣。老天會讓我們在這裡長久生存，繼承先王的大業，安定天下。」

盤庚曉諭人民，要輔佐長官，要遵循法度。告訴官員說：「不得隱瞞民眾對政府的建議。」王命令大家都到庭中。王如此說：「大家到前面來，我告訴你們。啊！你們不可傲慢放縱，貪圖享受。我們先王，也是希望和老人共事。先王佈告政令，無論多遠都能傳到，官員從不隱藏王的旨意，王因而對官員很滿意。官員沒有不當的言論，人民都改過向善。而現在你們聒噪不休，自以為是，說些邪惡淺薄的話，我真不知你們在爭論些什麼。

「不是我缺乏美德，是你們捨棄了道德，不能處處為我著想。我好比看火一般，非常清楚，只怪我笨拙，以致造成你們的過錯。群臣必須聽從君王的命令，就像把網繫在大繩上，才能有條不紊；就像農人種田，努力耕耘，才能豐收。你們要是能收斂放縱的心，對人民施與恩惠，這樣才可說句大話，說你們積德，不論現在或將來，你們都不怕大災害。如果你們只求逸樂，不努力工作，不從事農耕，自然什麼收成都沒有了。你們不把政府的善意傳達給人民，那是你們自找災

禍。 於是毀壞、災禍、內外擾亂都發生，以致自己害了自己。 你們既已先向人民說壞話，你們要受到應得的災害，到時悔恨也來不及了。

「看看那些小民，他們還都顧及政府的勸誡，你們竟然亂說話，何況我還掌握著你們的生殺大權？你們為何不事先告訴我，卻造謠煽惑？你們好比大火燎原，火勢雖猛，我還撲滅得了。 那是你們做了不好的事，不是我的錯。

「遲任曾經說過：『任用官吏是老人來得好，但器物則不要舊的，要新的。』古時我的先王跟你們的祖先，曾經同甘共苦過，我怎麼會對你們施以不合理的刑罰呢？世代計算你們祖先的功勞，我不會埋沒你們的好處。 現在我要隆重地祭祀先王，你們祖先有功的，當然也參與配享。降福降災，全聽神靈的意旨，我也不敢妄施不當的恩惠。

「我告訴你們困難的事。 做事要像射箭一樣，要把握目標。 你們不要欺侮那些老年人，也不要欺凌孤寡弱小。 你們各人長住現在的居所，努力獻出力量，聽我為你們計畫。 無論遠年近日，凡做壞事，就按刑法誅殺，有好的表現，就用賞賜來表揚。 國家要是好，那是你們的功勞； 國家若是弄不好，那就是我一個人的過錯。

「你們大家要把我的話輾轉相告： 從今以後，要各自敬慎自己的事業，各人在自己的職位上努力，閉起你們的嘴巴，否則，罰了你們，可不要後悔。」

盤庚遷都到了殷地以後，就開始了這個地方的建設，安置了大家的住所，並對王宮、神廟等主要建築的方位也作了安排。 盤庚同時作了一番安定大家情緒的訓話，他說：「大家剛來到這裡，萬不可貪玩和懈怠，要一齊努力建設我們的新都，來保住上帝授予我們的大命。

今天我把心腹話完全告訴你們：以往的事情我再不責怪你們了，你們也不要再怨恨我，老聚在一塊說我的壞話。從前我的先王想要繼承和擴大前人的事業，遇到水災就遷往山區，因此，使人民避免了災難，使我們的國家一天一天地興盛起來。現在我們的人民因為受到水災，四處逃散，沒有可以安居的地方。

「你們指責我：『為什麼要驚動上千萬的人民遷都呢？』你們要知道：上帝降下來這樣的大災，原是叫我們遷到新邑，恢復高祖的事業，這就是上帝要興隆我們的國家。我是很誠懇很小心地順著上帝的命令去辦事，我很盡心地去拯救人民，叫人民永遠住在這個新邑。我並不是不聽從大家的打算，因為意見不同，總要採用好的。如今從占卜中也已經得到吉兆，誰也不敢違背占卜去辦事，因此，我們就要完成這次遷都的大事業。

「唉！你們各國的君長、各個官長以及所有管事的官員們呀，大家都把心定下來，好好地盡自己的職責吧！我現在要細心察看你們，你們要拿出誠心來幫助我教養人民。我決不信任那些貪求財寶的人，誰若盡心幫助我教養人民，人民能夠安定地在這裡住下去，我一定信任他，尊敬他。現在我把我的內心話都說盡了，你們覺得怎樣？你們應該誠懇地依照我的意思辦事，你們千萬不要貪求財寶，不管人民死活，你們應該努力向前，好好地做事，給人民恩德，永遠和我一條心！」

（周鳳五／編寫整理）

牧誓
姬發

本篇相傳為周武王伐紂時在牧野的誓師之辭。

周武王為周文王次子（長子伯邑考早死），姓姬名發，牧野之戰伐紂克商，為西周開國之君。

背景

周武王伐紂開國，是我國上古時代的一樁大事。

周人自太王立國於岐下周原以來，久蓄「翦商」之志。唯以蕞爾小國，實力不足，未敢輕舉妄動。季歷為殷征伐西落鬼戎、余無之戎等西方部落，以功受殷爵號封賞，後因受猜忌而被殺。文王繼承先人遺業為當時西、北兩方的霸主，號稱「西伯」，儼然與殷王分庭抗禮，而時機未成熟，只能繼續臣服於殷。至武王即位，才正式率領西方諸侯聯軍東進伐紂。據古書記載，周武王大軍一直前進到距離商都朝歌七十里的牧野（今河南淇縣西南），總兵力計兵車三百輛、虎賁（近衛軍）三千人、甲士四萬五千人。這樣一支大軍由陝西出發，經過三十天的長途跋涉，商紂不可能不知，何以坐視其逼近都城而束手無策？

周武王像

《左傳》說「商紂為黎之蒐，東夷叛之」（昭公四年）、「紂克東夷而隕其身」（昭公十一年），猜想商紂大約和後來西周諸王一樣，為山東、江蘇一帶叛服無常的東夷所困。當周武王揮師東進之際，殷軍主力可能正深陷東戰場的泥淖中，甚至周武王這支大軍就是應商紂徵召以增援東戰場的。在商紂固然出於無奈，而周武王卻借機長驅直入，直指殷商的心臟。史載牧野之戰，商紂「前徒倒戈」。事實上，「倒戈」的與其說是殷軍，不如說是當時名義上臣服於殷，對商仍有貢賦、力役等義務的周人來得更為確切。

關於商紂的罪狀，周武王一共指斥三點，即聽信婦人之言、不留心祭祀、不用貴戚舊臣而任用小人。到了春秋末期，商紂的罪狀已經增加到幾十樁之多，連子貢都不禁要替他喊冤，說：「紂之不善，不如是之甚也。是以君子惡居下流，天下之惡皆歸焉。」評斷歷史人物的是非功過，時代接近固不免阿其所好，年湮歲邈又恐怕無中生有。「紂之不善」正是最好的例證。

影響

本文宣示了殷王朝滅亡的命運，展現了弔民伐罪的「革命」意義，也開啟了周代八百年的統治，代表了中國歷史的一次大變動，對後世政治哲學影響深遠。

原文

時甲子昧爽，王朝至於商郊牧野，乃誓[1]。

---

[1] 甲子昧爽：甲子日黎明。商郊牧野：商都之郊，牧（地名）之野。在今河南淇縣西南。

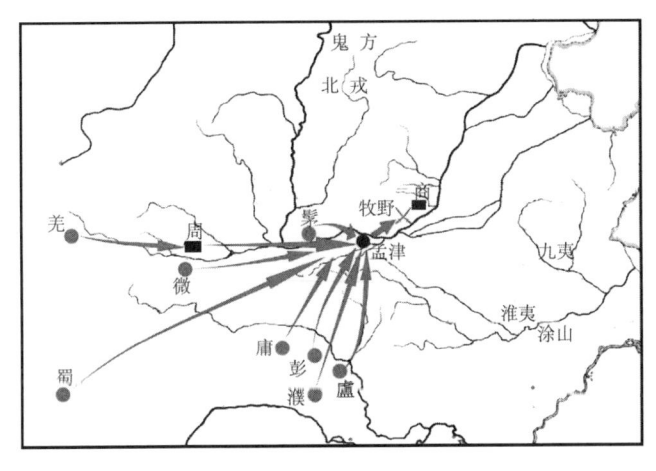

牧野之戰簡圖

　　王左杖黃鉞，右秉白旄以麾，曰：「逖矣，西土之人！」[2] 王曰：「嗟！我友邦冢君御事，司徒、司馬、司空，亞旅、師氏，千夫長、百夫長，及庸、蜀、羌、髳、微、盧、彭、濮人[3]。稱爾戈，比爾干，立爾矛，予其誓。」

　　王曰：「古人有言曰：『牝雞無晨。牝雞之晨，惟家之索。』今商王受惟婦言是用，昏棄厥肆祀弗答，昏棄厥遺王父母弟不迪[4]。乃惟四方之多罪逋逃，是崇是長，是信是使，是以為大夫卿士，俾暴虐於百姓，以奸宄於商邑。今予發惟恭行天之罰。今日之事，不愆於六步、七步，乃止齊焉。夫子勖哉！不愆於四伐、五伐、六伐、七伐，乃止齊焉。勖哉夫子！尚桓桓，如虎如貔，如熊如羆，於商郊，弗迓

---

2 鉞：大斧。白旄：繫有白旄牛尾的旗。黃鉞、白旄都象徵權威。
3「庸、蜀、羌」句：皆蠻夷小國。地在今陝、甘、川、鄂一帶。
4 商王受：即商王紂。

克奔以役西土[5]。勖哉夫子！爾所弗勖，其於爾躬有戮！」

《尚書》

譯文

甲子日黎明，王一大早就來到商郊牧野舉行誓師。

王左執黃色大斧、右執白旄牛尾旗，向大軍揮舞著，說：「我西方的將士們遠道而來，大家辛苦了！」王說：「啊！我友邦的大君們，官員們。將士們，庸、蜀、羌等小國的人們，舉好戈，立好盾牌，把矛豎起來，我要誓師了。」

王說：「古人說：『母雞不可司晨，母雞要是司晨，家族可就衰敗了！』現在商紂卻專聽婦人的話，不留心祭祀；不任用親兄弟，專任用一些為非作歹的犯人暴虐作亂。現在我姬發替天行道。今天討伐商紂，只不過列隊前進六七步就成功了，大家努力呀！只不過拿戈矛刺擊四、五、六、七下就成功了，大家努力呀！要勇敢威武，在戰場上要像虎、貔、熊、羆等猛獸一般。對投誠來歸為我們西方出力的敵人可不要迎戰啊。大家努力呀！你們若不努力，我可要殺你們啊！」

（周鳳五／編寫整理）

---

5 弗迓克奔：不要向投誠來歸的敵人迎戰。

大歷史・大文章 古代篇

利簋銘
利

　　本器作者利,據銘文記載,曾參與西周開國的牧野之戰。很可能他職掌占卜,且是古公亶父的後代,為周王的宗親。

背景
　　周武王伐紂的史實,由於史料殘缺散亡,我們只能見到一些零星的資料。孟子說:

盡信書,則不如無書。吾於《武成》取二三策而已矣。
以至仁伐至不仁,而何其血之流杵也?

　　可惜的是,連孟子不敢盡信的《武成篇》也早在東漢光武帝建武年間就散亡了,我們今天只能根據《漢書・律曆志》所載劉歆《世經》所引《武成篇》的佚文,加上《逸周書》中《克殷》《世俘》兩篇,大致勾勒出周武王伐紂克殷一事的輪廓。
　　根據《武成篇》的記載,周武王克殷是在甲子日,這點已由利簋出土得到了證實。現在歸納各項史料,將周武王伐紂開國的經過逐日列表分述於後:

一月二十六日　癸巳（西元前一〇四〇年）

武王朝步自周，於征伐紂。（《武成篇》）

二月二十二日　戊午

師渡孟津。（《武成篇》）

二月二十八日　甲子

咸劉商王紂。（《武成篇》《世俘》）

歲，貞：「克昏？」夙有商。（《利簋銘》）

三月一日　丁卯

太公望至，告以馘俘。（《世俘》）

三月二日　戊辰

王遂御循（祭名），追祀文王，時日王立政。（《世俘》）

三月五日　辛未

王在管師，賜有事利金。（《利簋銘》）

三月六日　壬申

荒新至，告以馘俘。（《世俘》）

四月一日　乙未

武王成辟四方，通殷命有國。（《世俘》）

四月十六日　庚戌

武王朝至，燎於周。（《世俘》）

武王燎於周廟。（《武成篇》）

四月十七日　辛亥

祀於位，用龠於天位。（《世俘》）

薦俘殷王鼎。（《世俘》）

祀於天位。(《武成篇》)

四月二十日　乙卯

以庶國祀馘於周廟。(《世俘》《武成篇》)

王定。(《世俘》)

從周武王率兵出發到戰勝回國，獻馘祭廟，前後總計經過八十四天。

影　響

本文是證實武王伐紂日期的重要文獻。武王伐紂是中國歷史上劃時代的一件大事，從此弔民伐罪的「革命」意義成了中國歷來改朝換代的理論基礎。但是，這麼一段重要的史實，我們所能得到的史料太過有限。利簋的出土，具體證實了文獻所載武王伐紂的確切日期，其重要性和影響力，不言而喻。

原　文

武王征商，惟甲子朝，歲，貞：「克昏？」[1] 夙有商[2]。辛未，王在管師，賜有事利

利簋銘拓片

---

1 甲子朝：甲子日清晨。文獻記武王伐紂在甲子日，與本器銘相合。歲：祭名。貞：卜問。
2 夙有商：迅速地佔領商國。

金,用作䢅公寶尊彞[3]。

《金文總集》

譯文

周武王征商,甲子日清晨舉行歲祭並卜問:「能不能打敗昏庸的紂王?」果然迅速佔領了商國。

辛未日,周武王在管師,把銅賞賜給官員利,於是利就用銅鑄造了這件祭祀䢅公的寶貴禮器。

(周鳳五/編寫整理)

---

[3] 辛未:甲子日以後七天。管師:地名。距商都城不遠,確切地點不詳。有事:即有司。指官員。金:金屬,指銅。䢅公:利的祖先,有人認為即古公䢅父。寶尊彞:寶貴的禮器。

洪範[1]
不詳

　　《尚書・序》云：「武王勝殷殺受，立武庚，以箕子歸，作《洪範》。」歷來都以為本篇乃箕子所作。也有人主張本篇作者為夏禹。近代學者則多主張本篇著成於戰國時期。眾說紛紜，莫衷一是。總之，本篇的作者雖不能確指，但其是我國早期的政治思想的代表則毋庸置疑。

背景

　　《尚書・洪範》相傳為周武王伐紂克殷，訪求殷遺老箕子，箕子為其陳治國之道、天地大法。先秦典籍如《左傳》《墨子》《荀子》《韓非子》《呂氏春秋》等多加以徵引。暴秦焚書之後，西漢初年伏生傳《尚書》於齊、魯之間，所授內容有《洪範五行傳》及《尚書大傳》。其五行傳專言祥瑞災異，當時說《尚書》者多宗之，其說以五行統貫洪範九疇中的八疇（另一疇即五

箕子像

---

[1] 洪範：天地的大法則。

行），推論天人感應之理，成為兩漢時期「尚書」學的中心。

影 響

　　《洪範》五行的說法原來十分平易，到了《洪範五行傳》就開始穿鑿附會，後來劉向於西漢末年校書中秘，援引《春秋》災異說與《洪範》五行結合為一，以災異為人君行事的證驗，「洪範」為人君施政的法則，假託天人相應以警惕人主，達到諫諍的目的。劉向之子劉歆則更進一步，將讖緯與「洪範」互相比附，以洛書為「洪範」。其後班固甚至以「初一曰五行」至「威用六極」六十五字為洛書本文。

　　「洪範」之學始而平易，繼則附會《春秋》災異說，終於附會讖緯，而其功能則經師用以干祿、人臣藉以諫君，有其悠謬的一面，也有其嚴肅的一面。《淮南子》嘗謂諸子百家之興，目的皆在「救時之弊」。漢儒「洪範」學由「五行」「庶徵」發端，比附災異與讖緯，雖流於悠謬，但不失其「救時之弊」的價值。

　　宋代以後，理學大師輩出，又借「洪範」以論心性，並用以推演經世御民之道，而其重心則轉向「皇極」。朱子嘗謂：(洪範)是個大綱目，「天下之事，其大者大概備於此矣」。又說：「(皇極)是人君為治之心法。」至此，「洪範」之學又經一番轉折。

　　由先秦兩漢以迄兩宋「洪範」學的演變過程，實可謂我國學術史上極富興味的一個問題，而其對於歷代帝王的人格與思想的影響，尤其值得我們注意。

原 文

　　惟十有三祀，王訪於箕子[2]。王乃言曰：「嗚呼！箕子，惟天陰騭下民，相協厥居，我不知其彝倫攸敘[3]。」

　　箕子乃言曰：「我聞在昔，鯀陻洪水，汩陳其五行，帝乃震怒，不畀洪範九疇，彝倫攸斁[4]。鯀則殛死，禹乃嗣興，天乃錫禹洪範九疇，彝倫攸敘。

　　「初一曰五行，次二曰敬用五事，次三曰農用八政，次四曰協用五紀，次五曰建用皇極，次六曰乂用三德，次七曰明用稽疑，次八曰念用庶徵，次九曰嚮用五福，威用六極[5]。

　　「一、五行。一曰水，二曰火，三曰木，四曰金，五曰土。水曰潤下，火曰炎上，木曰曲直，金曰從革，土爰稼穡。潤下作鹹，炎上作苦，曲直作酸，從革作辛，稼穡作甘。

　　「二、五事。一曰貌，二曰言，三曰視，四曰聽，五曰思。貌曰恭，言曰從，視曰明，聽曰聰，思曰睿。恭作肅，從作乂，明作哲，聰作謀，睿作聖。

　　「三、八政。一曰食，二曰貨，三曰祀，四曰司空，五曰司徒，六曰司寇，七曰賓，八曰師。

　　「四、五紀。一曰歲，二曰月，三曰日，四曰星辰，五曰曆數。

　　「五、皇極。皇建其有極，斂時五福，用敷錫厥庶民。惟時厥庶民於汝極，錫汝保極。凡厥庶民，無有淫朋；人無有比德，惟皇作

---

2 祀：商人稱年為祀。
3 陰騭：暗中保佑。彝：常。倫：道理。攸：所。敘：次序。
4 斁：敗壞。
5 農：切實努力。皇極：大中至正的準則。

極。凡厥庶民,有猷有為有守,汝則念之。不協於極,不罹於咎,皇則受之。而康而色,曰:『予攸好德。』汝則錫之福。時人斯其惟皇之極。無虐煢獨;而畏高明。人之有能有為,使羞其行,而邦其昌[6]。凡厥正人,既富方谷;汝弗能使有好於而家,時人斯其辜。於其無好德,汝雖錫之福,其作汝用咎。無偏無陂,遵王之義;無有作好,遵王之道;無有作惡,遵王之路。無偏無黨,王道蕩蕩;無黨無偏,王道平平;無反無側,王道正直。會其有極,歸其有極。曰皇極之敷言,是彝是訓,於帝其訓。凡厥庶民,極之敷言,是訓是行,以近天子之光。曰,天子作民父母,以為天下王。

「六、三德。一曰正直,二曰剛克,三曰柔克。平康正直,強弗友剛克,燮友柔克;沉潛剛克,高明柔克[7]。惟辟作福,惟辟作威,惟辟玉食。臣無有作福、作威、玉食。臣之有作福、作威、玉食,其害於而家,凶於而國。人用側頗僻,民用僭忒[8]。

「七、稽疑。擇建立卜筮人,乃命卜筮。曰雨,曰霽,曰蒙,曰驛,曰克,曰貞,曰悔,凡七[9]。卜五,佔用二,衍忒[10]。立時人作卜筮,三人占,則從二人之言。汝則有大疑,謀及乃心,謀及卿士,謀及庶人,謀及卜筮。汝則從、龜從、筮從、卿士從、庶民從,是之謂大同;身其康強,子孫其逢:吉。汝則從、龜從、筮從、卿士逆、庶民逆:吉。卿士從、龜從、筮從、汝則逆、庶民逆:吉。庶民

---

6 羞:增進。
7 燮:和順。
8 僻:君王。
9 貞:內卦,即重卦下邊的卦。悔:外卦,即重卦上邊的卦。
10 衍忒:推衍卦爻的意義,以盡其變。

從、龜從、筮從、汝則逆、卿士逆：吉。汝則從、龜從、筮逆、卿士逆、庶民逆：作內，吉；作外，凶。龜、筮共違於人：用靜，吉；用作，凶。

「八、庶徵。曰雨、曰暘、曰燠、曰寒、曰風。曰時五者來備。各以其敘，庶草蕃廡。一極備，凶；一極無，凶。曰休徵：曰肅，時雨若；曰乂，時暘若；曰哲，時燠若；曰謀，時寒若；曰聖，時風若[11]。曰咎徵：曰狂，恆雨若；曰僭，恆暘若；曰豫，恆燠若；曰急，恆寒若；曰蒙，恆風若。曰王省惟歲，卿士惟月，師尹惟日。歲月日時無易，百穀用成，乂用明，俊民用章，家用平康。日月歲時既易，百穀用不成，乂用昏不明，俊民用微，家用不寧。庶民惟星，星有好風，星有好雨。日月之行，則有冬有夏；月之從星，則以風雨[12]。

「九、五福。一曰壽，二曰富，三曰康寧，四曰攸好德，五曰考終命。六極。一曰凶短折，二曰疾，三曰憂，四曰貧，五曰惡，六曰弱。」

《尚書》

譯 文

十三年，武王訪問箕子。武王說：「唉！箕子，上天暗中保佑世人，幫助他們獲得安定的生活。這治國安民的常道的次序，我不知道是怎樣安排的。」

---

11 若：順。即相應地產生。
12 風雨：比喻喜好有善惡的不同。

箕子回答說:「我聽說從前鯀堵塞洪水,攪亂了五行,上帝於是發怒,不把九類大法授給他,因而他不懂得治國安民的常道。鯀被誅以後,禹繼起,上天就賜給他九類大法,因此得到了治國安民的常道,做了這樣的安排:

「第一,五行;第二,敬重五方面的事情;第三,切實辦好八項政務;第四,調和陰陽,要用五種紀時的曆數;第五,建立大中至正的標準;第六,治民要靠三種德行;第七,利用卜筮解決疑難;第八,注意外界各種徵兆;第九,用五種幸福導人為善,用六種困苦戒人為惡。

「第一,五行。一是水,二是火,三是木,四是金,五是土。水向下滲透,火向上燃燒,木可以彎曲伸直,金可以隨意屈伸,土可以生產百穀。下滲的水味鹹,上焚的火味苦,可以彎曲伸直的木味酸,形狀隨意屈伸的金味辛,可以生長百穀的土味甜。

「第二,五事。一是容貌,二是言語,三是視察,四是聽受,五是思慮。容貌要恭敬,言語要有條理,視察要清楚,聽受要聰敏,思慮要通達。容貌恭敬,表現就嚴肅;言語有條理,辦事就順利;視察清楚,就能明辨一切;聽受聰敏,謀事就能成功;思慮通達,就能成為聖人。

「第三,八政。一是管理民食,二是管理財物,三是管理祭祀,四是管理住行,五是管理教育,六是管理司法,七是接待賓客,八是治理軍務。

「第四,五紀。一是歲,二是月,三是日,四是星辰,五是曆數。

「第五，皇極。是樹立一個至大公正的標準，然後把『五福』普遍地降給人民。由於人民努力符合這個標準，才使它得以保持下去，使人民中沒有遊手好閒之徒，沒有結黨營私之輩，都依據建立的標準去努力。在人民中，凡是有計謀、有作為、有操守的，你就應該看重他；凡是沒有夠上你所建的標準，但是也沒有什麼錯誤的，你就應該寬容他。並且和顏悅色地對他說：『我所喜愛的是有德行的人。』你就賜給他一些好處，這樣，那些人就可努力達到樹立的標準了。不欺侮孤苦無依的鰥夫寡婦，不懼怕顯赫的貴族。還有些人是有才能有作為的，你就要促使他們發展德行，你的國家就會昌盛。凡是正直的人，必須使他們獲得優厚的俸祿，用善道接待他們。如果不能任用善人使他們為國家辦事，人就會看作是一種罪過。對於那些不善的人，你雖賜給他們好處，但他們仍然會做壞事。不要有偏私，要遵守先王的正義；不可偏好，要遵守先王的大道；不可偏惡，要遵守先王的正路。沒有偏私，沒有朋黨，王道是寬廣的；沒有朋黨，沒有偏私，王道是平坦的；不要反覆，不要偏心，王道是正直的。如果有了這個標準，那麼大家就有一致的歸向了。此外，用大中之道頒佈教言，作為經常的守則，以順應上天。所有的人民，儘量說出好的意見，作為教訓，作為行動，就能逐步地獲得天子的光榮。所以說，天子做了人民的父母，為的是使天下有一致的歸向。

「第六，三德。一是守正不阿，二是以剛制勝，三是以柔制勝。對那些公平正直的人，就用正直去對付他；對那些強硬不可親近的人，就採取剛強的方式去制服他；對那些平和可親的人，就用柔緩的方式去教育他。糾正沉靜人的缺點，要用剛強來補救；糾正高傲人

的缺點，要用柔和來補救。君主可以給人恩賜，可以給人懲罰，可以吃美好的玉食。臣下不能給人恩賜，不能給人懲罰，不能吃美好的玉食。臣下如果作福作威和吃美好的玉食，就會為害於你的家庭，不利於你的國家。在位的人，如果偏邪不正，人民就會僭越亂來。

「第七，稽疑。是選擇能夠用龜甲卜卦和用蓍草占卦的人，命令他們根據以下的兆性卜卦：一是兆形像雨，二是兆形像晴，三是兆形像霧氣濛濛，四是兆形像不連貫的氣，五是兆相交錯，六是內卦，七是外卦，共有七個名目。前五個是龜甲卜卦時用的，後兩個是蓍草占卦用的，都要推行卦爻的意義以盡其變。任用那些能夠卜筮的人，三人占卦，信從其中兩人的判斷。倘若你遇有重大的疑難，首先自己多加考慮，然後再和卿士們商量，再和人民商量，然後問及卜筮。你、龜卜、筮占、卿士、人民意見完全一致，這叫作『大同』。這樣，你的身體一定康強，對你的子孫也一定大吉大利。你、龜卜、筮占意見相同，但卿士不同意，人民不同意，這也吉利。卿士、龜卜、筮占意見相同，你不同意，人民不同意，這也吉利。人民、龜卜、筮占意見相同，你不同意，卿士不同意，這還是吉利。你、龜卜意見相同，筮占不同意，卿士不同意，人民不同意，那僅對內吉利，對外就不吉利了。龜卜、筮占與一切人和你的意見都相反，安靜地守著就吉利，有所作為就凶險了。

「第八，庶徵。一是雨，二是晴，三是暖，四是寒，五是風。這五種氣候調順，作物自然生長茂盛。倘若其中某一種特別過多，某一種特別欠缺，那就會變成凶年。美好的徵兆有五種：一是肅，君王能肅敬，就有適時的雨水；二是治，政治辦得好，就有適時的陽光；三

是哲，君王能昭明，氣候就適時和暖；四是謀，君王能計畫，氣候就適時寒冷；五是聖，君王能通達事理，就有適時的風。不好的徵兆也有五種：一是狂，君王狂妄，淫雨就不止；二是僭，政治有差錯，就乾旱不雨；三是豫，君王放縱逸樂，氣候就長久地炎熱；四是急，君王急躁，氣候就長久地寒冷；五是蒙，君王糊塗，就時常颳風。所以說：王者有了過失，影響一年，卿士影響一月，師尹影響一日。一年一月乃至一日都沒有變化，百穀就能成長，政治就會光明，優秀之士就能得到任用，國家也就安寧。　日一月一年都失常，百谷就不能成長，政治就紊亂不安，優秀之士就得不到任用，國家就不會安寧。百姓大眾好比眾星，箕星好風，畢星好雨。日月的運行，有冬天有夏天。若是月亮失道跟從了眾星，近箕星就多風，近畢星就多雨。

「第九，五福。一是壽，二是福，三是康寧，四是親近有德，五是長命善終。六極。一是夭折，二是多病，三是憂愁，四是貧窮，五是醜惡，六是懦弱。」

（周鳳五、林素清 / 編寫整理）

大誥
姬旦

周公像

《大誥》的作者是周公,見《尚書‧序》:「武王崩,三監及淮夷叛,周公相成王,將黜殷,作《大誥》。」《史記》中《周本紀》《魯世家》說同。但從宋朝朱熹以下也有不少學者主張周公不應稱王。《大誥》篇首的「王若曰」實是成王,本篇的作者為成王而非周公。

由於古器物出土日多,對西周初年史事的瞭解日益深入,我們今天可以信從《尚書‧序》與《史記》的說法,《大誥》的作者確是周公無疑。

周公,姓姬,名旦,文王之子,武王之弟,輔佐武王伐紂克殷,武王死後,一度踐阼稱王,平定武庚之亂,營建成周,封建親戚,制禮作樂,攝政七年,還政於成王,奠定周朝八百年的基業。

背 景

西元前一○四○年,周武王伐紂開國,兩年以後病死。當時殷商在東方的勢力仍然很大,紂子武庚利用這個千載難逢的機會挾持管叔、蔡叔稱兵作亂,意圖復國。東南一帶的淮夷也起兵回應,對周朝構成了嚴重的威脅。當時周王室群龍無首,大家多半抱持姑息苟安的

態度。只有周公挺身而出，力排眾議，大聲疾呼地主張立即東征。這篇《大誥》便是周公當時主張東征的歷史文獻。

周公對周朝的官員及盟邦君長倡議東征，其方法是說之以理、動之以情。說之以理的憑藉是占卜，周公列舉文王、武王依據卜兆行事而成就大業的先例，指出這次用文王遺留下來的大寶龜占卜得到吉兆，東征武庚必能如當年伐紂一般獲得勝利，最後歸結到所謂「天命不僭，卜陳惟若茲」。至於動之以情，則因為當時在場者多屬文、武時代的舊臣，周公希望以文王、武王成功的經驗爭取身歷其事的元老舊臣的支持。所以周公強調：

爾惟舊人，爾丕克遠省，爾知寧王若勤哉？

這種喚起同情的手法是非常高明的。正是在周公熱情、堅定的雄辯之下，周人開始第二次「克商」，奠定了中國歷史上周朝八百年的基業。

影響

周公不但是睿智的政治家、英勇的大將軍，更是一位傑出的文學家。我們試看周公在《大誥》中所作的譬喻：

予惟小子若涉淵水，予惟往求朕攸濟。
若考作室，既厎法，厥子乃弗肯堂，矧肯構？厥父菑，厥子乃弗肯播，矧肯獲？厥考翼其肯曰：「予有後，弗棄基。」

若兄考，乃有友伐厥子，民養其勸弗救？
若穡夫，予曷敢不終朕畝？

　　以涉深水為喻、以耕種為喻、以父子親情為喻、以農夫務本為喻，取譬生動親切，意象鮮明，喻義深遠，與《盤庚》的文筆可謂「異曲同工」，可以代表我國先秦散文的高度藝術成就。後來，西漢末年王莽曾經模擬寫過一篇《莽誥》，南北朝北周蘇綽也作了一篇《大誥》，這都是《大誥》對後世文學的影響。

　　《大誥》還有另一點值得注意，即「避諱」的觀念。例如文中提到與武庚一同叛亂的管叔、蔡叔，由於他們是周朝的宗親尊長，周公避免直呼其名，而代以「在王宮、邦君室」「大艱人」等比較間接婉轉的稱呼。至於首惡的紂子武庚，周公就老實不客氣地置以「殷小腆」「殷逋播臣」等惡名，這種「為尊者諱」「為親者諱」的觀念正是周文化所以「郁郁乎文哉」的基礎，也是後代「一字之褒，榮於華袞；一字之貶，嚴於斧鉞」的春秋大義的濫觴。

原　文

　　王若曰：「猷！大誥爾多邦，越爾御事：弗吊！天降割於我家不少延！洪惟我幼沖人嗣無疆大歷服，弗造哲迪民康，矧曰其有能格知天命？

　　「已！予惟小子若涉淵水，予惟往求朕攸濟，敷賁，敷前人受命，茲不忘大功！

「予不敢閉於天降威，用寧王遺我大寶龜紹天明[1]。即命曰：『有大艱於西土，西土人亦不靜。』越茲蠢。

「殷小腆，誕敢紀其敘[2]。天降威，知我國有疵，民不康，曰：『予復。』反鄙我周邦。

「今蠢，今翼日，民獻有十夫予翼。以於敉寧、武圖功。我有大事休，朕卜并吉！

「肆予告我友邦君越尹氏、庶士、御事，曰：『予得吉卜，予惟以爾庶邦於伐殷逋播臣！』

「爾庶邦君越庶士、御事罔不反，曰：『艱大，民不靜；亦惟在王宮、邦君室，越予小子考翼不可征，王害不違卜[3]？』

「肆予沖人永思艱，曰：嗚呼！允蠢鰥寡，哀哉！予造天役，遺大投艱於朕身，越予沖人不卬自恤。義爾邦君，越爾多士、尹氏、御事，綏予曰：『無毖於恤，不可不成乃寧考圖功[4]。』

「已！予惟小子不敢替上帝命。天休於寧王，興我小邦周。寧王惟卜用，克綏受茲命。今天其相民，矧亦惟卜用。嗚呼！天明畏，弼我丕丕基！」

王曰：「爾惟舊人，爾丕克遠省，爾知寧王若勤哉？天閟毖我成功所，予不敢不極卒寧王圖事。肆予大化誘我友邦君，天棐忱辭，其考我民，予曷其不於前寧人圖功攸終[5]！天亦惟用勤毖我民，若有疾，

---

1 寧王：文王。
2 小腆：小小的君主，指武庚。
3 害：與「曷」「盍」通，何不。
4 無毖於恤：不要過度憂勞。
5 天棐忱辭：天不可信。

予曷敢不於前寧人攸受休畢！」

王曰：「若昔朕其逝，朕言艱日思。若考作室，既厎法，厥子乃弗肯堂，矧肯構？厥父菑，厥子乃弗肯播，矧肯穫？厥考翼其肯曰：『予有後，弗棄基。』肆予曷敢不越卬敉寧王大命？若兄考，乃有友伐厥子，民養其勸弗救？

王曰：「嗚呼！肆哉！爾庶邦君，越爾御事：爽邦由哲，亦惟十人迪知上帝命。越天棐忱，爾時罔敢易法。矧今天降戾於周邦，惟大艱人，誕鄰胥伐於厥室，爾亦不知天命不易！

「予永念曰：天惟喪殷。若穡夫，予曷敢不終朕畝？天亦惟休於前寧人。予曷其極卜敢弗於從？率寧人有指疆土？矧今卜并吉，肆朕誕以爾東征。天命不僭，卜陳惟若茲！」

《尚書》

譯文

王如此說：「啊，我慎重告訴你們各國君長，以及官員們：不幸得很，上天降下了災害。我這個年輕人繼承了廣大的國土以及長久的曆數。我不夠明智，不能使人民安樂，怎麼算得上知天命呢？

「唉！我如今就像要渡深水似的，我要努力尋求渡水的方法。我一定要勤勉，保住先王所授的天命，不能失掉先王的大功。

「上天所降下的威罰，我不敢置之不理。我用文王遺留給我的大寶龜去占知天命，卜辭告訴我說：『西方會有大災難，西方的人民也不得安樂。』現在，西方果然騷動起來。

「殷的小主人武庚竟敢稱兵作亂。他趁著上天降下災害，知道我

們內部不和，民心不安，就說：『我們復國時機到了。』想攻打我們周國。

「現在，他們已經動亂了，就在這消息傳來的第二天，有賢臣十人來輔助我，要一同前去完成文王、武王所奠定的功業。我們出兵是吉利的，我占卜的結果都得吉兆。

「我現在告訴我們友邦的君長與官員：『我占卜得到吉兆，我要率領你們討伐殷國的亡命叛徒！』

「你們各國君長及官員卻答覆說：『這事太艱巨了，民心也不安定，況且事情就發生在王宮及官員家裡，造亂的又是族中長輩，是我們所尊敬的，不好輕易去討伐。王啊，你何不違背這個卜兆呢？

「我這年輕人也仔細考慮過，這次任務的確很艱難。唉！一出兵就要驚動孤苦無依的人，可憐啊！但是我既受命為天子，上天交付重大的責任和艱難的事業給我，我也顧不得為自己打算了。你們各國君長與官員應該安慰我說：『不要過分憂慮，你不可不完成你先人文王的大功。』

「唉！我這年輕人絕不敢違背上帝的命令。上天庇佑文王，振興了我們小小的周國。文王當年都是遵從占卜辦事的，所以他能承受天命而稱王。現在上天是幫助我們、勉勵我們的，何況我們也依照占卜去辦事。唉！老天是顯揚善人懲罰惡人的，它要幫助我完成這偉大的事業。」

王又說：「你們都是國家的舊人，你們何不回想一下，你們知道文王當年創業是如何勤勞嗎？上天真誠地輔助我們成功，我不敢不盡心地完成文王所圖謀的事業。現在我誠懇地告訴我們友邦的君長，天

道未必可信,當考諸人事,我怎能不接受天命去完成它?上天是愛惜人民的,現在就像人民染疾似的,我怎麼敢不醫治疾病,保住先人所受的天命!」

王說:「正如往日伐紂一樣,我一定要出兵征伐武庚。我天天在想怎樣拯救災難。好比父親建造房子,已經測定了水準,兒子卻不肯去建屋基,又怎肯架構房屋呢?又好比父親新開一塊地,兒子卻不肯去播種,又怎肯去收割?這樣父親怎能說:『我有後代,他不會廢棄我的基業。』我怎敢不親身來保住當年文王所受的天命?現在,竟有人來打擊自家的孩子,當家長的怎可以旁觀不救呢?」

王說:「唉!要努力啊!你們各國的君長以及官員們:開創國運要靠賢明的人,十位賢人是知道上帝意旨的!上天的意旨不可盡信,你們沒有人敢輕慢天命,何況現在老天降災害於我們周邦?造成大災難的人勾結外人來攻打我們自己的家室,你們不知道天命是不能改變的呀!

「我深思熟慮著:老天是決定要滅亡殷國的。我們好像農夫在田裡除草一樣,我怎敢不完成自己的農事呢?上天降福給我們的祖先,我怎敢屢次占卜而不依從辦事?又怎敢不繼承祖先的事業來安定領土?況且我們所得的都是吉兆,因此我要率領你們去東征。天命是不會有差錯的,卜兆所顯示的就是這樣啊!」

(周鳳五／編寫整理)

康誥
姬旦

本篇作者歷來有周武王或周公兩種說法。根據近人的考證,應以周公為是。

背 景

《尚書·康誥》是西周初年有關法律及對殷統治政策的重要文獻。

周人對殷的統治政策可以分為前後兩個階段,而以周公攝政、平武庚之亂為轉捩點。

周人在武王克殷以前,曾經長期臣服於殷。武王克殷之初,並不能把屹立東方的殷國立即消化掉。因此,武王只能採取懷柔政策。籠絡殷貴族的殘餘勢力,封紂子武庚為殷侯,另以管叔、霍叔、蔡叔為「三監」監督東方,希圖以漸進的手段將殷人分化、削弱,進而完全控制。但這個政策不久以後便因武王病死,武庚與管、蔡叛亂而被迫改弦更張了。周公東征三年,徹底廓清了殷人的殘餘勢力,從此以後,周人對殷的統治政策完全改變。

周公一方面繼續武王的遠猷弘規,營建雒邑作為控制東方的樞紐;另一方面封建親戚,遷徙殷民,加緊對殷的控制。康叔封就是這一政策的執行者。

《左傳》記載當時封康叔於衛(今河南淇縣)的情形是:分康叔以

大路之車，少帛色之旂，茷色之旌和大呂之鐘以及殷民七族：陶氏、施氏、繁氏、錡氏、樊氏、饑氏、終葵氏。在舉行分封典禮時，聃季授土，陶叔授民，並宣讀《康誥》，封康叔於殷墟（定公四年）。

康叔是周公的嫡親小弟，也是當時東方最顯赫的諸侯，在他赴衛就藩的典禮上，周公對四方諸侯及殷遺貴族公開頒下《康誥》以闡述對殷政策的綱領，其中最重要的有兩點：第一，順應殷人的習慣，尊重殷人的法律，採用殷人合理的刑罰（「師茲殷罰有倫」），採用殷人的成法判案（「罰蔽殷彝」）。這個政策自然是基於對客觀環境的考慮。第二，提倡孝道，推行德治，周公強調，對於「不孝不友」的人，要趕緊用文王所規定的刑罰去懲罰他們，萬不能饒恕他們（「速由文王作罰刑茲無赦」）！

周王朝的封建制度以宗法為基礎，這是一種以血緣關係為紐帶的政治、社會結構，其必須強調「父慈子孝」並以之為行為標準是完全可以理解的。

值得注意的是，這裡提到的法律是「文王作罰」而非「殷罰」或「殷彝」，可見周公有意用周人的「孝道」觀念來改造殷人。在《尚書・酒誥》中，周公也明白指出，殷人平時不許飲酒，但若牽牛車至遠地做買賣來孝養父母，父母高興了，備下酒菜，就可以飲酒（「肇牽車牛遠服賈，用孝養厥父母；厥父母慶，自洗腆，致用酒」），其強調「孝養」的觀念，與《康誥》所顯示的完全一致。

殷、周文化的異同，這裡不擬細說。大體上殷人比周人質直，一直到戰國時期，殷遺後裔的宋國人依然是被取笑的對象，如「揠苗助長」「守株待兔」等腦筋繞不過彎的笑話的主人公都是宋人；而前此

春秋五霸之一宋襄公的「不擒二毛」,更被譏為迂腐。相對於周人的重文飾(如避諱、諡法等),殷人真是顯得有點憨態可掬,而「郁郁乎文哉」的周人的面貌,在對比之下也就更加清晰地凸顯出來了。

影響

倫理道德是我國傳統文化的精華,源遠流長,其來有自。《康誥》所載周公對「孝養」觀念的闡發與重視,可以幫助我們瞭解倫理道德是如何植根於社會的。換句話說,脫離現實,喪失社會基礎,徒具虛文的倫理道德是無法繼續存在的。「復興文化」聲中,讀者宜三復斯言!

原文

惟三月哉生魄,周公初基作新大邑於東國洛,四方民大和會,侯甸男邦采衛,百工、播民和見士於周[1]。周公咸勤,乃洪大誥治。

王若曰:「孟侯,朕其弟,小子封。惟乃丕顯考文王克明德慎罰,不敢侮鰥寡,庸庸祗祗,威威顯民,用肇造我區夏,越我一二邦,以修我西土[2]。惟時怙冒,聞於上帝,帝休,天乃大命文王殪戎殷,誕受厥命越厥邦厥民。惟時敘乃寡兄勖,肆汝小子封在茲東土。」

王曰:「嗚呼!封,汝念哉!今民將在祗!遹乃文考,紹聞衣德言;往敷求於殷先哲王,用保乂民;汝丕遠惟商耇成人,宅心知訓;別求聞由古先哲王,用康保民。弘於天若,德裕乃身,不廢在王

---

1 哉生魄:月初剛升的月牙兒。
2 夏:中夏。指今晉南、陝東、豫西一帶。

命。」

王曰：「嗚呼！小子封，恫瘝乃身，敬哉！天畏棐忱，民情大可見。小人難保，往盡乃心，無康好逸豫，乃其乂民。我聞曰：『怨不在大，亦不在小。』惠不惠，懋不懋。

「已！汝惟小子，乃服惟弘王，應保殷民，亦惟助王宅天命，作新民。」

王曰：「嗚呼！封，敬明乃罰。人有小罪，非眚，乃惟終，自作不典，式爾，有厥罪小，乃不可不殺[3]。乃有大罪，非終，乃惟眚災，適爾，既道極厥辜，時乃不可殺。」

王曰：「嗚呼！封，有敘時，乃大明服，惟民其敕懋和。若有疾，惟民其畢棄咎。若保赤子，惟民其康乂。非汝封刑人殺人，無或刑人殺人。非汝封又曰劓刵人，無或劓刵人[4]。」

王曰：「外事，汝陳時臬司，師茲殷罰有倫。」又曰：「要囚，服念五六日，至於旬時，丕蔽要囚。」

王曰：「汝陳時臬事，罰蔽殷彝，用其義刑義殺，勿庸以次汝封。乃汝盡遜，曰時敘，惟曰：『未有遜事。』

「已！汝惟小子，未其有若汝封之心，朕心朕德惟乃知。

「凡民自得罪，寇攘姦宄，殺越人於貨，暋不畏死，罔弗憝[5]。」

王曰：「封，元惡大憝，矧惟不孝不友：子弗祗服厥父事，大傷厥考心；於父不能字厥子，乃疾厥子；於弟弗念天顯，乃弗克恭厥

---

3 眚：過失。
4 劓刵：皆古代肉刑。劓，割鼻子。刵，割耳朵。
5 憝：兇悍。

兄；兄亦不念鞠子哀，大不友於弟。惟吊茲不於我政人得罪，天惟與我民彝大泯亂，曰：乃其速由文王作罰刑茲無赦！

「不率大戛[6]。矧惟外庶子訓人，惟厥正人越小臣諸節，乃別播敷，造民大譽，弗念弗庸，瘝厥君，時乃引惡，惟朕憝。已！汝乃其速由茲義率殺。

「亦惟君惟長，不能厥家人越厥小臣外正，惟威惟虐，大放王命，乃非德用乂。

「汝亦罔不克敬典，乃由裕民。惟文王之敬忌乃裕民，曰：『我惟有及。』則予一人以懌。」

王曰：「封，爽惟民迪吉康。我時其惟殷先哲王德，用康乂民作求。矧今民罔迪不適，不迪，則罔政在厥邦。」

王曰：「封，予惟不可不監告汝德之說，於罰之行。今惟民不靜，未戾厥心，迪屢未同。爽惟天其罰殛我，我其不怨。惟厥罪無在大，亦無在多，矧曰其尚顯聞於天。」

王曰：「嗚呼！封，敬哉！無作怨，勿用非謀非彝蔽時忱。丕則敏德，用康乃心，顧乃德，遠乃猷，裕乃以民寧，不汝瑕殄。」

王曰：「嗚呼！肆汝小子封，惟命不於常，汝念哉！無我殄享。明乃服命，高乃聽，用康乂民。」

王若曰：「往哉封，勿替敬，典聽朕告，汝乃以殷民世享。」

《尚書》

---

6 戛：常禮常法。

譯 文

　　三月裡，新月初現的那天，周公在東方洛開始營建新都，四方人民會集，侯、甸、男、采、衛諸國的百官和殷民也都一同努力工作。周公慰勞他們，就發表了一篇訓辭。

　　王如此說：「諸侯的領袖，我的弟弟，年輕的封啊，你光明顯赫的父親——文王，能夠修明德行，謹慎刑罰，不敢輕侮鰥夫寡婦，他任用該任用的人，尊敬該尊敬的人，懲罰該懲罰的人，他的德行顯著，這樣，他就開創了我們的國家，把我們的西方治理得很好。上帝知道了他的德行，上帝很歡喜，就命令他把殷滅掉，他從此就承受了殷人原先所受的天命和殷人的疆土與人民。而你寡兄也奮勉努力著，所以你現在能夠到這東方來。」

　　王說：「唉！封啊，你要注意啊！這裡的人民是長期遭受了災難的啊！你要好好地繼承父親文王的名聲，依照他的道理辦事；你到了殷地要訪求殷代先世聖王的道理，去治理殷民；另外，要多接近殷商的老人，誠心接受他們的教訓；還要訪求古代明王的道理，去安定殷民。只有你本身具備了這樣宏大的德行，你到那裡才不致違背我的命令。」

　　王說：「唉！年輕的封啊，你要把百姓的苦痛當作自身的苦痛，你應該時時注意！天的威靈是不可測的，人心卻不難觀察。你要知道，小民是最難安撫的，你到那裡要事事留心，不要貪圖安逸和玩樂，這樣，才能把小民治理得好。我聽人說過：『小民對於君長的怨恨不一定是出在大事上，也不一定出在小事上。』你要把不馴順的百姓變為馴順的百姓，把不盡力的百姓變為盡力的百姓。

「唉！你雖是一個年輕的人，你到那裡所做的事業卻是很重大的。你要維護王朝，治理殷民；你要幫助我保有天命，把殷頑民改變為新的人民。」

王說：「唉！封啊，刑罰要謹慎公正。有人犯的雖是小罪，但卻不悔過，這是故意犯法，這種人應該殺掉。有人犯了大罪，但很快就覺悟了自己的過失，這就是偶然的錯誤，這種人既然完全供出了自己的罪狀，就不應該再把他殺掉。」

王說：「唉！封啊，如果能這樣做下去，你的刑罰就大大地公平了，人民也自然會警戒和勉勵，跟你一條心了。人民會把壞事看作和疾病一樣，大家都會自動地不做壞事。這就像撫養小孩一樣，人民自然會安心服從你了。

「但是，刑罰的大權必須掌握在自己手裡。如果不是你封要罰人和殺人，就不應該有人隨便亂罰人和亂殺人。如果不是你封要割人的鼻子和割人的耳朵，就不應該有人隨便亂下命令割人的鼻子和割人的耳朵。」

王說：「審問訟事，你應該根據法律辦事，也應該採用殷代合理的刑罰。」又說：「判決的時候，你必須對他們的罪行考慮到五六天，甚至於十天或三個月，直到沒有冤屈的時候，才進行最後的判決。」

王說：「你應該依照法律去辦事，應該採用殷代的成法去判決罪犯，罰人或殺人都應該做到公平合理，萬不可任意冤枉人。你應該盡心教導小民，叫他們不犯罪，等到他們已經順從你的時候，你還要自己檢查說：『我還沒把他們教導好。』

「唉！你這個年輕人啊，你不要只任著自己的心意去辦事，你要常常體念我的心思和我做的事情啊！

「凡是存心犯罪，像強盜、偷竊以及作奸犯法這一類的人，他們殺人劫財，兇悍得不怕死，這種人是應該殺的。」

王說：「封啊，有大惡的人是最可恨的，何況不孝順不友愛的人：當兒子的不能盡心為父親做事情，大大地傷了父親的心；當父親的不愛兒子，去仇恨兒子；當弟弟的不講做人的道理，不能尊敬哥哥；當哥哥的也不體念父母養育兒子的勞苦，不友愛弟弟。像這一類的壞人，當君長的如果不處罰他們的罪行，那上天給人民的法則就會完全破壞了。你要趕緊用文王所規定的刑罰去懲罰他們，萬不能饒恕他們！

「還要注意那些不守常法的官吏。像在外面管教化的官長——庶子和訓人，以及一般的官長——正人和傳達命令的小臣們，這些大小官吏，如果任意宣佈政令，討好小民，不依常法辦事，叫小民仇恨他們的君長，這就助長了小民的罪惡，這種人是我最痛恨的。唉！你應該趕緊依法判罪，把他們殺掉。

「還有當君長的，不能教導自己家裡的人和左右的小臣以及外面的官長，只是一味地作威作福虐害小民，這就大大違背了王命，這種君長，已經不可教育，應該要加以懲罰。

「你自己也要注意。你無論做什麼事情都應該謹慎守法，然後再去教導小民。你應該像文王那樣事事謹慎，去教導小民，心裡能常常這樣地想：『我要繼承文王。』那我就喜歡你了。」

王說：「封啊，你應該盡心教導人民，使他們善良和安靜。我們

應該效法殷代先王的德行，去安撫和治理殷民。 現在，你要知道：人民不教導就不會做好事，不教導人民，你也就不能把國家治理好啊。」

王說：「封啊，我不能不明白地告訴你修明德行和謹慎刑罰的道理。 現在，人民還沒有平靜下來，人心還不安定，屢次教導都還沒能和我們同心同德。 這樣下去，上天會懲罰我們的。 我們也不能怨天，這是我們自己犯了罪啊。 罪不在大，也不在多，只要是犯了罪，上天就會知道。」

王說：「唉！封啊，你要注意啊！你不要結怨於小民，不要被不好的打算和不法的行為蒙蔽。 你要效法古人修明德行的作風，來安定自己的意志，檢查自己的德行，放遠自己的規劃，只有這樣做，才能安定人民，你的國家也就不至於滅絕。」

王說：「唉！年輕的封啊，天命是沒有一定的，你應該時時注意啊！不要斷絕了我們先人的祭祀。 你要盡力做自己應該做的事情，聽些先王治民的道理，來安定和治理人民。」

最後，王這樣說：「封啊，你去吧，你不要怠慢，你要永遠聽我的話，這樣，你就能夠治理殷人，把你的國家世世代代傳下去。」

（周鳳五／編寫整理）

何尊銘
何

本器作者何,據銘文知為周王的宗親,是西周初年的一個貴族。

背景

何尊是近年出土的重要青銅器,可以印證文獻所傳述的西周史事。

西周早期的史事,由於年代久遠,史料殘缺,歷來存在著不少爭論。少數僅存的史料,又因為學者處理的態度有偏差而顯不出真正的價值。《尚書大傳》便是其中之一。

《尚書大傳》據說是西漢初年伏生傳授《尚書》時所寫的,這本書早已亡佚,在僅存的佚文中,關於西周初年的歷史有以下這段記載:

周公攝政,一年救亂,二年克殷,三年踐奄,四年建侯衛,五年營成周,六年制禮作樂,七年致政成王。

其中除「六年制禮作樂」比較空泛外,其餘各條都有具體的事實可供核對。這裡根據《尚書大傳》《尚書》《逸周書》以及何尊將周初史事繫年如下:

西元前一○四○年

武王伐紂克殷,立紂子武庚,俾守商祀。

西元前一〇三八年

武王既歸,乃歲十二月崩鎬。

西元前一〇三七年

成王即位,稱元年,周公攝政。

一年救亂。

西元前一〇三六年

二年克殷。

《尚書・多方》云:「天惟五年須暇之子孫,誕作民主。」自武王伐紂克殷,立武庚,迄今首尾五年;周公平定殷亂,至此殷國才告滅亡。

西元前一〇三五年

三年踐奄。 平定東方。

西元前一〇三四年

四年建侯衛。

《尚書・康誥》云:「惟三月哉生魄,周公初基作新大邑於東國洛。」以下敘康叔封衛事,即《尚書大傳》所謂「建侯衛」。

西元前一〇三三年

五年營成周。

何尊銘文云「唯王初遷宅於成周」,又云「在四月丙戌……唯王五祀」。 成王即位,周公攝政至此五年,丙戌為四月初二日。

西元前一〇三一年

七年致政成王。

《尚書‧落誥》云：「戊辰……在十有二月，惟周公誕保文武受命，惟七年。」據曆譜推算，戊辰為十二月晦，周公於此日致政成王，翌日即為次年元旦。成王稱八年，不改元。

各種不同來源的資料都能相互配合，且月日干支絲毫無誤，其密合的程度實在令人驚訝，而上引各書與何尊的史料價值亦由此可見一斑。

影響

周初史事，邈焉難詳，近年出土器物日多，漸漸彌補了這方面的缺憾。尤其重要的是，一些向來以為不可信的文獻記載往往因出土器物而得到印證。民國初年「疑古學派」學者對上古史料曾經大加廓清，時至今日，我們應該冷靜地考慮如何重建中國上古史了。

原文

唯王初遷宅於成周，復稟武王豐福，自天[1]。在四月丙戌，王誥宗小子於京室，曰：「昔在爾考公氏克弼文王，肆文王受茲大命[2]。唯武王既克大邑商，則廷告於天，曰：『余其宅茲中國，

何尊銘拓片

1「唯王」句：指營造成周雒邑。自天：從天室開始。
2 宗小子：同宗的晚輩。

自之乂民[3]。』嗚呼！爾有唯小子亡識，視於公氏，有勳於天，徹命[4]。敬享哉！」唯王恭德裕天，訓我不敏。 王咸誥。何賜貝卅朋，用作□公寶尊彝，唯王五祀[5]。

《金文總集》

譯 文

　　王開始營建成周，再度遵循武王的禮儀，從天室舉行福祭。四月丙戌這天，土在周京太室誥訓同宗的後生晚輩說：「從前你們的父親公氏輔佐文王，使文王得到統治天下的大命。武王攻下商邑以後，曾經祭告上天說：『我要造城邑於天下的中心，由這裡治理人民。』啊！你們後生小子懵懂無知，要效法公氏，以公氏完成天命為榜樣。你們要恭敬地祭祀啊！」王上敬順天道，教訓我們這些愚魯的人。王誥訓完畢，賞給何三十朋貝，何用來作為祭祀祖先□公的寶貴禮器。這時是王的第五年。

（周鳳五／編寫整理）

---

3 中國：天下四方的中心區域，指河南伊水、洛水一帶。
4 徹命：完成使命。
5 朋：貝的單位。以五貝系連成串，合二串為一朋。

盠駒尊銘
盠

本器作者名盠。據銘文知盠為周朝的宗室，是恭王時代的封建貴族。

背景

本器作於西周恭王時代，銘文內容則與西周的馬政有關。

馬，在廿一世紀的今天似乎已經喪失了牠原有的重要性，但在人類歷史上，馬確曾扮演過重要的角色，有過輝煌的一頁。

從殷商時期開始，馬就是一種重要的牲畜，無論交通、運輸、田獵、征伐……都少不了牠，開疆拓土更是非馬不行。馬車在當時的戰場上，以其迅捷的速度成為攻擊的主力與克敵制勝的關鍵。殷墟甲骨文就有「多馬」「馬小臣」等職司馬政的官名，可見其受重視的程度。

本器銘文記載的是西周恭王某年十二月的一次「執駒」之典，在這個典禮上，恭王親自出席，並賞賜馬匹給本器作者盠。

執駒之禮，見《周禮‧校人》。據漢儒的注解，幼馬長到兩歲叫駒，當仲春「通淫之時」，也就是發情時，由於駒血氣未定，必須將牠牽離母馬，與母馬分開。不過，本器銘文所記「執駒」在十二月，周正十二月當夏正十月，亦即現在陰曆的十月，已是秋末冬初時節，與古人所記配合牲畜發情，在仲春「通淫之時」舉行「執駒」

的說法不合。因此,這裡採取另外一個解釋,將「執駒」解作「幼馬加上馬銜,教牠學習駕車」。

這樣一個典禮,由周天子親自主持,可見當時是如何重視馬政。

西周時期由於重視馬政,對馬的認識逐漸深入,連帶地發展成為「相馬」之術。戰國時期有伯樂相馬、九方皋相馬等傳說故事,《呂氏春秋》提到「古之善相馬者」有寒風、麻朝、衛忌、許鄙等十人。另外也產生了《相馬經》之類的著作,這種鑒定馬匹優劣的方法,是長期經驗的累積。

影 響

西漢時期相馬名家,據《史記‧日者列傳》記載有黃直、陳君夫,後者還是個婦人。湖南長沙馬王堆三號漢墓出土帛書《相馬經》殘本,其內容所述,很多是關於馬頭部的相法,尤其著重相眼,其次是四肢的大體相法。可惜這是個殘本,文義無法完全通讀。南北朝後魏賈思勰的《齊民要術》中也記載了有關相馬的一些基本原則。唐代大詩人杜甫雖不是相馬名家,但他在詩中形容來自西域的大宛駿馬說「胡馬大宛名,鋒棱瘦骨成,竹批雙耳峻,風入四蹄輕」,其中「竹批雙耳峻」五字,極能寫出駿馬頭部雙耳聳立的神采。以上是我國歷史上有關馬的一些小插曲,至於漢

蟠駒尊

武帝為求汗血馬而征伐大宛,則更是大家耳熟能詳的故事。

附帶一說的是,本器通體作駒子形,神采生動,造型寫實。據說東漢馬援曾鑄銅馬立於宮門前,作為揀選馬匹的標準。本器雖為酒器,然其造型寫實,似不妨視為西周中葉良馬的典型。

原文

唯王十又二月,辰在甲申,王初執駒於岸[1]。王呼師豦召盠,王親詣盠駒賜兩。拜稽首曰:「王弗忘厥舊宗小子,蠁皇盠身[2]。」盠曰:「王俪俪丕基,則萬年保我萬宗[3]。」盠曰:「余其敢對揚天子之休,余用作朕文考大仲寶尊彝。」盠曰:「其萬年世子孫永寶之。」

《金文總集》

譯文

周王十二月甲申這天,王在岸地初次參加了執駒之禮。王叫師豦召來盠,親自賞賜盠兩匹小駒。盠向王下拜並叩頭,說:「王沒有忘記我這個宗親晚輩,給予我如此的光寵。」盠又說:「王光輝偉大的基業,能萬年長保我們宗人。」又說:「我恭謹地頌揚天子的美意,並鑄成用來祭祀先父大仲的寶器,希望萬年子孫永遠寶用。」

(周鳳五/編寫整理)

1 唯王十又二月:周王朝曆法的十二月,即周正的十二月。上古曆法有「三正」之說,即夏正建寅,商正建丑,周正建子。周正十二月相當於夏正十月。現在陰曆用夏正。辰在甲申:甲申日。執駒:古代幼馬長成時所舉行的典禮。即為幼馬加上馬轡,牽離母馬,教牠學習駕車,同時並祭祀馬神。
2 蠁皇:輝煌、光寵。
3 俪俪:形容偉大、浩大。

裘衛盉銘
裘衛

本器作者裘衛，是西周恭王時代掌管皮裘生產的一名小官。裘，官名，即《周禮》的司裘；衛，人名。

背景

本器作於西周恭王時代，銘文記錄了當時的土地交易。

土地問題，無論古今中外，都是一個重要的問題。西周初期「封諸侯」「建同姓」，各國諸侯由周天子分得疆土，卿大夫也由諸侯分得采邑。這些土地的最高支配者是周天子，所謂「普天之下，莫非王土，率土之濱，莫非王臣」。土地是不准自由買賣的。王畿千里，稱為「甸服」，用現代話說，「甸服」的諸侯其實就是周天子的佃戶，是為周天子種田的。

西周中葉以後，我們開始看到有租田易地的事實，本器銘就是最好的例證。

矩伯庶人為了取得朝覲天子所用的瑾璋與獸皮，先後將一千三百畝田地租給裘衛。租田的行為對當時的社會經濟制度產生了很大的影響，由於田地是租來的而不是周天子賞賜的，承租人自然沒有助耕公田的義務。而原來擁有田地的封建貴族既已將田地放租，也就不再派人助耕公田，這樣一來，周天子的收入愈來愈少，到了西周晚期厲王

時代只好把助耕公田的制度取消，而代之以十分取一的徹法，即所謂「什一之稅」。

這是西周晚期的制度。到了春秋時期，土地制度又進一步發生變化，《穀梁傳》宣公十五年記魯國「初稅畝」云：

> 古者什一，藉而不稅。初稅畝非正也。古者三百步為里，名曰井田，井田者，九百畝，公田居一。私田稼不善，則非吏；公田稼不善，則非民。初稅畝者，非公之去公田，而履畝什取一也。

大意是說：古代十稅一，借助民力耕種，是一種勞役地租。「初稅畝」即按畝徵收實物地租，推翻了過去以農民助耕公田的制度，這是我國田賦之始，也代表政府正式承認土地私有權。

影響

土地所有權，由西周初年「普天之下，莫非王土」，到西周晚期「什一之稅」，到春秋中葉以後魯國「初稅畝」，一步一步朝向土地私有的道路前進，由公有而私有而兼併集中，終於成為兩千年來中國最主要、最基本的社會問題。

回顧這段歷史，裘衛盉銘文提供了活生生的見證。試看田地放租要事先報告伯邑父等五位執政大臣，田地交割時，執政大臣還派司土、司馬、司工等職官參加授田，儀式十分隆重，可見這種行為是政府認可的，不是私相授受的。

原 文

　　唯三年三月既生霸壬寅，王禹旂於豐[1]。矩伯庶人取瑾璋於裘衛，財八十朋，厥貯其舍田十田[2]。矩或取赤琥兩、𢊾韐兩、韐韐一，財廿朋，其舍田三田[3]。裘衛乃龡告於伯邑父、榮伯、定伯、䣄伯、單伯。伯邑父、榮伯、定伯、䣄伯、單伯乃令參有司：司土微邑、司馬單旗、司工邑人服眾受田。𤔲、趞、衛小子𩁹、逆者其饗。衛用作朕文考孟寶盤，衛其萬年永寶用。

裘衛盉銘拓片

《金文總集》

譯 文

　　三年三月壬寅這天，王在豐舉行建旗典禮。矩伯庶人從裘衛那兒取得了朝覲周王所用的禮品——瑾璋，價值八十朋貝。裘衛答應由矩伯拿出一千畝田租給自己。矩伯又向裘衛取得赤虎皮兩件、牝鹿皮蔽膝兩件，以及雜色蔽膝一件，共值二十朋貝，由矩伯再拿出三百畝田租給裘衛。於是裘衛將此事報告了伯邑父、榮伯、定伯、䣄伯和單伯

---

1 既生霸：古人以月亮晦明圓缺記日期。既生霸，大約指農曆每月初八、初九日。再旂：古代舉行大閱典禮時豎起周王旗幟的一種儀式。
2 瑾璋：古代貴族朝覲天子時必備的禮玉。
3 赤琥：赤色的老虎皮。𢊾：牝鹿皮製成的蔽膝。

等大臣。伯邑父等大臣就命令司土微邑、司馬單旗、司工邑人服三位執事官員參加田地租佃事宜。瞾、趩和衛小子𤲞等前往迎接他們,並設宴款待。衛於是作了祭祀先父孟的盉器,希望後代子孫萬年永寶。

（周鳳五／編寫整理）

史牆盤銘

史牆

　　本器作者史牆。據銘文說，其祖先是微國的史官，於周武王克殷以後歸順周朝，武王將他發交周公差遣，遂定居岐周。由史牆祖先乙祖、祖辛的稱謂來看，以口下為名的習慣，同於殷人，則史牆祖先所自出的微當是子姓的微國，地在今山西潞城區東北，而非《牧誓》所見周武王率以伐紂的「庸、蜀、羌、髳、微、盧、彭、濮」中的「微」。換句話說，史牆是殷遺民的後裔，其生存的時代推測約在周穆王至恭王時期。

背景

　　史牆盤作於西周恭王時代，銘文共二百八十四字，分為前後兩部分。前一部分敘述西周前期文、武、成、康、昭、穆六王的功業，後一部分則自敘家世，歷述高祖、烈祖、乙祖、亞祖、文考五代的事蹟，是一篇西周史官的敘事文，也是極其寶貴的第一手史料。

　　殷、周之際有兩個微國，一個在商的王畿內，即微子啟所封，另一個是隨周武王伐紂的微人（見《尚書・牧誓》）。史牆在盤銘中說他的烈祖擔任微國的史官，於武王克殷以後「來見武王」。那麼，這個微自然不會是《牧誓》所載、隨周武王伐紂的微，而是微子啟所封的微。換句話說，史牆家族是殷遺民。

這點也可以由史牆祖先採用日干為名（祖辛、父乙）得到證實。日干為名是殷人的習慣。史牆的烈祖於武王克殷之後歸順周朝，武王命周公把他安置在岐周，史牆家族從此就做了周的順民，不但得以保全身家性命，而且還得到繼續發展的機會，成為周王的心腹之臣（「弼匹厥辟，遠猷腹心」）。

這些話出自史牆之口，鑄在頌揚祖德的銅器之上，或許不免有些誇大，但西周初年對待殷人確是恩威並施、剛柔互濟的（見《尚書・康誥》）。史牆家族以亡國子餘遭際如此已屬萬幸，難怪他在銘文中津津樂道，以祖先的「見機而作」為榮，並對西周諸王大加頌揚。

這篇銘文在王名與史牆祖先的名號上都冠有美好的形容詞，這似乎就是後來延續將近三千年的「謚法」。關於謚法，一般主張定制於恭王而濫觴於殷代。

我們看這篇銘文提到「迅圉武王」「憲聖成王」「淵哲康王」「弘魯昭王」「祇耿穆王」，王名之上的武、成、康、昭、穆，據西周金文可以確定都是周王生前的稱號，「迅圉」等形容詞則是身後追加的美名，史牆祖先名號上的形容詞亦然，至於當時在位的恭王則僅呼為「天子」而不見任何美名美稱。

西周文化至恭王才粲然大備，不但謚法定制於此時，即宗廟昭穆制度也是恭王時代祭祀先王，由穆王、昭王逆推而成的，試看文、武、成、康、昭、穆六王，不正是「三昭三穆」嗎？而「昭、穆」之名又正是恭王的祖與父的王號，這絕非偶然，更不是巧合。這種宗廟祭祀制度與恭王既有如此密切的關係，則其為恭王時代的產物可以確定無疑。

大歷史・大文章 古代篇   97

史牆家族自殷代以來即任史官,這篇銘文敘事條理分明,遣詞用字精確典雅,正可以視為殷周史官敘事文的最佳範例。

本書選錄西周的器物偏重在恭王時代,這是因為周文化自武王克殷之後,發展至恭王而達到最成熟的階段。由器物的形制、花紋以及銘文的字體、文體,我們都能得到旁證。真所謂「彬彬之盛,大備於時矣」!

影響

本篇不僅是西周史官敘事文的最佳範例,也是研究西周文化的重要材料,尤其有關諡法的建立,本篇是最可靠的第一手資料。

原文

曰古文王,初戾和於政,上帝降懿德,大屏,敷佑上下,會受萬邦[1]。迅圉武王,遹征四方,撻殷畯民,永丕鞏狄虘,崗伐夷童[2]。憲聖成王,左右綬□剛鯀,用肇徹周邦[3]。淵哲康王,遂尹億疆[4]。弘魯昭王,廣柔

史牆盤銘拓片

---

1 戾和:安定和諧。大屏:有力的輔佐。敷佑上下:庇佑天地四方。會:聚集。
2 迅圉:迅猛剛強。遹:發語詞。永丕鞏狄虘:子孫世世代代永遠保有王位。
3 憲聖:聰明睿智。
4 尹:統治,管理。

楚荊，唯貫南行。祇耿穆王，帥刑訐謨，踵寧天子。天子恪纘文武長烈，天子眉無丐，搴產上下，亟熙桓謨，昊昭無斁[5]。上帝后稷，亢保授天子綰命、厚福、豐年，方蠻無不揚見[6]。青幽高祖、在微靈處[7]。粵武王既哉殷，微史列祖乃來見武王，武王則令周公舍寓，於周俾處。通惠乙祖，弼匹厥辟，遠猷腹心子□[8]。舞明亞祖祖辛，禋毓子孫，繁祓多釐，齊角熾光，宣其禋祀[9]。胡夷文考乙公，遽爽得純，無債農嗇，歲稼唯辟。孝友史牆，夙夜不墜，其日蔑歷[10]。牆弗敢沮，對揚天子丕顯休命，用作寶尊彝[11]。列祖文考式□，授牆爾楚福，裒發㮚，黃耇彌生，堪事厥辟[12]。其萬年永寶用。

《金文總集》

譯文

周朝的先王文王開始使政事和諧，上帝降下美德與得力輔佐，使他擁有天地四方，廣受萬邦朝賀。英勇的武王，征伐四方，克殷開國，從此不再恐懼戎狄侵略。睿智的成王，左右有剛強耿直的大臣，以治理周邦。明哲的康王，統治著廣大的疆土。宏偉的昭王，平定楚國，打通了南方的道路。顯赫的穆王，謹守法式，發揚先王的規模，安定了天子的地位。現在的天子，繼承文、武的功業，天子長壽，事

---

5 搴產上下：曲意恭謹地事奉上下之神。
6 亢保：庇蔭保護。綰命：長命。
7 在微靈處：在微地安居。
8 弼匹：輔佐。
9 繁祓多釐：祓除不祥，得到福氣。釐，通「禧」。齊角：讀為「齊愨」，恭敬之意。
10 其日蔑歷：每日積累功績。
11 沮：敗壞。
12 楚福：大福氣。裒發㮚：給予壽祿。黃耇彌生：長壽及健康的身心。辟：君主。

奉上下神明，敬而有謀，德行光明。上帝與后稷保護天子，授予他長命、厚福與好的收成，四方蠻夷無不來朝。深謀遠慮的高祖，定居在微國，武王克殷以後，微史烈祖前來歸順，武王命周公安排他定居岐周。通達的乙祖，勤勞明智，輔佐君上，成為心腹之臣。聰明的亞祖祖辛，繁育子孫，多福多喜，主持祭祀先人之典。文考乙公為人平易，德行純粹善良，能完納貢賦，增加農產。孝友的史牆，日夜努力不懈，不敢敗壞門風。史牆頌揚天子顯赫美好的命令，而鑄造寶貴的器物，希望祖先們把好的福氣傳留給牆，使牆能享高壽，長久服事君長，希望能萬年永遠寶用這個器物。

（周鳳五、林素清／編寫整理）

禹鼎銘
禹

本器作者禹，字叔向父，學者多主張即《詩經・大雅・十月之交》「皇父卿士，番維司徒，家伯維宰，仲允膳夫，棸子內史，蹶維趣馬，楀維師氏，豔妻煽方處」中的「楀」。目前根據出土銅器，可以考知的詩中人物還有：皇父（見：函皇父簋）、番（見：番生簋）、家伯（見：伯家父簋）、仲（見：膳夫克鼎）、蹶（見：師兌簋），其主要活動的時間在周厲王時代。

背景

本器作於西周厲王時代，在古器物學上很有名，它是少數見於宋人金石書籍著錄的古器物之一。北宋時曾有與本器同銘的器物出土，當時稱為「穆公鼎」，著錄於《博古圖錄》《歷代鐘鼎彝器款識法帖》《嘯堂集古錄》等書，本器則是一九四二年出土的，銘文行款與宋人所見者不同。

東夷與南淮夷在殷周時期一直是困擾東方與南方的大問題。東夷居住在山東半島一帶，史載「紂伐東夷而隕其身」，我們在利簋銘文的解說中已有說明。南淮夷則是周代聚居在淮水流域的許多邦國與部落的總稱，也簡稱淮夷或南夷，因在周人的南面，故稱南淮夷。南淮夷是周人重要的財賦收入的來源。一方面由於南淮夷向周王室貢納財

賦，另一方面則因為南淮夷是中原與南方之間的重要交通孔道，是當時銅、錫、犀、貝的重要來源，在周人的政治、經濟生活中佔有重要的地位。本器銘文即記錄了厲王時代周人與以鄂侯馭方為首的南淮夷之間的戰爭。

鄂國在西周時期相當強盛，是西周所封南國中的大國，姞姓，奄有今河南南陽至湖北北部漢水流域一帶，即在漢水之北、淮水以西，扼中原與江淮之間的交通孔道，地理位置十分重要。周人一向倚為南疆的屏障，並賴以經營南方以控制南淮夷與東夷。

由於鄂國地位重要，周王曾以通婚作為籠絡的手段，傳世有鄂侯馭方鼎，銘文云：「鄂侯作王姞媵簋，王姞其萬年子子孫孫永寶。」這是鄂侯為女兒嫁給周天子而作的陪嫁器物，可見周、鄂關係的密切。另外，又有鄂侯馭方鼎，銘文記載周天子南征歸途中，鄂侯馭方獻禮酒於天子，並與天子會射，天子賞賜玉五瑴、馬四匹、矢五束給馭方，這是很豐厚的賞賜，可見其地位之重要。

正因為如此，一旦鄂侯馭方率領南淮夷與東夷叛亂，聲勢就十分浩大。據銘文記載，當時曾經一度攻入西周腹地，對西周王室造成嚴重的威脅。周天子調遣殷八師與西六師同時進行征討，這支大軍未能取得勝利，最後只好加派武公的親軍前往鎮壓，才活捉鄂侯馭方，平定了震動南方與東南方的大動亂。

周人這次戰役規模之大，動員軍隊之多，在西周中葉以後都是罕有其匹的，而銘文兩次記周天子的命令都有「勿遺壽幼」一語，足見其對鄂侯馭方稱兵作亂之痛恨及對南疆的重視。

影響

鄂侯馭方兵敗被擒以後，烜赫一時的鄂國從此滅亡。鄂國覆滅，中原失去了南方的屏障，周人只好重建南方防線，在宣王時代由召伯虎與申伯完成了這個任務。

同時，鄂國之亡也為後來楚國之興帶來契機。楚國興起，盡滅漢陽諸姬，遮斷中原與江淮的通道，從此以後，荊蠻楚國逐漸走上歷史舞臺，楚文化的影響力也隨之日益擴大，這對後來中國文化的發展實有不容忽視的意義。

原文

禹曰：「丕顯桓桓皇祖穆公，克夾紹先王奠四方，肆武公亦弗遐忘朕聖祖考幽大叔、懿叔，命禹宥朕祖考政於井邦[1]。肆禹亦弗敢蠢，惕恭朕辟之命。嗚呼哀哉！用天降大喪於下國，亦唯鄂侯馭方率南淮夷、東夷廣伐南國、東國，至於歷內[2]。王乃命西六師、殷八師曰：『撲伐鄂侯馭方，勿遺壽幼！』[3]肆師彌

禹鼎銘拓片

---

1 夾紹：輔佐。
2 鄂：國名，在今湖北東部鄂坡區一帶。馭方：鄂侯名。南淮夷：指淮河流域一帶的蠻夷，因位居周人之南，故稱南淮夷，其主要活動地區在今安徽境內。東夷：殷周時期稱居住於今山東一帶的蠻夷為東夷。
3 西六師：周室駐守在宗周的軍隊。殷八師：周室駐守在牧野的軍隊。

恍匋匞,弗克伐鄂[4]。肆武公乃遣禹率公戎車百乘,斯馭二百,徒千,曰:『於揚朕肅譇,唯西六師、殷八師伐鄂侯馭方,勿遺壽幼。』[5] 粵禹以武公徒馭至於鄂,敦伐鄂,休,獲厥君馭方。肆禹有成,敢對揚武公丕顯耿光,用作大寶鼎,禹其萬年子子孫孫寶用。」

《金文總集》

譯 文

禹說:「光顯勇武的祖先穆公,輔佐先王安定天下。武公也沒有忘記我聰明睿智的祖父幽大叔及父親懿叔,令禹像先祖、先父一樣治理井邦。禹也不敢愚昧自用,謹慎恭敬地服從主上的命令。啊呀!悲哀呀!上天降下了災難,鄂侯馭方率領南淮夷、東夷大舉入侵南方與東方,一直打到歷內。王命令西六師和殷八師說:『消滅鄂侯馭方,老少通通殺光!』軍隊畏怯,混亂不堪,無法取勝。武公便派遣禹率領武公的兵車百乘,隨車軍卒二百人,徒卒千人,說:『前往發揚我的大謀略,與西六師、殷八師攻打鄂侯馭方,老少通通殺光!』於是禹率領公的親軍攻打鄂國,得到勝利,活捉了鄂侯馭方。禹有成就,恭恭敬敬地頌揚武公的光顯偉大,因此鑄造寶貴的大鼎,禹希望子孫萬年寶用這個鼎。」

(周鳳五、林素清/編寫整理)

---

4 師彌恍匋匞:軍隊畏怯,混亂不堪。匋匞,混亂。
5 斯馭:即廝馭,隨兵車服役的軍卒。肅譇:大謀略。

多友鼎銘
多友

本器作者多友,學者主張即鄭武公,為厲王之子、宣王之弟。

背景

本器製作的時代,一說厲王,一說宣王,目前尚無定論。厲、宣兩代相連,時當西周晚期,故本器當作於西周晚期。

銘文內容記載有關周人與獫狁的一次戰爭。這次戰爭起於獫狁入侵王畿,京師告急。後來因天子命武公派遣多友率戎車追擊獫狁,經過四次戰役,多友大有斬獲,獫狁敗退。周天子以田地賞賜武公,武公也賞賜多友玉、鍾以及銅料。

周人起於戎狄之間,其興衰與戎狄有密切關係。獫狁是西北戎狄之一,殷墟甲骨文中稱作「鬼方」。鬼方曾是殷人在西北方的強敵,據說殷高宗武丁耗時三年才將鬼方征服。此後鬼方轉而向西侵擾周人,周人在古公亶父率領之下由豳遷岐。

鬼方在殷代晚期轉而西向成為周人的強敵,使得殷王帝乙、帝辛能夠傾全力經營東方。直到周武王克殷之後,鬼方才不再成為周人北方的邊患。但西周晚期,獫狁與周人之間又開始了劇烈的衝突。《詩・小雅・小薇》:「靡室靡家,獫狁之故;不遑啟居,獫狁之故。」詩人的哀嘆使人感受到了當時戎禍之烈。

宣王號稱「中興」，其主要成就是對玁狁大加撻伐，取得勝利。《詩・小雅・出車》：「天子命我，城彼朔方，赫赫南仲，玁狁於襄。」（天子派遣我，北方築城堡，南仲真威武，玁狁都趕跑。）又《六月》：「薄伐玁狁，至於太原，文武吉甫，萬邦為憲。」（前進攻打玁狁，一路打到太原，吉甫文武兼備，天下萬方敬美。）在這些詩篇中，詩人所歌頌的南仲與尹吉甫都生活在宣王時代。

但連年征戰，國困民疲，《史記・周本紀》說：「宣王既亡南國之師，乃料民於太原。」周宣王兵敗於姜氏之戎，部隊折損甚多，想補充、擴大原有的部隊，就在太原進行調查人口的工作，但卻招來仲山甫的反對。後來到了幽王時代，申侯終於聯合西夷犬戎與繒攻滅了宗周，戎禍與西周可謂相終始。

據本器銘文，周人在這次與玁狁的戰爭中一共斬敵三百餘人，活捉二十八人，虜獲兵車一百二十七輛，戰果十分輝煌。而銘文又記楊塚之役因玁狁焚毀車馬輜重，周人未能虜獲敵車。可見玁狁抱定必死

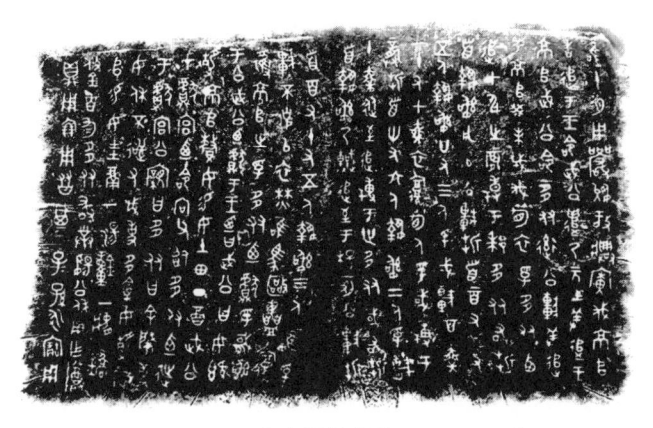

多友鼎銘拓片

的決心,則戰況之慘烈可以想見。「一將功成萬骨枯」,詩人歌頌的功勳原是由血肉凝聚而成的。

影響

周人始終未能消滅玁狁,不但平王因戎禍而東遷,後來兩漢時期也一直受到來自北方的威脅。

原文

唯十月,用玁狁旁興,廣伐京師,告追於王。命武公:「遣乃元士,羞追於京師。」武公命多友率公車羞追於京師。癸未,戎伐栒,衣俘[1]。多友西追。甲申之晨博於郗,多友右折首執訊,凡以公車折首二百又囗又五人,執訊廿又三人,俘戎車百乘一十又七乘,衣復栒人俘;或搏於龏,斬首卅又六人,執訊二人,俘車十乘;從至,追搏於世,多友或有折首執訊;乃逞追,至於楊塚,公車折首百又十又五人,執訊三人[2]。唯俘車不克,以衣焚。唯馬毆盡,復奪京師之俘[3]。多友乃獻俘、馘、訊於公[4]。武公乃獻於王。乃曰武公曰:「汝既靜京師,釐汝,錫汝土田[5]。」丁酉,武公在獻宮,乃命向父召多友,乃徙於獻宮。公親曰多友曰:「余肇使汝,休,不逆,有成,使多擒,汝靜京師。賜汝圭瓚一、湯鍾一肆、鐈鋚百鈞[6]。」多友敢對揚公休,用

---

1 衣俘:大肆擄掠。
2 折首:斬首。執訊:活捉俘虜。
3 毆盡:打傷,擊至傷殘。
4 馘:首級。
5 釐:通「賚」。獎賞,嘉獎。錫:賞賜。
6 湯鍾:上好金屬鑄成的鐘。一肆:一套,一組。 鋚:上好的銅料。

作障鼎,用朋用友,其子子孫孫永寶用。

《殷周金文集錄》

譯 文

　　十月,獫狁大舉入侵京師,周王命武公道:「派遣你的兵士,前往追擊!」於是武公命令多友率領武公的戎車部隊追擊,進兵京師。癸未這天,獫狁攻打郇,大加劫掠。多友向西追擊,甲申日早晨,在郲地作戰,多友所率戎車部隊斬首二百餘人,活捉了二十二人,並擄獲敵車一百一十七輛,極大地收復了郇地被擄去的財物。又在龔地戰鬥,斬首三十六人,活捉二人,俘獲敵車十輛。一路跟蹤追擊到世地,又有收穫,更乘勝急追,到達楊塚,武公的戎車部隊又斬首一百一十五人,活捉三人,只是獫狁焚毀車馬輜重,無法虜獲敵車。又奪回了在京師被俘人馬。多友於是呈獻戰果於武公,武公又獻於周王。周王對武公說:「你平靖了京師之亂,嘉勉你的功績,並賞賜你田地。」丁酉這天,武公在獻宮,命向父召來多友,武公親自對多友說:「我派遣你的任務,你做得很好,很成功,擒獲很多,平靖了京師。因此賞賜你美玉、編鐘,以及上好的銅料百鈞。」多友恭敬地頌揚武公的美德,並鑄成這個鼎,用來宴饗朋友,希望後代子孫萬年寶用此鼎。

（周鳳五、林素清／編寫整理）

中山王䦽鼎銘
䦽

　　本器作者名䦽，是戰國時代中山國的國君，其活動的年代約在西元前四世紀初。

背　景

　　本器出土於河北平山縣，是近年田野考古在戰國史料方面的重大收穫。中山國是白狄建立的國家，春秋時期原名鮮虞。它在戰國時期處於燕、齊、趙三國之間，疆域很小，只有「地方五百里」，武力卻很強盛，曾與韓、趙、魏、燕同時稱王，在當時列國縱橫中曾經扮演過重要的角色。

　　有關中山國的文獻史料不多，主要見於《戰國策》《史記》以及少數幾部先秦子書。這次田野考古彌補了文獻不足的缺憾。

　　除了史料的價值之外，本器銘文在先秦散文方面也具有重要的啟示作用。中山國是白狄建立的國家，而這篇銘文卻完全是儒家的色彩，反映周文化的特質。尤其引人注目的是，銘文引經據典，很有戰國諸子哲理散文的風味。例如篇首一開頭就說：

　　嗚呼！語不廢哉！寡人聞之：「與其溺於人也，寧溺於淵。」

這兩句話又見於《大戴禮記・武王踐阼篇》，其文作：

> 盥盤之銘曰：「與其溺於人也，寧溺於淵。溺於淵猶可遊也，溺於人不可救也。」

銘文所謂「語不廢哉」的「語」，指「善言」，類似今天所謂「嘉言錄」中的話語。戰國時期這類文章很多，著名的歷史人物往往有一些「語」假託其名以行，如姜太公就有《太公金匱》一書，其中大多數是討論治國之道的至理名言。至於《國語》一書，所載都是歷史人物的言辭議論，最能代表「語」字的意義。

本銘除篇首引用「語」之外，文中，「事少如長，事愚如智」兩句冒以「寡人聞之」四字，與前引文相同，應該也是「語」。這種引據嘉言以說理的形式與先秦子部各書完全一致，可見中山國文化程度之高。中山國雖然是白狄建立的國家，但「漢化」的程度比起鄰國絲毫不遜色，甚至有過之而無不及，這是非常值得注意的。換句話說，就文化層面觀察，戰國時期中國境內無所謂華夏或夷狄；而「夷狄而中國則中國之」，實亦有客觀的事實為依據。

影響

中國文化的包容力是我們今天都引以為傲的，早在兩千三百年前白狄建立的中山國已經為我們提供了有力的證明。

銘文內容另有一事值得注意，即燕君子噲禪讓。禪讓本為遠古氏

族社會的遺跡,戰國以後由於儒、墨兩家的宣導,成為當時極為流行的一種政治思想,目標在於「尚賢」。燕王噲讓國予燕相子之,時在周慎靚王五年(前三一六),子之後來南面聽政,燕王噲反為人臣。燕國旋即大亂,將軍市被與太子平謀攻子之,齊宣王乘機伐燕,燕王噲及子之皆死。當時孟子正在齊國,對燕君禪讓事曾批評道:

子噲不得與人燕,子之不得受燕於子噲。

銘文對此事則引以為戒,指出燕君子噲「迷惑於子之而亡其邦,為天下戮」。禪讓的理想終以悲劇收場,理想與現實之間畢竟不是一蹴可及的。尚賢政治首先還得確定誰是賢人、如何舉賢等問題。

原文

惟十四年,中山王𨐌作鼎,於銘曰:「嗚呼!語不廢哉!寡人聞之:『與其溺於人也,寧溺於淵。』昔者燕君子噲睿弇夫悟,長為人宗,閑於天下之物矣,猶迷惑於子之而亡其邦,為天下戮,而況在於少君乎[1]?昔者吾先考成王早棄群臣,寡人幼童未通智,惟傅姆是從。天降休命於朕邦,有厥忠臣賙,克順克卑,亡不率仁,敬順天德,以左右寡人,使知社稷之任,臣宗之義,夙夜不懈,以誘導寡人[2]。今余方壯,知天若否,論其德,省其行,亡不順道,考宅惟刑,嗚呼哲

---

[1] 燕君子噲:即燕王噲,燕易王子,在位七年(前三二〇—前三一四)。於西元前三一六年讓國給丞相子之。睿弇夫悟:睿智淵博,聰明穎悟。閑:嫻習,通曉。
[2] 賙:人名。中山國宰相。學者多認為就是《戰國策》及《史記》等書中的司馬喜。率仁:遵循仁德。

哉³！社稷其庶乎！厥業在祗，寡人聞之：『事少如長，事愚如智。』⁴ 此易言而難行也。非信與忠，其誰能之？其誰能之！惟吾老賙是克行之。嗚呼悠哉！天其有刑於哉厥邦。是以寡人專任之邦而去之遊，亡遽惕之慮。昔者吾先祖桓王、昭考成王，身勤社稷，行四方，以憂勞邦家。今吾老親率參軍之眾，以征不義之邦，奮桴振鐸，辟啟封疆，方數百里，列城數十，克敵大邦⁵。寡人庸其德，嘉其力，是以賜之厥命：『雖有死罪，及參世，亡不赦。』⁶ 以明其德，庸其功。吾老賙奔走不聽命。寡人懼其忽然不可得，憚憚慄慄，恐隕社稷之光，是以寡人許之⁷。謀慮皆從，克有功，智也。辭死罪之有赦，知為人臣之義也。嗚呼！念之哉！後人其庸用之，毋忘爾邦⁸。昔者吳人并越，越人修教備信，五年覆吳，克并之至於今⁹。爾毋大而肆，毋富而驕，毋眾而

中山王響鼎銘拓片

---

3 考宅惟刑：考察和衡量事務都有典型可以遵守。哲：謹慎。
4 祗：恭敬。
5 奮桴振鐸：擊鼓椎，敲鐸鈴。指揮軍隊作戰。
6 庸：酬庸。
7 憚憚慄慄：兢兢業業。
8 庸用：繼續施行。
9 覆：覆滅，敗亡。

囂[10]。鄰邦難親仇人在旁。嗚呼！念之哉！子子孫孫永定保之，毋替厥邦[11]。」

《金文總集》

譯 文

十四年，中山王䁅鑄造鼎，並刻上銘文：「哎呀！古人說得好，『與其溺於人，寧願溺於淵』，溺於水還可遊出，溺於人則無可救了啊！從前燕國國君噲，睿智淵博，聰明穎悟，年長即位後，又能嫻習天下事物，像這樣的人君卻仍被子之迷惑，以至於亡國喪邦，而為天下人恥笑，何況我是個年幼的君主呢？從前，先父成王很早就去世了，我年幼即位，知識未開，多依從師傅教導行事。幸好老天降下好運給我們國家，使我們擁有這樣的忠臣——司馬䶣，他遵循仁德，謹守天道以輔佐我。他早晚努力不懈地誘導我，使我瞭解國家的重任和君臣的道義。現在我已成年，知道應順從天命，要慎立法則，用以考察和衡量事物。哎呀！要謹慎呀！對國家也是這樣的。要恭敬地行事。我聽說過這樣的話：『事奉年幼的和年長的君主一樣，事奉愚鈍的和聰穎的人一樣。』這話雖淺易卻難於實行。除非是忠信的人，誰能做到啊？而我們元老司馬䶣卻能做到。哎呀！上天為我國立下好的法則，所以我能委任國事給䶣而放心遊樂，毫無憂懼。從前我先祖桓王和先父成王，他們憂勞國家，奔走四方。現在我們老臣䶣親率三軍出征不義的國家，擊鼓鳴鐸，開拓疆域數百里，獲得城邑數十個，奠

---

10 大而肆：自大而放縱。眾而囂：恃眾而驕傲。
11 替：廢除。

定了成為大國的基礎,使我們能和大國相匹敵。我為酬庸賙的功績,嘉勉他的努力,於是賜予他這道命令:『即使犯有死罪,或其子孫三代有罪,一律特赦免死。』元老賙推辭不肯接受,我又生恐失去了他這位國家的重臣,只好允許他的推辭。凡他所作所為都有成效,這是他的明智;推辭了免死的特權,這是他知道做臣子的大義。哎呀!要感念他的功業,後人更要繼續努力呀!不要忘了自己的國家。從前吳人併吞越國,越人生聚教訓,五年後竟打敗了吳國。你們不要自大放肆,不要恃富驕泰,也不要恃眾狂傲。鄰國是難以親善的,仇敵之國就在我們旁邊。唉!要記住呀!子子孫孫要永遠保衛國土,不要廢亡了我們的國家呀!」

(周鳳五、林素清/編寫整理)

方升銘
商鞅

　　商鞅（約前三九〇─前三三八），即衛鞅，又稱公孫鞅，衛國國君的遠支宗親。秦封地在商（今陝西丹鳳縣西北）地，故世稱商君、商鞅。他學習李悝《法經》，通曉法家之術。

　　初事魏相公叔痤，後入秦，秦孝公六年（前三五六）受任為左庶長，主持變法。革除秦的戎翟舊俗，遷都咸陽，設立郡縣，廢井田、開阡陌，推行軍功制度，統一度量衡，奠定了後來秦始皇統一天下的基礎。商鞅前後主政十九年，秦孝公去世（前三三八），惠王即位，被逮捕車裂肢解而死。

背　景

　　度（長度）量（容量）衡（重量）與人類日常生活息息相關。透過對於古代度量衡制度的考察，我們可以比較深入而真切地瞭解當時社會經濟與人民生活的真相。

　　度量衡制度究竟始於何時，已經不得而知。商朝雖然貿易發達，必有度量衡之工具和觀念，但目前考古發掘所得資料顯示，殷墟甲骨文中未見度量衡單位。西周金文才有「守」字，是重量單位，但實際重量仍沒有一致的結論。春秋戰國時期，隨著經濟的繁榮與商業的發展，為適應生產與交換的需要，各國度量衡制度漸趨精密完備，單就

文獻所見，戰國的容量單位便有斛、菊、升、溢、豆、區、釜、鍾、盆、斗、桶、觳、斜、齫、庾、籔、秉、筥、稷、秅、鼓等二十餘種之多。這裡將《漢書・律曆志》及出土器物實測所得度量衡制度列表如下：

國別	度	量	衡
秦	1丈＝10尺＝100寸＝230釐米	1斛＝10斗＝100升＝1000合＝20100毫升	1石＝120斤＝30750克 1斤＝16兩＝384銖＝25625克
兩周	1尺＝23.1釐米	1斗＝1997.5毫升	1爰＝？克　1兩＝24銖
三晉	？	趙1斗＝10升＝20益＝2114毫升 1斗＝7140毫升	1鎰＝？克　魏1爰＝？
齊	？	1鍾＝10釜＝50區＝100鋂＝250豆＝1250升＝205000毫升	？
楚	1尺＝22.5～23釐米	？	1斤＝16兩＝384銖＝25153克
燕	？	？	？

從上表不難發現，秦與齊、趙、魏的量制，秦與兩周、三晉的衡制差別較大，這自然是秦始皇兼併六國、統一天下之後必須解決的問題。

傳世秦權多鑄刻秦始皇二十六年（前二二一）統一度量衡的詔書，其文如下：

廿六年，皇帝盡并兼天下諸侯，黔首大安，立號為皇帝，乃詔丞相狀、綰法度量，則不壹，歉疑者皆明壹之。

全文大意是說：「秦王政二十六年，統一天下，人民安樂，立尊號為皇帝，令丞相隗狀與王綰統一度量制度，凡不統一或不精確的都要使之精確統一。」鑄刻有這篇詔書的量器和衡器，除陝西、甘肅秦國本土發現很多之外，齊國故地（山東鄒城、諸城一帶），楚國故地（江蘇盱眙一帶），韓國故地（河南禹縣一帶），趙國故地（山西右玉、左雲一帶）以及燕長城故址（遼寧赤峰）都有發現，甚至遠在長城線以北一百多公里的吉林也曾經發現，可見秦始皇統一度量衡的工作是非常徹底的。而他所根據的，正是西元前三四四年商鞅變法「平斗桶權衡丈尺」所制定的標準。

影 響

秦始皇琅邪台刻石說：「器械一量，同書文字，日月所照，舟輿所載，皆終其命。」（凡日月所照之地，坐車乘船之人，全都按照法令來統一度量衡和文字。）這話一點也不誇大。後來西漢整套度量衡制度都承自秦代，甚至秦以後兩千餘年度量衡單位的數值雖有變化，但基本單位及其相互的比值卻沿用不改，與統一文字同為幅員廣大的中國之所以能夠統一的現實基礎。

商鞅方升及銘

原 文

十八年,齊率卿大夫眾來聘[1]。冬十二月乙酉,大良造鞅爰積十六尊五分尊壹為升[2]。

《金文總集》

譯 文

十八年冬,齊國率領卿大夫組成的代表團來訪問。冬十二月乙酉日,大良造商鞅以十六又五分之一立方寸的容積為一升。

(林素清、周鳳五/編寫整理)

---

1 十八年:秦孝公十八年,西元前三四四年。
2 大良造:秦爵名,又作大上造。據《漢書·百官公卿表》,秦爵最高為徹侯,以下依次為關內侯、大庶長、駟車庶長、大上造、少上造、右更、中更、左更、右庶長、左庶長、五大夫、公乘、公大夫、官大夫、大夫、不更、簪嫋、上造、公士,共二十級。尊:借為「寸」字。

諫逐客書
李斯

李斯（？—前二〇八），楚國上蔡（今河南上蔡西南）人，大儒荀子的學生。學成以後，就投身在秦相呂不韋門下做門客，並遊說秦王，陳述併吞六國的計策。秦王政稱皇帝以後，做丞相。秦始皇廢除封建，實行郡縣，整理文字，統一國道，明白規定法度律令，大多數的法令都出於李斯的建議。李斯對於後來中國統一的局面非常有貢獻。秦二世即位後，李斯仍然做丞相，後來被趙高陷害，在咸陽被腰斬，他的三族也均被殺。

李斯像

背景

李斯寫這篇文章的原因是：秦王政十年（前二三七），李斯在秦國為客卿，韓國有個名叫鄭國的水工來遊說秦國西引涇水，東注洛河，開渠三百餘里，以灌溉田地。真實目的則是通過開渠以疲秦力，使秦不能東伐。

不久秦國發覺鄭國動機，秦宗室大臣皆勸告秦王說，諸侯各國的

人來秦國都是做間諜，遂請求罷除一切客卿。秦王採納了宗室大臣的意見，放逐各國客卿。

　　李斯也在被驅逐的行列裡，他在途中寫下這封諫書送給秦王。秦王看後體悟，乃除逐客之令，派人追李斯回來，復其職、用其謀，後來完成了併吞天下的大業。

　　李斯這篇文章論理精闢，舉證明確，文氣暢達，頗具說服力。其高明之處在於純粹從秦國的利害關係著手，論說逐客的害處與不逐客的利處，而絲毫不考慮個人的進退。全文舉證甚為精當，頗具說服的力量，足以令人信服。首先，舉秦國先王得以成功是由於善用客卿，是從正面來論證；其次，就秦王所珍愛的器物、美女、音樂來自國外，而人才反而不外求之非，是從反面來論證。最後，再以事物之理來闡揚法家強國稱霸天下的目的與精神，使得秦王豁然而悟。全篇順說、逆敘、正說、反喻，起承轉合，前後呼應，是一篇很好的議論文章，而其所論之事，對後代也影響甚大。

影　響

　　秦始皇能統一天下，大抵在重用客卿，尤其能以李斯為丞相，廢封建，置郡縣，定律令，築長城，北卻匈奴，奠定統一天下的大業。尤其一個國家本就有既得利益之爭，秦王能因李斯之言當下反悟，以國家利益為前提，擺脫現實的紛爭，也正可作為後世的最好借鏡。

原　文

　　臣聞吏議逐客，竊以為過矣。昔繆公求士，西取由余於戎，東得

百里奚於宛,迎蹇叔於宋,來丕豹、公孫支於晉[1]。此五子者,不產於秦,而穆公用之,并國二十,遂霸西戎[2]。孝公用商鞅之法,移風易俗,民以殷盛,國以富強,百姓樂用,諸侯親服,獲楚、魏之師,舉地千里,至今治強。惠王用張儀之計,拔三川之地,西并巴蜀,北收上郡,南取漢中,包九夷,制鄢郢,東據成皋之險,割膏腴之壤,遂散六國之從,使之西面事秦,功施到今。昭王得范雎,廢穰侯,逐華陽,強公室,杜私門,蠶食諸侯,使秦成帝業[3]。此四君者,皆以客之功。由此觀之,客何負於秦哉?向使四君卻客而不納、疏士而不用,是使國無富利之實,而秦無強大之名也。

今陛下致崑山之玉,有和隨之寶,垂明月之珠,服太阿之劍,乘纖離之馬,建翠鳳之旗,樹靈鼉之鼓。此數寶者,秦不生一焉,而陛下說之,何也?必秦國之所生然後可,則是夜光之璧,不飾朝廷;犀象之器,不為玩好;鄭衛之女,不充後宮;駿馬駃騠,不實外廄;江南金錫不為用,西蜀丹青不為采。所以飾後宮,充下陳,娛心意,說耳目者,必出於秦然後可,則是宛珠之簪,傅璣之珥,阿縞之衣,

---

[1] 繆公:即秦穆公,姓嬴,名任好,春秋五霸之一。繆,通「穆」。
[2] 五子者:由余,晉國人,亡入戎,奉戎王命使秦,穆公賢之,以計間戎王,戎王疑由余,由余乃降秦,為秦謀伐戎之策,辟地千里,秦遂霸西戎。百里奚,字井伯,虞人,初仕虞國為大夫。晉獻公滅虞,虜之歸,以為其女(秦穆公夫人)媵臣(陪嫁之僕),奚恥之,亡秦走宛,為楚鄙人所執。穆公聞賢,以五羖羊皮贖之。與議國事,大悅,授以國政。相秦七年而霸,人稱「五羖大夫」。蹇叔,岐州人,遊於宋。百里奚謂穆公,臣不及臣友蹇叔賢,穆公使之厚幣迎蹇叔,以為上大夫。丕豹,亦作邳豹,晉大夫丕鄭之子,因晉惠公殺其父,豹遂入秦。公孫支,岐州人,游晉,後歸秦。
[3] 范雎:字叔,戰國魏人,善口辯。初事魏中大夫須賈,為相魏齊所笞辱,乃以計西入秦,改姓名為張祿,說昭王以遠交近攻之策,昭王善之。尋為相,封應侯。穰侯:姓魏名冉,昭王母宣太后異父弟,時為相,封於穰,故稱穰侯。華陽:昭王母宣太后同父弟,時為將軍,因封於華陽,故稱華陽君。二人因宣太后關係,專權擅政,昭王從范雎之議,罷穰侯,逐華陽君於關外。

錦繡之飾，不進於前，而隨俗雅化，佳冶窈窕，趙女不立於側也。夫擊甕叩缶、彈箏搏髀，而歌呼嗚嗚快耳者，真秦之聲也；鄭衛桑間、韶虞武象者，異國之樂也。今棄擊甕叩缶而就鄭衛，退彈箏而取韶虞，若是者何也？快意當前，適觀而已矣！今取人則不然，不問可否，不論曲直，非秦者去，為客者逐。然則是所重者在乎色樂珠玉，而所輕者在乎人民也。此非所以跨海內、制諸侯之術也。

臣聞地廣者粟多，國大者人眾，兵強則士勇。是以泰山不讓土壤，故能成其大；河海不擇細流，故能就其深；王者不卻眾庶，故能明其德。是以地無四方，民無異國，四時充美，鬼神降福：此五帝三王之所以無敵也。今乃棄黔首以資敵國，卻賓客以業諸侯，使天下之士，退而不敢西向，裹足不入秦：此所謂藉寇兵而齎盜糧者也。

夫物不產於秦，可寶者多；士不產於秦，而願忠者眾。今逐客以資敵國，損民以益仇，內自虛而外樹怨於諸侯，求國無危，不可得也。

《全秦文》

譯 文

臣認為驅逐客卿是錯誤的。從前穆公徵求賢士，從西戎國聘請了由余，從宛國贖得了百里奚，從宋國迎來了蹇叔，從晉國延攬了邳豹和公孫支。這五位賢士都不是秦國人，可是穆公任用他們，結果併吞了二十多國，稱霸西戎。孝公用商鞅的新法，改變風俗，人民生活殷實興盛，國家富足強大，百姓樂於為國效力，諸侯親近服從，先後擊敗楚國、魏國的軍隊，佔領了千里土地，直到現在，還是政治修明，

國家強盛。惠王用張儀的十策,奪取了三川,西方併吞巴蜀,北方取得了上郡,南方佔有了漢中,兼併了九夷,控制了鄢郢,東方佔據了成皋險要地區,割取了肥沃土地,拆散了六國合縱的盟約,使他們西面事秦,功勞到現在還在。昭王得到了范雎,於是廢免穰侯,驅逐華陽君,強大王室,杜塞權貴私門,逐漸奪取諸侯土地,使秦國完成帝國基業。這四位君主,都是靠了客卿的功勞。由此看來,客卿有什麼對不起秦國呢?假使過去這四位君主,拒絕客卿,疏遠賢士,國家在實際上便得不到富足,也得不到強大的威名了。

現在大王得到了崑山的美玉,有了卞和的寶璧和隨侯的明珠,掛著明月珠,佩著太阿劍,駕著纖離馬,豎著翠鳳旗,擺著靈鼉鼓。這幾種寶物,沒有一件產在秦國的,可是大王卻喜愛它,為什麼呢?一定要秦國出產的才可以用,那麼夜光璧就不該裝飾在朝廷裡,犀牛和象牙的器具就不該作為玩好,鄭衛的美女就不該藏在後宮,駃騠等好馬就不該養在馬廄,江南的金錫不該用,西蜀的丹青不該拿來塗彩。所有用來裝飾後宮,充作姬妾娛樂心意、快活耳目的,一定要出產在秦國的然後才可以用,那麼宛珠簪、傅璣珥、阿縞衣,以及錦繡華美的裝飾,就不該進呈到面前,而穿著時髦、豔麗美好的趙國女子,也不該站立在身旁。那敲水瓶、打瓦缶、彈竹箏,拍著股骨,嗚嗚歌唱,是道地的秦國音樂;鄭衛桑間的靡靡之音,虞舜周武的古樂,都是外國的音樂。現在捨棄了敲水瓶瓦罐而聽鄭衛的歌曲,不用彈箏而欣賞韶虞的古樂,這樣做為什麼呢?還不是快樂當前,適合欣賞嗎?現在用人卻不是這樣,不問是非,不論好壞,只要不是秦國人,就不用;做客卿的,就驅逐。那麼就是所看重的是女色、音樂、寶珠、美

玉，所輕視的是人才。這不是統一天下、控制諸侯的辦法啊！

　　臣聽說土地廣的糧食就多，國家大的人口就眾多，軍隊強大是由於士卒勇敢。所以泰山不排除土壤，才能成就它的大；河海不拒絕小水，才能成就它的深；帝王不捨棄百姓，才能顯揚他的盛德。因此土地不分東西南北，人民不分本國外國，經常追求充實美好，鬼神就會降福；這就是五帝三王無敵的原因。現在大王卻要拋棄人民來幫助敵國，排斥賓客使他們事奉諸侯，使得天下的人才退縮不敢西來，止步不再踏入秦國，這就叫作借兵器給敵人，送糧食給盜賊啊！

　　物品不出產於秦國，值得珍貴的很多；人才不出於秦國，願意效忠的也不少。現在驅逐客卿來幫助敵國，損害人民來有益仇人，使國內空虛而外面又和諸侯結怨，希望國家沒有危險，是不可能的。

（鄭志明 / 編寫整理）

議廢封建
李斯

背景

　　封建社會是以土地制度為中心，進而確定權利義務關係的階級社會。這是由於當時地廣人稀，交通不便，王室制馭的力量無法普及，而且國與國之間也少接觸，所以形成了封建的社會結構。但是後來戶口日繁，土地日闢，交通日便，王室的力量擴展，國與國的接觸也日漸頻繁，如此，封建制度必然崩潰。但是李斯從利害關係來勸秦王廢除封建，表面上與社會的變遷無關，實際上李斯的意見仍是時勢所造成的。天下一統，除了靠秦國武力擴張之外，經濟、法制的變遷，已逐漸構成內在結構性改變的主要助力。

　　歷史的進展是前後相連、因果相關的，但是其轉變的要件不可忽略。比如秦國剛統一天下時，復行封建的論調相當盛行，如丞相王綰等曾建議云：「燕、齊、荊地遠，不為置王，毋以填之。」又有博士淳于越進言云：「臣聞殷、周之王千餘歲，封子弟功臣，自為枝輔。今陛下有海內，而子弟為匹夫，卒有田常六卿之臣，無輔拂，何以相救哉？事不師古，而能長久者，非所聞也。」

　　在這樣的環境下，李斯的建議，就不能只是客觀現象的說明，而是要針對其內在最大的弊病加以反擊，其著重點即在「天下無異意，則安寧之術也」，如此意見非常符合秦始皇的心理，故始皇云：「天

下共苦戰鬥不休，以有侯王。賴宗廟，天下初定，又復立國，是樹兵也，而求其寧息，豈不難哉！廷尉議是。」

在這樣的政治走向下，其著眼點雖在國家的利害上，實也有劃時代的意義。李斯曾得意地在《琅邪刻石》上云：「古之帝者，地不過千里，諸侯各守其封域，或朝或否，相侵暴亂，殘伐不止，猶刻金石，以自為紀。古之五帝三王，知教不同，法度不明，假威鬼神，以欺遠方，實不稱名，故不久長。其身未歿，諸侯背叛，法令不行。今皇帝并一海內，以為郡縣，天下和平，昭明宗廟，體道行德，尊號大成。」

影響

封建制度的崩潰，是經過周朝數百年的歷史變遷逐漸造成的，但是封建的理念依舊深入人心，李斯以利害的觀點來加快廢除封建的速度，有其歷史上的意義。比如漢初雖欲復行封建，卻造成七國之亂，因此郡縣制度抬頭，中央集權的政治理念後來成為中國政治思想的主流，影響至於今日。

原文

周武王所封子弟同姓甚眾，然後屬疏遠，相攻擊如仇讎，諸侯更相誅伐，周天子弗能禁止。今海內賴陛下神靈一統，皆為郡縣，諸子功臣，以公賦稅重賞賜之，甚足易制。天下無異意，則安寧之術也，置諸侯不便。

《全秦文》

譯 文

　　周武王分封同姓子弟，設立了很多諸侯國，但是幾代以後在感情上逐漸疏遠，國與國之間為了領土的競爭，彼此視為仇家相互攻擊，戰爭紛起，連周天子也無法加以禁止。現在天下復歸統一，出現了新的政治局面，不宜再實施封建，應將全國土地直隸君主，大者設郡，小者設縣。至於有功的臣子與親密的族人，以財物、衣稅食租等大大地賞賜他們，如此天下就容易治理了。天下皆為國君所控制，沒有其他政治勢力，這就是治理國家的法術了。

（鄭志明／編寫整理）

初并天下議帝號令
嬴政

秦始皇（前二五九—前二一〇），姓嬴，名政，秦莊襄王之子。十三歲即位，丞相呂不韋掌權。秦王政十年（前二三七），殺呂不韋，親政，先後攻滅六國，統一天下，號稱始皇帝。廢除封建、設置郡縣、統一度量衡、焚書坑儒。在位三十七年。

秦始皇像

背景

秦王政二十六年（前二二一）終於兼併六國，統一了天下，數百年紛爭擾攘的分裂局面復定於一尊，兩千年君主之制從此開端。站在歷史的轉捩點上，秦王政真可以說是躊躇滿志，意氣風發。

影響

秦王政有強烈的歷史感，他下令群臣討論自己的稱號，他不用諡號制，因為不許群臣、子嗣在他身後議論自己的功過是非，他要在歷史上為後人留下永難磨滅的記憶。凡此種種，都反映了他內心深處不可抑制的歷史感。而他之所以斷斷不休，歷數韓王、趙王、魏王等六

國諸侯的不是,焚燒六國史書,甚至一切經典,汲汲於為自己攻滅六國辯護,目的也不過是使自己的行為合理化。這也還是歷史感的壓力使然。

這個長得「蜂準長目,鷙鳥膺,豺聲」的秦王政,十三歲即位,三十九歲統一天下,他的才能與機遇似乎都勝人一籌。他也自覺地認為自己「德邁三皇,功高五帝」,是人類有史以來第一人。他是不平凡的,因此自稱為「朕」,以示與臣民有別。

其實,「朕」這個字原本只是很平常的第一人稱代詞,西周金文常見「某某作朕皇考寶尊彝」的句子,他卻拿來自己專用。前此殷周時期天子稱「余一人」,此後兩千餘年,中國歷史上每一個皇帝都自稱「朕」。是否果真為「天子」人們不得而知,但皇帝畢竟與臣民不同了。

他的印章稱「璽」,這其實也是印章本來的通稱,不過他要與眾不同,所以由他一個人專用,臣民不許僭用這個字。直到唐朝武則天才因避諱璽與「死」同音而改用「寶」字。他的命令也有專名,稱「制」或「詔」,都與臣下不同。

總之,他想與歷史人物一較長短,與當代諸侯一比高低,無論從哪一方面看,他都是勝利者,他是歷史的創造者,他是始皇帝,後世子孫二世、三世、十世、百世、千世、萬世……傳之無窮,這是多麼可怕的暗示!後代帝王從他這裡得到的,究竟是什麼樣的教訓呢?

原　文

秦初并天下,令丞相、御史曰:「異日韓王納地效璽,請為藩

臣，已而倍約，與趙、魏合從畔秦，故興兵誅之，虜其王[1]。寡人以為善，庶幾息兵革。趙王使其相李牧來約盟，故歸其質子。已而倍盟，反我太原，故興兵誅之，得其王。趙公子嘉乃自立為代王，故舉兵擊滅之。魏王始約服入秦，已而與韓、趙謀襲秦，秦兵吏誅，遂破之。荊王獻青陽以西，已而畔約，擊我南郡，故發兵誅，得其王，遂定其荊地。燕王昏亂，其太子丹乃陰令荊軻為賊，兵吏誅，滅其國。齊王用後勝計，絕秦使，欲為亂，兵吏誅，虜其王，平齊地。寡人以眇眇之身，興兵誅暴亂，賴宗廟之靈，六王咸伏其辜，天下大定。今名號不更，無以稱成功，傳後世。其議帝號。」丞相綰、御史大夫劫、廷尉斯等皆曰：「昔者五帝地方千里，其外侯服夷服，諸侯或朝或否，天子不能制。今陛下興義兵，誅殘賊，平定天下，海內為郡縣，法令由一統，自上古以來未嘗有，五帝所不及。臣等謹與博士議曰：古有天皇，有地皇，有泰皇，泰皇最貴。臣等昧死上尊號，王為『泰皇』。命為『制』，令為『詔』，天子自稱曰『朕』。」王曰：「去『泰』，著『皇』，採上古『帝』位號，號曰『皇帝』。他如議。」制曰：「可。」追尊莊襄王為太上皇。制曰：「朕聞太古有號毋謚，中古有號，死而以行為謚。如此，則子議父，臣議君也，甚無謂，朕弗取焉。自今已來，除謚法。朕為始皇帝。後世以計數，二世三世至於萬世，傳之無窮。」

《史記・秦始皇本紀》

---

[1] 異日：往昔。納地效璽：呈獻土地與璽印，即稱臣降服。

譯 文

　　秦統一天下，令丞相、御史：「從前韓王降服稱臣，後來卻背約，聯合趙、魏兩國反叛，所以出兵加以討伐，活捉韓王。我原本不想再用兵。趙王派遣李牧來結盟，我就把趙國留在秦國的人質送回去了。不料趙國背盟攻打太原，於是出兵活捉趙王。趙公子嘉自立為代王，所以出兵消滅他。魏王原本約好入秦，後來與韓、趙兩國陰謀襲秦，於是出兵加以討伐。楚王獻青陽以西來求和，後來卻毀約攻打南郡，於是出兵加以討伐，活捉楚王。燕王昏庸無道，太子丹遣荊軻為刺客，於是出兵加以討伐，消滅了燕國。齊王聽信後勝的計策，與秦國斷絕往來。陰謀作亂，於是出兵加以討伐，活捉齊王，平定齊國。渺小的我出兵討伐暴亂的國家，幸虧祖宗顯靈，使六國國王都得到應有的懲罰，天下統一。既然如此，我若不改變名號，就與我的功業不相配合，不能傳之後世。大家討論一下帝號吧！」

　　丞相王綰、御史大夫馮劫、延尉李斯等人都主張：「古代五帝地方僅千里，四境外夷是否入朝，天子不能決定。現在陛下發動正義之師，討伐殘賊叛逆，平定天下，分置郡縣，政令統一，這是上古以來所不曾有的，是五帝都比不上的盛事。臣等與博士們商議的結論是：古代有天皇、地皇、泰皇，其中泰皇最尊貴。因此臣等冒死給陛下上

秦代書體「始皇帝」

尊號為『泰皇』，陛下所頒的命令稱作『制』或『詔』，天子自稱為『朕』。」秦王說：「去掉『泰』字，加上『皇』字；採用上古時代『帝』的稱號，合稱為『皇帝』。其餘如議。」於是正式頒佈命令。又追尊莊襄王為太上皇。並頒令：「遠古時代有稱號而無諡法，中古時代生前有稱號，死後則根據其生前的作為決定諡法。這樣一來就成了兒子議論父親，臣下評斷君上，實在很不妥當，我不贊成。從今以後，廢除諡法。我號稱始皇帝。我的後代則依次為二世、三世……以全萬世，永無窮盡。」

（周鳳五、林素清／編寫整理）

禮運
不詳

　　本篇選自《禮記》。《禮記》又稱《小戴禮記》，是戰國到西漢中葉儒家論禮的總集，共四十九篇，為西漢經師戴聖編輯而成。

　　所謂「禮」，範圍十分廣泛，舉凡禮儀、制度、風俗等都可以包含在內。《禮記》的內容，大致可以區分為二：一類是討論禮制、禮義的文章，另一類則是儒家的哲學思想。總括地說，《禮記》就是一部儒家學者論禮叢編。

背景

　　禮運，旨在談論禮的運行。鄭玄說：「名曰禮運者，以其記五帝三王相變易，陰陽旋轉之道。」「運」字可有二義：一為演變，一為運行。所謂演變，是就時代生活的沿革而言；所謂運行，是就五行四時的更迭而言。四時更迭，周而復始，禮即依此而行。

　　今傳儒家有關禮學的著作——三禮。其中《周禮》所言為國家的制度，也可說是群體行為的規範；《儀禮》則記生活的儀文，也可說是個人行為的規範：二書所言都是「禮之數」，也可說是禮的具體事象。《禮記》所說的則是「禮之義」，也可說是禮的抽象道理。國家的制度和生活的儀文之所以必須如此，自有其道理在，通曉其理，就可以因時因地因事而制其宜。事實上，制度與儀文雖隨時代、地域、

觀蠟論俗

人物、環境而變遷，然道理則亙古不變，與人類生活相終始。

《周禮》《儀禮》二書，到了唐代已有學者率直地承認其不易理解，主要原因就在於那些制度、儀文在後代日常生活中多已不復存在，因而其書也就不為一般人所瞭解了。而《禮記》一書則保存了儒家借助制度儀文以引導人生走向健康幸福的理論與理想，不但不因時世的變遷而沒落，相反地，如今已成為通曉儒家「禮」之精義的唯一要籍。

影響

在人類社會裡，個人行為應如何才能利人利己，彼此和睦；團體行為應如何才能福國福民，共用康樂？換句話說，世俗的儀文、國家的制度，應如何制定？這和我們每一個人的關係實在太密切了。所以孔子在《禮運篇》中，一再強調禮的重要，期望聖王能明白「禮之義」，順應天理人情以制禮，使天下太平，人類生活幸福美滿。

本篇所揭櫫的理想不但成為中國人所追求的最高目標,且其所闡述的治國之道也為歷代君臣上下所重視,尤其「大道之行也」一章,謂之我國的立國精神亦不為過。「天下為公」「選賢與能」,是每一個中國人都耳熟能詳的。是則《禮運篇》的意義又不止於歷史與文化,實將與我國族同其繁榮茁壯,千年萬載,永垂不朽。

原 文

昔者仲尼與於蠟賓,事畢,出遊於觀之上,喟然而嘆[1]。仲尼之嘆,蓋嘆魯也。言偃在側,曰:「君子何嘆?」

孔子曰:「大道之行也,與三代之英,丘未之逮也,而有志焉。大道之行也,天下為公。選賢與能,講信修睦。故人不獨親其親,不獨子其子;使老有所終,壯有所用,幼有所長,矜寡孤獨廢疾者皆有所養。男有分,女有歸。貨,惡其棄於地也,不必藏於己;力,惡其不出於身也,不必為己。是故謀閉而不興,盜竊亂賊而不作,故外戶而不閉。是謂『大同』。

「今大道既隱,天下為家,各親其親,各子其子,貨力為己。大人世及以為禮,城郭溝池以為固,禮義以為紀,以正君臣,以篤父子,以睦兄弟,以和夫婦,以設制度,以立田里,以賢勇智,以功為己。故謀用是作,而兵由此起;禹、湯、文、武、成王、周公,由此其選也。此六君子者,未有不謹於禮者也,以著其義,以考其信,著有過,刑仁講讓,示民有常;如有不由此者,在執者去,眾以為殃。

---

1 蠟:周曆十二月的一種祭祀。

是謂『小康』。」

言偃復問曰:「如此乎禮之急也?」

孔子曰:「夫禮,先王以承天之道,以治人之情,故失之者死,得之者生。詩曰:『相鼠有禮,人而無禮?人而無禮,胡不遄死!』是故夫禮,必本於天,殽於地,列於鬼神,達於喪、祭、射、御、冠、昏、朝、聘。故聖人以禮示之,故天下國家可得而正也。」

言偃復問曰:「夫子之極言禮也,可得而聞歟?」

孔子曰:「我欲觀夏道,是故之杞,而不足征也,吾得夏時焉。我欲觀殷道,是故之宋,而不足征也,吾得坤乾焉。坤乾之義,夏時之等,吾以是觀之。

「夫禮之初,始諸飲食。其燔黍捭豚,汙尊而抔飲,蕢桴而土鼓,猶若可以致其敬於鬼神。及其死也,升屋而號,告曰:『皋!某復!』然後飯腥而苴孰。故天望而地藏也,體魄則降,知氣在上。故死者北首,生者南鄉,皆從其初。

「昔者先王未有宮室,冬則居營窟,夏則居橧巢;未有火化,食草木之實,鳥獸之肉,飲其血,茹其毛;未有麻絲,衣其羽皮。後聖有作,然後修火之利,範金合土,以為台榭宮室牖戶;以炮以燔,以烹以炙,以為醴酪;治其麻絲,以為布帛。以養生送死,以事鬼神上帝,皆從其朔。

「故玄酒在室,醴醆在戶,粢醍在堂,澄酒在下,陳其犧牲,備其鼎俎,列其琴瑟管磬鐘鼓,修其祝嘏,以降上神與其先祖。以正君臣,以篤父子,以睦兄弟,以齊上下,夫婦有所。是謂承天之祜。

「作其祝號,玄酒以祭,薦其血毛,腥其俎,孰其殽,與其越

席，疏布以冪，衣其澣帛，醴盞以獻，薦其燔炙。君與夫人交獻，以嘉魂魄，是謂合莫。然後退而合亨，體其犬豕牛羊，實其簠簋、籩豆、鉶羹，祝以孝告，嘏以慈告，是謂大祥。此禮之大成也。」

孔子曰：「嗚呼哀哉！我觀周道，幽厲傷之。吾捨魯何適矣？魯之郊禘，非禮也，周公其衰矣。杞之郊也，禹也；宋之郊也，契也。是天子之事，守也。故天子祭天地，諸侯祭社稷。祝嘏莫敢易其常古，是謂大假。祝嘏辭說藏於宗、祝、巫、史，非禮也，是謂幽國。醆斝及尸君，非禮也，是謂僭君。冕弁兵革藏於私家，非禮也，是謂脅君。大夫具官，祭器不假，聲樂皆具，非禮也，是謂亂國。故仕於公曰臣，仕於家曰僕。三年之喪與新有昏者，期不使。以衰裳入朝，與家僕雜居齊齒，非禮也，是謂君與臣同國。故天子有田以處其子孫，諸侯有國以處其子孫，大夫有采以處其子孫，是謂制度。故天子適諸侯，必捨其祖廟，而不以禮籍入，是謂天子壞法亂紀。諸侯非問疾弔喪而入諸臣之家，是謂君臣為謔。是故禮者，君之大柄也，所以別嫌，明微，儐鬼神，考制度，別仁義，所以治政安君也。

「故政不正，則君位危；君位危，則大臣倍，小臣竊。刑肅而俗敝，則法無常；法無常，而禮無列；禮無列，則士不事也。刑肅而俗敝，則民弗歸也，是謂疵國。故政者君之所以藏身也。是故，夫政必本於天，殽以降命，命降於社之謂殽地，降於祖廟之謂仁義，降於山川之謂興作，降於五祀之謂制度。此聖人所以藏身之固也。

「故聖人參於天地，并於鬼神，以治政也。處其所存，禮之序也；玩其所樂，民之治也。故天生時而地生財，人其父生而師教之。

四者,君以正用之,故君者,立於無過之地也。 故君者所明也,非明人者也; 君者所養也,非養人者也; 君者所事也,非事人者也。 故君明人則有過,養人則不足,事人則失位。 故百姓明君以自治也,養君以自安也,事君以自顯也。 故禮達而分定。 故人皆愛其死而患其生。 故用人之知去其詐,用人之勇去其怒,用人之仁去其貪。 故國有患,君死社稷謂之義,大夫死宗廟謂之變。

「故聖人耐以天下為一家,以中國為一人者,非意之也,必知其情,辟於其義,明於其利,達於其患,然後能為之[2]。 何謂人情?喜怒哀懼愛惡欲。 七者弗學而能。 何謂人義?父慈子孝,兄良弟弟,夫義婦聽,長惠幼順,君仁臣忠。 十者謂之人義。 講信修睦,謂之人利; 爭奪相殺,謂之人患。 故聖人所以治人七情,修十義,講信修睦,尚辭讓,去爭奪,舍禮何以治之?

「飲食男女,人之大欲存焉; 死亡貧苦,人之大惡存焉。 故欲惡者,心之大端也。 人藏其心,不可測度也; 美惡皆在其心,不見其色也。 欲一以窮之,舍禮何以哉?

「故人者,其天地之德,陰陽之交,鬼神之會,五行之秀氣也。

「故天秉陽,垂日星; 地秉陰,竅於山川。 播五行於四時,和而後月生也。 是以三五而盈,三五而闕。 五行之動,迭相竭也。 五行、四時、十二月,還相為本也。 五聲、六律、十二管,還相為宮也[3]。 五味、六和、十二食,還相為質也[4]。 五色、六章、十二衣,還相

---

2 耐:能。
3 六律:黃鐘、太簇、姑洗、蕤賓、夷則、無射,都是陽聲之律。十二管:六律再加陰聲之律的六呂:林鐘、南呂、應鐘、大呂、夾鐘、仲呂。宮:基本音調。
4 五味:苦、辛、酸、甜、鹹。六和:五味加滑。十二食:十二個月的食品,下十二衣亦同。

為質也[5]。

「故人者，天地之心也，五行之端也，食味、別聲、被色而生者也。

「故聖人作則，必以天地為本，以陰陽為端，以四時為柄，以日星為紀，月以為量，鬼神以為徒，五行以為質，禮義以為器，人情以為田，四靈以為畜。

「以天地為本，故物可舉也；以陰陽為端，故情可睹也；以四時為柄，故事可勸也；以日星為紀，故事可列也；月以為量，故功有藝也；鬼神以為徒，故事可守也；五行以為質，故事可復也；禮義以為器，故事行有考也；人情以為田，故人以為奧也；四靈以為畜，故飲食有由也。

「何謂四靈？麟鳳龜龍，謂之四靈。故龍以為畜，故魚鮪不淰；鳳以為畜，故鳥不獝；麟以為畜，故獸不狘；龜以為畜，故人情不失。

「故先王秉蓍龜，列祭祀，瘞繒，宣祝嘏辭說，設制度。故國有禮，官有御，事有職，禮有序。

「故先王患禮之不達於下也。故祭帝於郊，所以定天位也；祀社於國，所以列地利也；祖廟，所以本仁也；山川，所以儐鬼神也；五祀，所以本事也。故宗、祝在廟，三公在朝，三老在學，王前巫而後史，卜筮瞽侑，皆在左右[6]。王中心無為也，以守至正。故禮行於郊，而百神受職焉；禮行於社，而百貨可極焉；禮行於祖廟，而孝慈服焉；禮行於五祀，而正法則焉。故自郊、社、祖廟、山川、五祀，

---

5 五色：青、黃、赤、白、黑。六章：五色加玄。
6 三老：有兩說，一說一人知正直、剛、柔三德者；一說三人。

義之修而禮之藏也。

「是故夫禮必本於太一,分而為天地,轉而為陰陽,變而為四時,列而為鬼神,其降曰命,其官於天也。夫禮,必本於天,動而之地,列而之事,變而從時,協於分藝。其居人也曰養。其行之以貨力、辭讓、飲食、冠昏、喪祭、射、禦、朝、聘。

「故禮義也者,人之大端也。所以講信修睦,而固人肌膚之會,筋骸之束也;所以養生送死,事鬼神之大端也;所以達天道、順人情之大竇也。故唯聖人為知禮之不可以已也。故壞國、喪家、亡人,必先去其禮。

「故禮之於人也,猶酒之有蘗也,君子以厚,小人以薄。

「故聖人修義之柄,禮之序,以治人情。故人情者,聖王之田也。修禮以耕之,陳義以種之,講學以耨之,本仁以聚之,播樂以安之。故禮也者,義之實也。協諸義而協,則禮雖先王未之有,可以義起也。義者,藝之分,仁之節也。協於藝,講於仁,得之者強。仁者,義之本也,順之體也,得之者尊。故治國不以禮,猶無耜而耕也;為禮不本於義,猶耕而弗種也;為義而不講之以學,猶種而弗耨也;講之以學而不合之以仁,猶耨而弗獲也;合之以仁而不安之以樂,猶獲而弗食也;安之以樂而不達於順,猶食而弗肥也。

「四體既正,膚革充盈,人之肥也;父子篤,兄弟睦,夫婦和,家之肥也;大臣法,小臣廉,官職相序,君臣相正,國之肥也;天子以德為車,以樂為御,諸侯以禮相與,大夫以法相序,士以信相考,百姓以睦相守,天下之肥也。是謂大順。大順者,所以養生送死事鬼神之常也。

「故事大積焉而不苑,並行而不謬,細行而不失,深而通,茂而有間,連而不相及也,動而不相害也。此順之至也。故明於順,然後能守危也。

「故禮之不同也,不豐也,不殺也,所以持情而合危也。故聖王所以順,山者不使居川,不使渚者居中原而弗敝也;用水火金木飲食,必時;合男女,頒爵祿,必當年德;用民必順。故無水旱昆蟲之災,民無凶饑妖孽之疾。故天不愛其道,地不愛其寶,人不愛其情。故天降膏露,地出醴泉;山出器車,河出馬圖;鳳凰麒麟皆在郊棷,龜龍在宮沼;其餘鳥獸之卵胎,皆可俯而窺也[7]。則是無故,先王能修禮以達義,體信以達順故,此順之實也。」

《禮記》

譯文

有一次,孔子參加「蠟祭」之典。禮畢,出來在高臺上遊覽,不覺慨然長嘆一聲。孔子大概是為了魯國而慨嘆的。言偃在旁問道:「老師為什麼嘆氣?」

孔子說:「大道施行的時候以及三代那些特出的人才,我都沒能趕上,可是我非常嚮往。大道施行的時候,天下是公有的,所選拔的是賢德有能的人,所講的是信誼,所修習的是親睦。所以人們不只是親愛自己的父母,不獨是愛撫自己的子女;要讓老年人有歸宿,壯年人有用處,幼年人能得到撫育,男子老了沒有妻子的、女子老了沒有

---

7 器車、河出馬圖:都是傳說中的祥瑞。棷:草澤。本或作「籔」。

丈夫的、幼兒無父的、老人無子的，以及殘廢的人，都有地方贍養。男人有職業，女子有好的家庭。貨財，怕的是拋棄在地上，不必非要自己收藏起來；勞力，怕的是沒法貢獻出來，不必只是為了自己。因此，欺詐的計謀不會興起，盜竊作亂的事情不會發生，連外面的大門也用不著關上。這是叫作『大同』。

「現在呢？大道已經隱沒消逝了，天下變為一家所私有，各人只是親愛自己的父母，各人只是愛撫自己的子女，貨物和勞動都是為了自己。君主的子弟世代承襲，認為合於禮，因而修建城·郭、溝、池來保障安全。還用禮義來建立綱紀，使君臣正位、父子相親、兄弟相睦、夫婦和好。又規定制度，劃分土地的疆界，尊崇有勇力和智謀的人，使建立的功業，都對我有利。所以權謀因此興起，戰爭也因此發生了。禹、湯、文王、武王、成王、周公，都是用這種辦法治天下的傑出人物。這六位大人物，沒有在禮上不認真的。用它來辨清事宜，用它來建立信義，用它來指出錯誤，用它來樹立仁愛的榜樣，用它來教育人民謙讓，這是給人民揭示了固定的準則；如果有人不遵照這個準則，有勢位的，也會失去，群眾都把他當作禍害。這就叫作『小康』。」

言偃又問道：「那麼，禮是這樣緊要的嗎？」

孔子說：「禮是古代的君王用來奉行天道，用來治理人情的，所以喪失了禮也就失去了生路，有了禮才能生存。《詩經》上說：『看那老鼠，還有個身體，人如何反沒有禮呢？人沒有禮，何不趁早死去！』所以禮的大原本於天，效法於地，分佈到鬼神，貫徹到喪、祭、射、御、冠、昏、朝、聘各種事項。聖人拿禮來教育人，天下國

家就可以納入正軌了。」

言偃又請問：「先生可以把禮徹底講一講嗎？」

孔子說：「我想實行夏代的禮制，看看它的成就，所以到杞國去，但是沒有賢君是不能成功的，只獲得了夏代歲時的書。我想實行殷代的禮制，看看它的成就，所以到宋國去，也沒有成功，只獲得關於陰陽『乾坤』的書。坤和乾的意義，以及夏代歲時的次第，我是都從這兩種書裡來觀察的。

「推論禮的起源，是開始於飲食。當時燒熟了黍米，劈碎了豬肉，在地上掘一個坑就算酒樽，用手捧起來喝，鼓槌和鼓都是土做的，好像都可以表示對鬼神的敬意。人死的時候，爬上屋頂，向天長聲哀號道：『某人的魂魄回來吧！』然後把生米當飯，放在死者的口裡，用熟肉包起來作為遣送屍體時的祭品。先是望天而祭，然後埋入地下，肉體下降，靈氣上升。所以死人的頭朝北，活人的頭向南，都是從上古沿襲下來的風俗。

「古代的王者沒有房屋，冬天住的是地上掘的洞，夏天住的是樹上搭的巢；沒有火煮食物的方法，吃草木的果實和鳥獸的肉，連血也喝，連毛也吞；也沒有麻和絲，就用鳥獸的羽毛皮革做衣服。後來聖人興起，然後發揮火的功用，作為模型來鑄金屬，和起泥土來製作器物，用來造成台榭、房屋、門窗；用火來烘、烤、煮、燒各種食物，用來蒸釀酒漿之類；把麻和絲加工織成布和絲綢；用來養生送死，用來事奉鬼神上帝，到現在還是照從前一樣。

「玄酒設在屋裡，甜酒設在戶外，『粢醍』設在堂上，清酒設在堂下，宰殺的犧牲都陳列了，鼎和俎也備具了，琴、瑟、管、磬、

鐘、鼓都排定了，讀過了主人饗神的『祝辭』和『屍』對主人的『嘏辭』，請上神和先祖的靈魂降臨下來。用這祭禮，來正定君臣的位置，來培養父子的恩情，使兄弟和睦，使上下齊同，使夫婦各得其所。這就叫作承受天所賜予的福佑。

「作出美好的尊號，用玄酒來祭祀，用血毛來奉獻，俎上的牲體是生的，肉是煮熟的。此外鋪設的是蒲席，蓋的是粗布，穿的祭服是染色的絲綢。國君獻甜酒，夫人獻濁酒，把燒烤的肉奉獻上去。國君和大人共同獻祭，以愉悅死者的魂魄，這就是和神明交接的道理。然後撤下來，再合在一起煮熟，把犬、豕、牛、羊的骨和肉分出來，裝在簠簋、籩豆、鉶器盛的羹湯裡面。祭神的『祝文』是本著『孝』來立言的，神對人的致福之詞，是本著『慈』來立言的。這是最大的善道，這就是祭禮的完成。」

孔子又說：「唉！可哀呀！我瞭解周代的禮制，到幽王、厲王的時代，就破壞了。我除了魯國，還有什麼地方可去呢？但是魯國舉行郊天禮和禘禮，都是不合於禮制的，周公之道也就衰微了。杞國之所以舉行郊禮，是因為禹的緣故；宋國之所以舉行郊禮，是因為契的緣故。這是天子的法度，由他們保存下來。所以說，天子祭天地，諸侯祭社稷。人對神的祝詞，和神對人的嘏詞，都不敢變更從古相沿的法度，這就是最大的道理。人對神的祝詞，和神對人的嘏詞，都收藏在宗、祝、巫、史的私家，這是不合於禮的，這叫作黑暗的國家。把『盞』和『斝』這兩種爵用在代表神的尸君前面，這是不合於禮制的，這叫作不遵守制度的國君。冕弁和兵甲藏在私家，這是不合於禮制的，這叫作被脅迫的國君。大夫之家，若各種職務的人員完全具

備,而祭器不須借用,音樂全部具備,這是不合於禮制的,這叫作紊亂的國家。 所以為國君工作的稱為臣,為私家工作的稱為僕。 遇到三年之喪和新結婚的,在一年之內不加以任使。 若穿著喪服而進入國君的朝廷,或是卿大夫與私家的僕從雜在一起,不分班別,這是不合於禮制的,這叫作君臣制度紊亂、無尊卑之別的國家。 因此,天子有他的田來安置他的子孫,諸侯有他的國來安置他的子孫,大夫有采邑來安置他的子孫,這叫作制度。 因此,天子到諸侯的國裡去,必須住在他的祖廟裡,若不將有關典禮的記載隨同帶去,這就是天子壞法亂紀。 諸侯不是為了問病弔喪而進入臣子的家裡,這就是君與臣互相戲謔。 這樣說來,禮是君主治國的重要工具。 用它來辨別嫌疑,表彰幽隱,敬奉鬼神,考定制度,辨別仁義,為的是治理國政和鞏固君主的地位。

「所以國政不正,君位就不能安穩; 君位不能安穩,大臣就會背叛,小臣就會舞弊。 刑法嚴厲,風俗凋敝,法度就會失常; 法度失常,禮就會失去應有的作用; 禮失去了應有的作用,那麼士就不能盡職。 刑法嚴厲,風俗凋敝,結果是黎民不肯歸附,這就是有病的國家。 所以說,政治就是君主用來保藏自身的。 因此,凡是政治,必須以天為本,效法於天降下教令,教令由社降下的就是效法土地,由祖廟降下的就是仁義,由山川降下的就是製作,由『五祀』降下的就是宮室的制度。 這都是聖人保藏自身最穩妥的方法。

「所以聖人參擬天地,配合鬼神,來處理政治。 觀察這些事物,就能使禮秩然有序; 尋求人民的喜愛,就能使人民得以安居。 天是運行歲時的,地是產生財物的,人是父親生的,而由老師來教育的。 這

四部分，君主如果能按照正常的道理來運用，那麼，君主自己就能處於沒有過失的地位了。君主是人所尊敬的，而不是尊敬人的；君主是人所奉養的，而不是奉養人的；君主是人所服侍的，而不是服侍人的。如果君主來尊敬人，那就錯了；來奉養人，那就力不足了；來服侍人，那就失去本位了。因而百姓能尊敬君主，正是為了自己得到安定；奉養君主，正是為了自己得到安樂；服侍君主，正是為了自己得到光榮。由於禮能貫徹，上下的分位才能確定。所以人們都爭取為義而死，而擔心著不義而生。用人的智謀，應當去其詐偽；用人的勇敢，應當去其暴怒；用人的仁愛，應當去其貪戀。假使國家有了患難，國君為社稷而死，這是合於義的；大夫為宗廟而死，這是非常的事。

「聖人之所以能以天下為一家，以中國為一人，並不是臆想的。一定要瞭解黎民的思想情感，啟發人民做人的道理，明瞭什麼是人的利益，知道什麼是人的禍患，然後才能夠有所作為。什麼叫作人的情感呢？喜、怒、哀、懼、愛、惡、欲。這七樣是人不學就會的。什麼是做人的道理呢？為父的應當慈，為子的應當孝，為兄的應當良善，為弟的應當友愛，為夫的應當守義，為婦的應當順從，長輩應當慈惠，晚輩應當和順，為君的應當仁愛，為臣的應當盡忠。這十樣就是做人的道理。講習的是忠信和睦，這是人的利益；爭奪相殺，這是人的禍患。聖人之所以要節制人的七種情感，培養人的十種道義，講習忠信和睦，提倡辭讓，戒除爭奪，除禮以外，還有什麼辦法呢？

「飲食和男女之事，是人們最大的欲望；死亡和貧苦，是人們最厭惡的。愛欲和厭惡，就是內心最主要的兩種表現。人心深藏在內，

不可窺測。 人心的好壞，不是表現在外面。 要想徹底瞭解人心的好壞，除了禮，還有什麼東西呢？

「人所稟具的是天地的德行，陰陽的交感，鬼神的聚合，與五行的秀氣。

「天所掌握的是陽氣，昭示出來的是日星；地所掌握的是陰氣，發洩出來的是山川。 五行分在四時之中，五行之氣和諧，然後月亮依時而生，三五為一十五天，就圓滿了，又十五天又虧了。 五行的運轉，就是彼此互相生剋。 五行、四時、十二月，循環地作為本位；五聲、六律、十二管，循環不已作為『宮聲』；五味、六和、十二食，輪番作為食的本質；五色、六章、十二衣，輪番作為衣的本質。

「這樣說來，人是天地的中心，五行的結合，吃的是五味，聽的是五聲，穿的是五色，這樣才能生活。

「因此，聖人製作，必定以天地為根本，以陰陽為端緒，以四時為把柄，以日星為綱紀，以十二月作為段落，以鬼神為徒屬，以五行為本體，把禮義當作工具，把人情當作田地，把四靈當作牲畜。

「以天地為根本，所以萬物得以生成；以陰陽為端緒，所以人情可以察見；以四時為把柄，所以耕作的事就會得到成功；以日星為綱紀，所以農事就有次第；月份作為段落，所以功效得有標準；鬼神作為徒屬，所以萬物得有職分；五行作為本體，所以萬事可以周而復始；禮儀作為工具來治人，所以事情無不成就；人情作為田地，所以人就能自為主宰；四靈作為牲畜，所以飲食有所取資。

「四靈是什麼呢？ 麟、鳳、龜、龍叫作四靈。 如果以龍為牲畜，就可以使小大的魚都不散走；以鳳為牲畜，就可以使鳥不驚飛；以麟

為牲畜，就可以使獸不跑散；以龜為牲畜，就可以不失人情。

「所以前代的君主掌握卜、筮所用的蓍、龜，敘列祭祀和瘞埋幣帛，宣揚祝告和賜福的詞語，設立制度。因此國家有禮制，百官能治其事，百事有一定的職守，禮有一定的秩序。

「原來前代的君主恐怕禮不能貫徹到下面，因而祭天於郊，為的是確定天位；祭社於國中，為的是顯示土地養人的功勞；祭祖廟，為的是推原仁愛；祭山川，為的是敬事鬼神；祭五祀，為的是推原製作的開始。所以在宗廟就有宗、祝，在朝廷就有三公，在學校就有三老。君主的前面有巫，後面有史。管卜和筮的人，以及樂師和輔助的人也都在左右。君主在中心，不必有什麼作為，只是守住正道就是了。禮用在郊祭的時候，一切的神就各守其職了；禮用在社祭的時候，一切的貨財都可盡其用了；禮用在祭祀祖廟的時候，天下的人都能行孝慈之道了；禮用在祭五祀的時候，天下的法則就各得其正了。所以從郊、社、祖廟、山川到五祀，是道義的培養，也是保存禮制的地方。

「這樣說來，禮一定要以『太一』為本原，分開來就是天和地，運轉而為陰陽，變化成為四時，分佈起來就是鬼神，降下來就稱為命，這是以天為法的。禮一定要以天為本，它的動作就取法於地，分佈起來就取法於事物，變化就隨從四時，分量和標準都能協調。在人就成為義，實行起來就表現在貨財、勞力、辭讓、飲食、冠、婚、喪、祭、射、御、朝、聘各方面。

「所以禮義是人生的重大節目。由此可以講習忠信和睦，可以堅強人們肌膚的組合，筋骨的約束；也是養生送死，敬事鬼神的主要節目；也是傳達天道，適順人情的重大訣竅。只有聖人才能夠懂得禮是

不可廢除的。所以要隳壞一個國，滅亡一個家，毀棄一個人，必先把禮廢除了。

「禮與人的關係，正如製酒要用酵母一樣，君子因此而更加醇厚，小人因此就更加稀薄。

「所以聖哲的君主，用『義』作為把柄，用『禮』作為秩序，用這些來治理人情。人情就是聖哲君主的田土。用禮來耕種它，用義來栽培它，講明學問就是去草養苗。用仁保護成果，用樂取得安定。所以禮就是義的結果。只要和『義』配合起來，能夠諧和，即使前代所未曾出現過的禮，也可以根據義的要求來創制。義是什麼？就是才的標準和分量，也是仁的細節。適合於才，表達了仁，能夠這樣，就可以強盛起來。仁是什麼？就是義的根本，也是順的實體。能夠這樣，就可以為人所尊敬了。所以不用禮來治國，好像不用農具而耕田；如果行禮不從義出發，就好像耕了田而沒有播種；如果行義而不講求學問，就等於播了種而沒有鋤草；追求學問而不與仁相結合，就等於鋤了草而沒有收穫；結合了仁，而不用『樂』來安定，就等於收穫了而不去食用；以樂來安定而不明白這順的道理，等於是食用了而無益於健康。

「四肢端正，肌膚充實飽滿，這是健康的人；父子相親，兄弟相睦，夫婦相和，這是健康的家庭；大臣守法，小臣廉潔，官職有一定的序次，君臣有正常的關係，這是健康的國家；如乘車，天子以德為車，而樂就是車的駕駛者，諸侯以禮相交接，大夫以法度為次序，士以信義相考較，百姓們彼此保持著和睦，這是健康的世界。這就叫作『大順』。『大順』就是養生送死、敬事鬼神的正常道理。

「所以一切事雖然堆積在一起，可是並不停滯；雖然齊頭並進，可是並不違背；細節上也並不疏忽。它是深的，又是連貫的；是密的，又是有餘地的。聯結起來而不抵觸，動作起來而不相互妨礙。這才是真正的順利。明白了順利的道理，然後才能防止災害。

「禮制之所以不同，有的不能過於豐厚，有的也不能過於儉省，正所謂合乎人情，防止偏差。聖哲的君主不叫住慣山地的人住在水旁，也不叫住在水旁的人住在大陸，為的是不叫他們勞苦；水、火、金、木的利用，以及飲食的方式都按著天時；男女的配合，要合於午齡；爵位的授予，要符合於他的德行；使用人力必須有一定的時候。這樣，就沒有水旱昆蟲的災害，百姓也就沒有凶年饑荒以及意外的疾患。天也不惜把道顯示出來，地也不惜把寶貢獻出來，人也不惜把感情表現出來。所以天生降下潤澤的雨露，地也湧出甘美的水泉；山上也出現『器車』，河裡也出現『馬圖』；鳳凰麒麟都養在郊外的苑囿裡，龜龍都養在宮內的湖沼裡；鳥獸繁殖，可以讓人們在上面觀賞。這不是別的原因，前代的君主能夠遵循禮制，表達了義，體現出信誼，使一切都能夠達到順利。這樣，才是順利的真實的表現。」

(林素清、周鳳五／編寫整理)

除肉刑詔
劉恒

漢文帝(前二〇二—前一五七),姓劉,名恒,漢高祖之子。初立為代王。呂后死,宗室大臣誅殺諸呂,迎立其為帝。在位二十三年,主張清靜無為,與民休息,提倡農耕,減免農田租稅十二年。生活儉樸,與其子景帝兩代並稱為「文景之治」。

漢文帝像

背景

刑罰是國家為了維持社會秩序,保障人民安全,依法律規定對犯罪人實行懲罰的一種強制方法。

根據文獻記載,《尚書‧呂刑》中已有五刑,即黥(刺面)、劓(割鼻)、髕(斷足)、宮(閹割)、大辟(處死),而《周禮‧司刑》也有墨、劓、宮、刖、殺五刑之目,可見這些刑罰其來有自。

在五刑之中,除了辟(殺)為死刑之外,其餘四者都是對犯罪人的顏面、肢體加以傷害,使其留下永久性的生理殘疾,這也就是古人所謂「斬人肢體,鑿其肌膚」的「肉刑」,據說最早起源於夏朝。「禹承堯、舜之後,自以德衰,而制肉刑,湯武順而行之。」(《漢

書‧刑法志》語）

到了秦代，肉刑更為普遍，近年出土於湖北雲夢的秦墓竹簡，即記載了大量有關肉刑的資料，其名目如下：

（一）黥：刀刻犯人的額頭或臉上，然後用墨漬染，使留下永久的疤痕。這對受刑人不但是一種肉體折磨，也是一種精神侮辱。

（二）劓：割掉犯人的鼻子。

（三）刖：斬斷犯人的左趾。

（四）宮：男子閹割，女子閉於宮中，絕其生理。在四種肉刑中是最重的刑罰。

以上四種肉刑，與傳統文獻記載的相同，只是立法的精神更嚴苛，施用的範圍更普遍。例如，雲夢秦簡記載：「五人盜，贓一錢以上，斬左趾，又黥以為城旦。」這是刖、黥兩刑並用。再如「（盜）不盈五人，盜過六百六十錢，黥劓以為城旦，不盈六百六十錢到二百廿錢，黥為城旦」。這是黥、劓兩刑並用。以上兩例，除肉刑之外附帶「城旦」的徒刑，即犯人在黥面、斬左趾（或割鼻子）之後還需要「旦起行治城」（黎明即起，修築城牆）地服勞役，其刑期則為五至六年。

換句話說，一個犯人在被黥面、斬趾、割鼻之後五六年中還不得自由，而即使徒刑屆滿，其顏面、肢體也已經留下永遠無法磨滅的傷痕，至於心靈的創傷就更不可言喻了。

影 響

肉刑在春秋戰國時期是很普遍的，《韓非子‧和氏篇》載：

楚人和氏得玉璞楚山中，奉而獻之厲王，厲王使玉人相之。玉人曰：「石也。」王以和為誑，而刖其左足。及厲王薨，武王即位，和又奉其璞而獻之武王，武王使玉人相之，又曰：「石也。」王又以和為誑，而刖其右足。

由此可見當時立法之苛與用刑之酷。高祖初入武關，雖曾省秦苛虐，與民「約法三章」，但據《漢書·刑法志》所載，仍有「夷三族之令」，其刑如下：

當三族者，皆先黥、劓、斬左右止（趾），笞殺之，梟其首，菹其骨肉於市。其誹謗詈詛者，又先斷舌。故謂之具五刑。彭越、韓信之屬皆受此誅。

刺面、割鼻、斬足、梟首之餘，還要將犯人的骨肉剁成肉醬（菹），實在是殘酷得無以復加了。

漢文帝沿用漢初蕭何所訂《九章律》，其中保留的肉刑有黥、劓、刖三項。在這篇詔書中，漢文帝雖一再自責：「今法有肉刑三而奸不止，其咎安在？毋乃朕德之薄而教不明與！吾甚自愧！」又說：「今人有過，教未施而刑已加焉，或欲改行為善，而道亡繇至，朕甚憐之！」讀來一片藹然仁者之言，令人感動。然而史載其除肉刑之後，丞相張蒼、御史大夫馮敬奉詔改訂刑法，將肉刑改為笞刑，「外有輕刑之名，內實殺人。斬右止（趾）者又當死。斬左止（趾）者

笞五百，當劓者笞三百，率多死。」(《漢書・刑法志》)。犯人的肢體雖免於傷殘，但鞭笞三五百下之後，卻連命也保不住了。「活罪雖免，死罪難逃」，這是何等的諷刺啊！《詩》曰：「愷悌君子，民之父母。」子曰：「如得其情，則哀矜而勿喜。」先哲的遺訓何其睿智通達！「有民人有社稷」者當如何反躬自省，以成其「愷悌君子」啊！

原 文

蓋聞有虞氏之時，畫衣冠、異章服以為戮而民弗犯，何治之至也！今法有肉刑三而奸不止，其咎安在？毋乃朕德之薄而教不明與？吾甚自愧！故夫訓道不純，而愚民陷焉。詩曰：「愷悌君子，民之父母。」今人有過，教未施而刑已加焉，或欲改行為善，而道亡繇至，朕甚憐之！夫刑至斷支體，刻肌膚，終身不息，何其刑之痛而不德也！豈稱為民父母之意哉？其除肉刑，有以易之。

《漢書》

譯 文

據說從前虞舜治理天下的時候，人民若犯了法，只是把他的衣冠畫上顏色，讓他的穿著與眾不同，使他覺得羞恥，而人民也就沒有敢犯法的了。那是多麼美好的政治啊！現在法律有三種肉刑，而人民卻不斷地作奸犯科，到底是什麼緣故呢？難道不是因為我德行不好，教化不明嗎？我實在覺得很慚愧！正因為我對人民教導得不好，才使得一般無知的百姓陷入法網啊！《詩經》上說：「和樂平易的領導者，就像人民的父母一樣。」現在人民犯了錯，沒有教導他們，就先給他們

加上刑罰，即使有人想要改過，也沒有辦法了。我非常同情他們。刑罰到了把身體四肢切斷，在皮膚上刻成痕跡，使人終身不能復原的程度，這是多麼殘忍而不人道啊！怎麼配稱人民的父母呢？就把肉刑廢除，改用其他的刑罰吧。

（周鳳五 / 編寫整理）

大歷史・大文章 古代篇

論貴粟疏
晁錯

晁錯(前二〇〇—前一五四),西漢潁川(治今河南禹州)人。博學能文,曾從伏生習《尚書》。景帝時任御史大夫,建議削奪諸侯王封地,吳、楚、趙等七國遂以反對晁錯為名稱兵作亂,景帝三年(前一五四)正月,景帝殺錯,但亂兵不止,後遣周亞夫平亂,天下始定。

晁錯所作之文文理嚴謹,立論精悍。他與賈誼齊名,今傳文九篇。

晁錯像

背 景

農業問題,在號稱「以農立國」的中國歷史上,一直是政府所面臨的最重要的課題。

西漢初年,由於秦末大亂加上楚、漢相爭,使得「丈夫從軍旅,老弱轉糧餉」,農村經濟幾乎完全破產。因此,漢高祖曾經宣佈減輕徭役,並將田租由什一之稅減輕為什五稅一。後來文帝又於十三年(前一六七)下詔,完全免除田租。

但是,土地所有權掌握在地主手中,真正從事耕種的農民無法享

受文帝的良法美意。相反，豪強富人、大地主的負擔卻因而減輕。所謂「官收百一之稅，民輸太半之賦」。於是貧者越貧，富者越富。

在土地問題得到正本清源地解決之前，任何減輕田租的措施都是捨本逐末，無法真正有效地解決農民問題。

所謂「正本清源」，就是從整頓田制著手，一方面限制土地兼併，另一方面真正實行授田制，使農民擁有土地，能夠安心從事農業生產，這樣一來，農民「三年耕，則餘一年之畜」，便能安其居、樂其業，如此方能徹底解決農業經濟問題以及伴隨此一問題而產生的社會問題，甚或政治問題。

影 響

晁錯這篇文章，立論主旨在於「損有餘，補不足」。

西漢初年的農民，一方面面臨土地兼併的壓力，另一方面也受到商人的操縱。農產品的價格控制在商人手中，一年辛勤耕耘的成果，往往轉眼之間便隨著市場價格的起落而化為泡影，這是非常不公平的。文帝即位之初，賈誼曾經上疏「勤積貯，驅民歸農」，晁錯這篇文章更提出「以粟為賞罰」的方法，富人納粟受爵，農民因穀貴而獲利。後來武帝時代所實行的鹽、鐵、酒專賣以及平準法、均輸法等，都是一連串的抑商重農的政策。

可惜晁錯這篇文章雖然影響了後世歷代政府的施政方向，但其立論本身仍有缺點。他注意到「損有餘，補不足」，卻沒想到商人、地主納粟買爵之後，社會地位必然更加提高。何況自戰國以來，「法律賤商人，商人已富貴矣；尊農夫，農夫已貧賤矣」。西漢時期這種

局面愈演愈烈，最後不得不由王莽在歷史的舞臺上扮演悲劇英雄的角色。王莽遵用《周禮》，行「王田」之制，擾攘數年，一事無成，最後竟死於商人杜吳之手。而土地兼併也就如黃河之水，經九曲盤旋，迂迴轉折之後，終於一瀉千里了。

原 文

聖王在上，而民不凍餒者，非能耕而食之，織而衣之也，為開其資財之道也。故堯禹有九年之水，湯有七年之旱，而國無捐瘠者，以蓄積多，而備先具也。今海內為一，土地人民之眾，不避湯禹，加以無天災、數年之水旱，而蓄積未及者，何也？地有遺利，民有餘力；生穀之土未盡墾，山澤之利未盡出也；遊食之民，未盡歸農也。

民貧則奸邪生。貧生於不足，不足生於不農，不農則不地著，不地著則離鄉輕家，民如鳥獸，雖有高城深池、嚴法重刑，猶不能禁也。夫寒之於衣，不待輕暖；饑之於食，不待甘旨；饑寒至身，不顧廉恥。人情一日不再食則饑，終歲不製衣則寒。夫腹饑不得食，膚寒不得衣，雖慈父不能保其子，君安能以有其民哉？明主知其然也，故務民於農桑，薄賦斂，廣蓄積，以實倉廩、備水旱，故民可得而有也。

民者，在上所以牧之，趨利如水走下，四方無擇也。夫珠玉金銀，饑不可食，寒不可衣，然而眾貴之者，以上用之故也。其為物輕微易藏，在於把握，可以周海內而無饑寒之患。此令臣輕背其主，而民易去其鄉，盜賊有所勸，亡逃者得輕資也。粟米布帛生於地，長於時，聚於市，非可一日成也。數石之重，中人弗勝，不為奸邪所利，

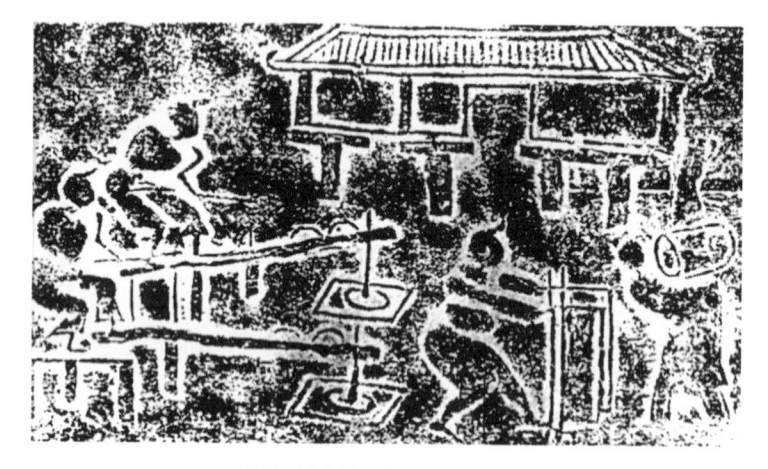

漢代磚刻所見之漢代農業機械

一日弗得而饑寒至。是故明君貴五穀而賤金玉。

今農夫五口之家,其服役者,不下二人,其能耕者不過百畝。百畝之收,不過百石。春耕,夏耘,秋獲,冬藏;伐薪樵,治官府,給繇役;春不得避風塵,夏不得避暑熱,秋不得避陰雨,冬不得避寒凍:四時之間,無日休息。又私自送往迎來,弔死問疾,養孤長幼在其中。勤苦如此,尚復被水旱之災,急徵暴賦,賦斂不時,朝令而暮當具。有者,半價而賣;無者,取倍稱之息。於是有賣田宅,鬻子孫,以償債者矣!而商賈,大者積貯倍息,小者坐列販賣,操其奇贏,日遊都市,乘上之急,所賣必倍[1]。故其男不耕耘,女不蠶織;衣必文采,食必粱肉;無農夫之苦,有仟伯之得。因其富厚,交通王侯,力過吏勢;以利相傾,千里遊遨,冠蓋相望,乘堅策肥,履絲曳

---

[1] 操其奇贏:意謂拿他的餘財,去蓄積奇異的貨物。奇贏,餘利,贏利。奇,餘。

縞。此商人所以兼併農人，農人所以流亡者也。

今法律賤商人，商人已富貴矣；尊農夫，農夫已貧賤矣。故俗之所貴，主之所賤也；吏之所卑，法之所尊也。上下相反，好惡乖迕，而欲國富法立，不可得也。

方今之務，莫若使民務農而已矣。欲民務農，在於貴粟。貴粟之道，在於使民以粟為賞罰。今募天下入粟縣官，得以拜爵，得以除罪；如此，富人有爵，農民有錢，粟有所渫[2]。夫能入粟以受爵，皆有餘者也。取於有餘，以供上用，則貧民之賦可損，所謂損有餘，補不足，令出而民利者也。順於民心，所補者三：一曰主用足；二曰民賦少；三曰勸農功。

今令，民有車騎馬一匹者，復卒三人[3]。車騎者，天下武備也，故為復卒。神農之教曰：「有石城十仞，湯池百步，帶甲百萬，而無粟，弗能守也。」以是觀之，粟者，王者大用，政之本務。今民入粟受爵，至五大夫以上，乃復一人耳，比其與騎馬之功相去遠矣。

爵者，上之所擅，出於口而無窮；粟者，民之所種，生於地而不乏。夫得高爵與免罪，人之所甚欲也。使天下人入粟於邊，以受爵免罪，不過三歲，塞下之粟必多矣。

《全漢文》

譯 文

聖君在位，人民不受凍不挨餓，並不是君王能夠耕田、織布供給

---

2 縣官：指朝廷，天子。
3 復卒三人：免役三人。復，除。卒，指徭役。

人民衣食，而是能替人民開闢財源罷了。所以唐堯、夏禹遭逢九年的水災，商湯遭逢七年的旱災，而當時沒有人餓死，這是因為儲糧多且準備充足的緣故。現在天下一統，地廣人多，不下於夏、商時期，並且沒有水旱天災，可是儲藏的糧食趕不上古代，這是為什麼呢？是土地的生產力，沒有充分發揮；人民的勞動力，沒有完全運用；可以生長五穀的土地，沒有儘量開墾；山林沼澤的利益，沒有儘量地取出；光吃飯不做事的遊民，沒有完全回到農業啊。

人民只要一貧窮，奸邪不正的事就會發生。貧窮由於生活條件匱乏，生活條件匱乏由於不努力從事農業生產。不務農，就不能長久定居；不長久定居，就會離鄉背井，四處遊蕩，像鳥獸一般亂飛亂竄。雖然有高城深濠，嚴刑峻法，還是無法禁止。人在寒冷的時候什麼都能穿，饑餓的時候什麼都能吃，一遇凍餓，就會不顧廉恥。一般說來，一天吃不到兩頓飯就會挨餓，一年做不起衣服就要受凍。凍餓而無衣食，即使慈父也不能保有兒子，君王怎麼能夠保有百姓呢？賢君瞭解這種道理，所以使人民盡力於種田養蠶，減輕賦稅，擴大儲蓄，藉以充實糧倉，以備水旱天災，如此才能保有人民啊！

一般的人民，完全看主政者怎樣領導他們。趨向著利益，就好像水往低處流，不分東西南北。談到珠玉金銀，餓的時候不能當飯吃，冷的時候不能當衣穿，然而一般人卻看得很貴重，因為居高位者用它的緣故啊！這種東西，重量輕、體積小、容易收藏，手裡有它就可以周遊天下而沒有受餓受凍的憂慮。這種情形使臣子輕易背棄君上，人民容易離開家鄉，盜賊有了引誘，逃亡的人獲得輕便的資財。糧食布帛要在土地上生長，要費一定的時間，才能聚集到市上，不是一天就

可以收成的。有了幾石的重量，中等力氣的人就挑不動，因而奸邪的人覺著不方便，可是一天沒有它，饑寒就要來到。所以賢君把五穀看得貴重，而把金玉看得很輕。

今天的農民，五口之家為公服勞役的不下兩人，所能耕種的田地不過一百畝，估計一百畝的收入，不超過一百石。春耕、夏耘、秋收、冬藏，還要砍柴草，修官衙，服勞役。春天受風塵，夏天受暴曬，秋天受雨淋，冬天受寒凍，一年四季沒有一天休息。而且還要注意人情往來，弔喪、看病、撫育孤兒、長養幼童。勤苦到這個樣子，還要受水旱以及苛捐雜稅的迫害。早晨下令徵稅，晚上就要預備好。有餘糧的，忍痛半價賣出；沒有餘糧的，就要借高利貸繳納。於是就有賣田地、賣住宅、賣子孫還債的農人。再看商人呢，資本雄厚的囤積居奇，獲取暴利；資本小的安坐店中，價格隨時漲落。他們男的不耕田不除草，女的不養蠶不織布，穿著講究華麗，吃食講究味美，不受農夫的苦，而有千百倍於農民的收入。憑藉雄厚的財力，結交王侯，大家以財利相傾倒，千里之遠也去遊蕩，華麗的服裝車子，路上可以互相看到。坐著好車，趕著肥馬，穿著絲靴與潔白的綢衣。這就是商人所以兼併農人的現實，也就是農人所以要流亡的原因。

現在法律規定輕看商人，可是商人已經富貴了；法律規定尊重農民，可是農民已經貧賤了。所以社會上一般人所尊貴的，正是君上所鄙視的；官吏所瞧不起的，卻是法律上所尊重的。上下的看法相反，喜惡相違，而要國家富強、法律有效，是不可能的。

現在所當做的，沒有比使人民務農更重要的了。要使大家務農，必須把糧食的地位提高。提高糧食地位的方法，在於政府拿糧食來做

賞罰。現在向天下徵求，肯向政府獻糧食的人，政府可以賜封爵位，可以免除罪罰；照這樣，富人享有封爵，農民因糧貴而富裕，糧食也因而有了消散的路。凡是能獻糧受封爵的都是有餘財的人，使這些人取出餘財來供應政府開支，那麼，貧窮百姓的賦稅就可以減少，這就是所謂減少富人的資財，來貼補窮人，這法令的頒佈是有利於老百姓的。這樣順應老百姓的心理，好處有三點：一是政府用度充足，二是人民納稅減少，三是可以獎勵農業之效。

現行法令規定：「人民獻車騎的馬一匹，可以免除三個人的勞役。」車騎與國家的軍備有關，所以許他免役。神農氏說：「擁有八丈高的石頭城，一百步寬的城濠，百萬人的軍隊，要是沒有糧食，還是無法防守啊！」從這話來看，糧食對於治國的人，實有大的用處，也是政治的根本問題。現在命令人民獻糧食受爵位，到五大夫爵位以上，才能免一個人的役，這和獻車騎比較起來，相差實在太遠了。

爵位是君主所專有的，只要一開口，要封多少有多少；糧食是老百姓所種植的，土地上可以生生不息。得封高爵，免除罪罰，這是人們最願意的。假使頒佈命令：獻糧食到邊疆，充實國防軍備的人可以封爵免罪，不出三年，國防線上所儲藏的糧食必定很多。

（周鳳五、林素清／編寫整理）

難蜀父老

司馬相如

司馬相如（約前一七九—前一一八），字長卿，漢蜀郡成都（今屬四川）人，是我國著名的辭賦家。少好讀書，武帝時為武騎常侍，後拜文園令。

背 景

漢武帝是雄才大略的皇帝，擊東越，又想制服南越。唐蒙主張買通夜郎，船渡牂牁江，作為制服南越的奇計。唐蒙於是受命經略夜郎和僰中兩地，動員了巴、蜀二郡的吏卒一千多人，郡中又增援了水陸運輸補給人員一萬多人，並引用興法殺了渠帥，巴蜀百姓大為驚恐，武帝便派司馬相如去責備唐蒙，並且諭告百姓，所以相如就寫了有名的《喻巴蜀檄》。

唐蒙經略了夜郎，接著還要打通西南夷，於是又發動巴蜀及廣漢的士卒數萬人參加築路。歷經兩年，道路未成，士卒多亡，花費的金錢更以億萬計，蜀地的百姓和朝廷大臣都不以為然。

這時邛筰的君長聽說南夷和漢交通後，得到不少賞賜，他們希望比照南夷。武帝徵詢司馬相如的意見，司馬相如認為這些地方離蜀很近且易通，秦時曾設郡縣，它置郡縣比南夷有利。於是武帝拜司馬相如為中郎將，委以使節重任。終於使邛、筰、丹駹、斯榆的君長，都

自請為臣，西以沫水和若水為界，南以牂舸為疆，通零開道，在孫水之上搭橋，直通邛都，天子大悅。

可是司馬相如出使時，蜀地長老大多說通西南夷沒有大用，朝臣也認為如此，相如想有所諫言，但面對已成的事實，也就不敢多言，於是寫了《難蜀父老》，假借蜀地父老的語氣有所進言，然後對話並有所詰難，並用以諷喻天子。

影　響

《難蜀父老》原是一篇公文書，卻設辭問對，用賦體來寫，這為六朝文體辭賦化首開先例，對後世文體發展有深遠的影響。

這一篇表面是宣明通西南夷之旨，為皇帝尋求冠冕堂皇的藉口，但對蜀父老之辭，也有所詳述，其間正議侃侃，為一致之輿論，也是中國馭夷的正論，自有反映民意的作用。而使者的回答，多用頌辭，但意不在頌，恰在於諷，這正是弦外之音、文外之旨。勞民通夷，果是為恩澤廣施，拯民於水火？或是為開拓邊疆，好大喜功？義利之辨，正在於此。武帝後來有輪台之悔，在這兒已有所啟發。而此時西夷既通，自當與民休息，這也見其規諷之義，辭賦家譎諫之法，於此文可見一二，揚雄《長楊賦》即承此而規諫。

原　文

漢興七十有八載，德茂存乎六世，威武紛紜，湛恩汪濊，群生沾

濡,洋溢乎方外[1]。於是乃命使西征,隨流而攘,風之所被,罔不披靡。因朝冉從駹,定莋存邛,略斯榆,舉苞蒲,結軌還轅,東鄉將報,至於蜀都。

耆大夫薦紳先生之徒二十有七人,儼然造焉。辭畢,因進曰:「蓋聞天子之於夷狄也,其義羈縻勿絕而已。今罷三郡之士,通夜郎之塗,三年於茲,而功不竟,士卒勞倦,萬民不贍,今又接以西夷,百姓力屈,恐不能卒業,此亦使者之累也,竊為左右患之。且夫邛、莋、西僰之與中國并也,歷年茲多,不可記已。仁者不以德來,強者不以力并,意者其殆不可乎!今割齊民以附夷狄,弊所恃以事無用,鄙人固陋,不識所謂。」

使者曰:「烏謂此邪?必若所云,則是蜀不變服而巴不化俗也。余尚惡聞若說。然斯事體大,固非觀者之所覯也。余之行急,其詳不可得聞已,請為大夫粗陳其略。

「蓋世必有非常之人,然後有非常之事;有非常之事,然後有非常之功。非常者,固常人之所異也。故曰非常之原,黎民懼焉;及臻厥成,天下晏如也。

「昔者洪水沸出,氾濫衍溢,民人登降移徙,崎嶇而不安。夏后氏戚之,乃堙洪水,決江疏河,灑沉贍菑,東歸之於海,而天下永寧。當斯之勤,豈唯民哉。心煩於慮而身親其勞,躬胼胝無胈,膚不生毛。故休烈顯乎無窮,聲稱浹乎於茲。

「且夫賢君之踐位也,豈特委瑣握齪,拘文牽俗,循誦習傳,當

---

1 漢興七十有八載:由此可知,本文作於漢武帝元光六年(前一二九)。六世:指高祖、惠帝、高后、文帝、景帝,以及當時的武帝。

世取說云爾哉！必將崇論閎議，創業垂統，為萬世規。故馳騖乎相容并包，而勤思乎參天貳地。且詩不云乎：『普天之下，莫非王土；率土之濱，莫非王臣。』是以六合之內，八方之外，浸淫衍溢，懷生之物有不浸潤於澤者，賢君恥之。今封疆之內，冠帶之倫，咸獲嘉祉，靡有闕遺矣。而夷狄殊俗之國，遼絕異黨之地，舟輿不通，人跡罕至，政教未加，流風猶微。內之則犯義侵禮於邊境，外之則邪行橫作，放弒其上。君臣易位，尊卑失序，父兄不辜，幼孤為奴，繫累號泣，內向而怨，曰『蓋聞中國有至仁焉，德洋而恩普，物靡不得其所，今獨曷為遺已』。舉踵思慕，若枯旱之望雨。戾夫為之垂涕，況乎上聖，又惡能已？故北出師以討強胡，南馳使以誚勁越。四面風德，二方之君鱗集仰流，願得受號者以億計。故乃關沫、若，徼牂柯，鏤零山，梁孫原。創道德之塗，垂仁義之統。將博恩廣施，遠撫長駕，使疏逖不閉，阻深闇昧得耀乎光明，以偃甲兵於此，而息誅伐於彼。遐邇一體，中外禔福，不亦康乎？夫拯民於沉溺，奉至尊之休德，反衰世之陵遲，繼周氏之絕業，斯乃天子之急務也。百姓雖勞，又惡可以已哉？

「且夫王事固未有不始於憂勤，而終於佚樂者也。然則受命之符，合在於此矣。方將增泰山之封，加梁父之事，鳴和鸞，揚樂頌，上咸五，下登三。觀者未睹指，聽者未聞音，猶鷦鵬已翔乎寥廓，而羅者猶視乎藪澤。悲夫！」於是諸大夫芒然喪其所懷來而失厥所以進，喟然并稱曰：「允哉漢德，此鄙人之所願聞也。百姓雖怠，請以身先之。」敞罔靡徙，因遷延而辭避。

《全漢文》

譯 文

　　漢興已有七十八年，六世的聖君，都表現出了盛德茂行，威武紛呈，恩澤廣被，蒼生蒙受沾濡，還洋溢到四方域外。於是命令使者西征，如水流就下，隨風披靡。使丹、駹順服，筰、邛平定，經略斯榆、括舉苞蒲。於是同轉車轅，東向回報，到達蜀都。

　　有耆老、大夫、薦紳、先生等二十七人，鄭重來訪，寒暄後進言道：「曾聞大子對於夷狄，只在於拴繫控馭而已。如今卻疲役三郡之士，通夜郎之路，已有三年了，都還不能成功，士卒勞苦困頓，萬民不得贍養。現在又要通西夷，百姓已筋疲力盡，恐怕不能成事，使者您也會受到拖累，我們私下為您擔心呢！況且邛、筰、西僰與中國並列，不相統屬，已經有很多年，數也數不清了。仁者不能以德招徠他們，強者也不能以武力兼併他們，如今打算這麼做，大概行不通吧？這麼做只是剝削百姓之資，以得夷狄的附從，疲弊您所依恃的，去做無用的事。我們很愚昧，真不懂這麼做是為了什麼。」

　　使者說：「怎麼說這種話呢？如果照你們所說，那麼巴蜀二地也不能變蠻夷之服，如今還是化外之地了。連我都不願聽這種話呢！不過這件事關係重大，原本就不是旁觀者所能明白，因為我行程急迫，所以無法細說詳情，就姑且向大夫們粗略地說一些。

　　「大凡世上要有不平凡的人，才能做不平凡的事；做不平凡的事，才能建立不平凡的功業。所謂不平凡，自然是跟平凡的人有所不同。凡是不平凡的開始，都不免使百姓害怕，但等到成功之後，天下就安和樂利了。

「古代洪水泛溢，人民上下遷徙，動盪不安。夏禹非常憂慮悲憫，於是堙堵洪水，疏通江河，分散積水以減少災害，而使水流入大海，使天下永保安寧。當時的勞苦困頓，豈止是百姓而已。夏禹也親自加入行列，勞心勞力，體力透支，身上長不出肉，皮膚長不出毛。所以有盛美的功業，顯揚後世；威赫的聲名，流傳至今。

「況且賢明的國君，登基即位，豈止是管一些瑣碎的小事，受盡世俗繁文縟節的拘束，承襲傳統，守成以取悅世人而已？必有崇高的理想，恢宏的議論，開創大業，留下法統，為萬世的規範，所以致力於包容兼括開拓性的工作，勤勞實現參天地化育的理想。況且《詩經》不是說過嗎？『普天之下，沒有不是王的土地；土地上的人，沒有不是王的臣民！』所以天地六合之內，八方之外，都受到皇恩的潤澤，只要是有生命的個體，如果有未受皇恩潤澤，賢君便引以為恥。如今封疆之內，受文明洗禮的中國人，全都得到福祉，而無所遺漏，而那些風俗不同的夷狄之邦，住在遼遠隔絕的異域，由於舟車不通，人跡罕至，所以未能得到政治教化，恩澤不至，風氣不開，常在中國邊境騷擾侵犯，在化外之地橫行霸道，甚至弒殺君長。於是君臣不得其位，尊卑失其次序，倫理乖錯，失其本分，父兄無罪被殺，幼童孤兒淪為奴隸，被奴役而號泣，嚮往中國的教化，抱怨地說：『聽說中國有至仁的聖君，德澤廣被，恩惠普施，使萬物各得其所，如今為什麼把我們給疏漏掉？』他們殷切思慕，就像乾旱時渴望甘霖。心腸再狠的人，都會為之感動流淚，更何況聖明的仁君，怎會撒手不管呢？所以向北出兵，討伐頑強的胡夷，向南馳騁，以聲討強悍的蠻越。四方的鄰國都得到德澤教化，西夷南夷的君長，像水中游魚聚集而爭向

上游,願意受封號的國家,數以億計。所以以沫水和若水為關塞,以牂柯為邊界,通靈零山,架橋在孫原之上。開通道德之路,留下仁義的法統,將恩澤普施,可長驅直入,安撫遠地,使疏遠的不至於閉絕,阻隔幽昧的得到光明,可以不再動干戈,不再有誅伐,使遠近一體,內外共得福祉,這不是很康寧祥和嗎?至於拯救人民於水深火熱之中,敬奉至尊之美德,挽救衰世的陵斷廢弛,繼承周代即將滅絕的德業,這正是天子當前的急務,百姓縱使勞苦一點,又怎麼能夠罷止?

「再說王事總是開始的時候勞苦,而終於能享受安和樂利,受命通西南夷的意願,正是這樣。如今正當封泰山、祭梁文,鳴玉鸞,奏頌樂,上齊五帝,下比三皇的時候,而觀者未見旨意,聽者未聞德音,就像鷫鸘已翱翔於寥廓的天空,而設羅網捕獵的人卻還注視著淵藪沼澤,多可悲啊!」

於是大夫們茫然忘了來意,也失去了原先進言的立場,感慨而贊許道:「漢代的德業真是偉大,這正是我們所願意聽聞受教的。縱使百姓有所懈怠,就讓我們做個表率吧!」隨後都悵然失色,遷延退避而去。

(簡宗梧／編寫整理)

賢良對策
董仲舒

董仲舒（前一七九—前一〇四），漢廣川（治今河北景縣西南）人。少治《春秋》公羊之學，景帝時為博士，下帷講讀，三年不窺園。武帝時，以賢良對策稱旨，拜江都相，後因言災異，下獄，幾死。再出為膠西王相，告病免歸。生平著書立說，推尊儒術，開中國此後兩千多年以儒學為正統之局。著有《春秋繁露》等書。

董仲舒像

背 景

自漢朝以來，中國歷史文化的發展，一直是由儒家思想主導著。由於儒家的中心人物，是歷來所推尊的孔子和孟子，大家就不免認為由儒家來主導中國歷史文化是理所當然的。

其實，孔子和孟子乃至另一個大儒荀子，在現實政治上都沒有得君行道的機會。他們的學說在先秦只不過是九流十家之一而已。在秦朝不用說了，那是法家當令的時代；即使在漢朝初年，也讓黃老學派拔了頭籌。儒家隱之於後，不絕如縷者達百年之久。

從這段歷史看，很難想像儒家會一朝得意而永為百代之宗。然而事實俱在，漢武帝以後，儒家便成為歷史文化發展的主流。那究竟是怎樣的因緣呢？最主要的因素就在董仲舒這「天人三策」（本書僅錄其第一策）。

「天人三策」的內容是建議漢武帝去刑罰，崇教化；抑豪門，選郡吏。主要的宗旨則在尊崇儒術，以儒家的德化之治，代替秦朝的法術之治。他在第三策中明白地說：「臣愚以為：請不在六藝之科、孔子之術者，皆絕其道，勿使並進。」

這時篤好黃老的竇太皇太后（武帝的祖母）尚在，還不是推行尊儒運動的最佳時機，所以武帝沒有立即照他的話去做，只在建元五年（前一三六）增設五經博士。次年，老太后死了，武帝才起用尊儒之士為丞相，將儒家以外的博士遣散。從此，儒學就取得了文化正統的地位。

除了增置五經博士之外，董仲舒的建議付諸實行的，尚有下列幾項：

其一，為博士設弟子員，五十人，每年考查學習成績，最優的可充任侍衛天子的郎官，次者可以補郡國屬吏。

其二，由郡國長官察舉屬吏。吏治成績較優的，可舉為郡官，再走入中央政府。此制與博士弟子之制相輔相成，使得儒家漸登仕途，取代以前蔭襲與貲選的辦法，造成此後士人政府的局面。

其三，丞相一職轉由儒者擔任，打破漢初以來專由功臣貴族擔任的慣例。

其四，禁止官吏兼管商業，並不斷裁抑豪門之兼併。

影響

　　董仲舒「天人三策」影響了此後的中國歷史,既深且巨。在政治方面,走上西方人所謂的「開明專制」之途。一切政策的考慮,必以人民為依歸,政治則以人民為目的。在經濟方面,走上以道德為前提的均平適度之路,不致產生資本主義。在社會、家庭及個人方面,儒家之倫理成為維繫秩序之規範。

　　自然,這不僅靠董仲舒一人之力,還靠許多主客觀條件的配合。對策得以為武帝所採納,只是客觀條件之一而已;主要的還是靠儒家的主觀條件,即它必須具有被朝野上下一致接受的內涵。大抵儒家是為安頓人類之生命而設計,不偏不倚,大中至正,最合於人性。自此而言,儒家思想具和諧性與安定性。而對於所設計之禮儀制度則主張通權達變,因時制宜。這又表現了通變性與革命性。由於它的通達圓融,所以一經董仲舒提出,就朝野翕從,以至根深蒂固,百世垂統。

　　當然,董仲舒為使儒家理想能順利實現於政治,又為避免儒家的革命性與現實政權的利益衝突太甚,因而稍作了一些調整,這種代價是免不了的。但儒家決然是以仁民愛物的胸懷、天下為公的精神、四海皆兄弟的態度去思考人生的問題的:其終極目標在安頓每一個生命。斷斷不是為某一姓、某一家、某一政權而設計的。近世有一些人,倡言儒家思想是專制帝王的最佳統治工具,是專制政治的衛士。這種論調,適足以見其膚淺,不然便是別有居心,不足深辯。

原 文

　　陛下發德音，下明詔，求天命與情性，皆非愚臣之所能及也。

　　臣謹案《春秋》之中，觀前世已行之事，以觀天人相與之際，甚可畏也。國家將有失道之敗，而天乃先出災害以譴告之；不知自省，又出怪異以警懼之；尚不知變，而傷敗乃至。以此見天心之仁愛人君而欲止其亂也，自非大亡道之世者，天盡欲扶持而全安之。事在強勉而已矣。強勉學問，則聞見博而知益明；強勉行道，則德日起而大有功，此皆可使還至而立有效者也。《詩》曰「夙夜匪解」，《書》云「茂哉茂哉」，皆強勉之謂也。

　　道者，所繇適於治之路也。仁、義、禮、樂，皆其具也。故聖王已沒，而子孫長久，安寧數百歲，此皆禮樂教化之功也。王者未作樂之時，乃用先王之樂宜於世者而以深入教化於民。教化之情不得，雅頌之樂不成，故王者功成作樂，樂其德也。樂者，所以變民風化民俗也，其變民也易，其化人也著；故聲發於和，而本於情，接於肌膚，藏於骨髓，故王道雖微缺而管弦之聲未衰也。夫虞氏之不為政久矣，然而樂頌遺風猶有存者，是以孔子在齊而聞《韶》也。

　　夫人君莫不欲安存而惡危亡，然而政亂國危者甚眾。所任者非其人而所繇者非其道，是以政日以仆滅也。夫周道衰於幽厲，非道亡也，幽厲不繇也。至於宣王，思昔先王之德，興滯補弊，明文武之功業，周道粲然復興，詩人美之而作，上天佑之，為生賢佐。後世稱通，至今不絕，此夙夜不解行善之所致也。孔子曰：「人能弘道，非道弘人也。」故治亂廢興在於己，非天降命，不可得反，其所操持悖謬，失其統也。

臣聞天之所大，奉使之王者，必有非人力所能致而自至者，此受命之符也。天下之人，同心歸之，若歸父母，故天瑞應誠而至。《書》曰：「白魚入於王舟，有火復於王屋，流為烏。」此蓋受命之符也。周公曰：「復哉復哉。」孔子曰：「德不孤，必有鄰。」皆積善累德之效也。及至後世，淫佚衰微，不能統理群生，諸侯背畔，殘賊良民以爭壤土，廢德教而任刑罰，刑罰不中，則生邪氣；邪氣積於下，怨惡畜於上，上下不和，則陰陽繆戾而妖孽生矣，此災異所緣而起也。

臣聞命者，天之令也；性者，生之質也；情者，人之欲也。或夭或壽，或仁或鄙，陶冶而成之，不能粹美，有治亂之所生，故不齊也。孔子曰：「君子之德，風也；小人之德，草也；草上之風必偃。」故堯舜行德，則民仁壽；桀紂行暴，則民鄙夭。夫上之化下，下之從上，猶泥之在鈞，唯甄者之所為；猶金之在鎔，唯冶者之所鑄。「綏之斯倈，動之斯和」，此之謂也。

臣謹案《春秋》之文，求王道之端，得之於正，正次王，王次春。春者，天之所為也；正者，王之所為也。其意曰，上承天之所為而下以正其所為，正王道之端云爾。然則王者欲有所為，宜求其端於天。天道之大者在陰陽，陽為德，陰為刑，刑主殺而德主生，是故陽常居大夏而以生育養長為事，陰常居大冬而積於空虛不用之處，以此見天之任德不任刑也。天使陽出佈施於上而主歲功，使陰入伏於下而時出佐陽，陽不得陰之助，亦不能獨成歲，終陽以成歲為名，此天意也。王者承天意以從事，故任德教而不任刑，刑者不可任以治世，猶陰之不可任以成歲也，為政而任刑，不順於天，故先王莫之肯為

也。今廢先王德教之官,而獨任執法之吏治民,毋乃任刑之意與?孔子曰:「不教而誅謂之虐。」虐政用於下,而欲德教之被四海,故難成也。

臣謹案《春秋》謂一元之意。一者,萬物之所從始也;元者,辭之所謂大也;謂一為元者,視大始而欲正本也,《春秋》深探其本,而反自貴者始。故為人君者,正心以正朝廷,正朝廷以正百官,正百官以正萬民,正萬民以正四方。四方正,遠近莫敢不壹於正而亡有邪氣奸其間者,是以陰陽調而風雨時,群生和而萬民殖,五穀孰而草木茂,天地之間,被潤澤而大豐美,四海之內,聞聖德而皆徠臣,諸福之物,可致之祥,莫不畢至,而王道終矣。孔子曰:「鳳鳥不至,河不出圖,吾已矣夫!」自悲可致此物而身卑賤不得致也。今陛下貴為天子,富有四海,居得致之位,操可致之勢,又有能致之資,行高而恩厚,知明而意美,愛民而好士,可謂誼主矣,然而天地未應而美祥莫至者,何也?凡以教化不立而萬民不正也。

夫萬民之從利也,如水之走下,不以教化堤防之,不能止也。是故教化而奸邪皆止者,其堤防完也;教化廢而奸邪並出,刑罰不能勝者,其堤防壞也。古之王者明於此,是故南面而治天下,莫不以教化為大務;立太學以教於國,設庠序以化於邑,漸民以仁,摩民以誼,節民以禮,故其刑罰甚輕而禁不犯者,教化行而習俗美也。

聖王之繼亂世也,掃除其跡而悉去之,復修教化而崇起之。教化已明,習俗已成,子孫循之,行五六百歲,尚未敗也。至周之末世,大為亡道以失天下。秦繼其後,獨不能改,又益甚之,重禁文學,不得挾書,棄捐禮誼而惡聞之,其心欲盡滅先聖之道,而顓為自恣苟

簡之治，故立為天子，十四歲而國破亡矣。自古以來，未嘗有以亂濟亂，大敗天下之民如秦者也，其遺毒餘烈至今未滅，使習俗薄惡，人民囂頑，抵冒殊扞，孰爛如此之甚者也。孔子曰：「腐朽之木，不可雕也；糞土之牆，不可圬也。」今漢繼秦之後，如朽木糞牆矣，雖欲善治之，亡可奈何，法出而奸生，令下而詐起，如以湯止沸，抱薪救火，愈甚亡益也。

竊譬之琴瑟，不調甚者，必解而更張之，乃可鼓也；為政而不行甚者，必變而更化之，乃可理也。當更張而不更張，雖有良工，不能善調也；當更化而不更化，雖有大賢，不能善治也。故漢得天下以來，常欲善治而至今不可善治者，失之於當更化而不更化也。古人有言曰：「臨淵羨魚，不如退而結網。」今臨政而願治七十餘歲矣，不如退而更化，更化則可善治，善治則災害日去，福祿日來。《詩》云：「宜民宜人，受祿於天。」為政而宜於民者，固當受祿於天。

夫仁、誼、禮、知、信五常之道，王者所當修飭也。五者修飭，故受天之佑而享鬼神之靈，德施於方外，延及群生也。

《全漢文》

譯 文

陛下頒下詔令，探討天命與情性問題，愚臣恐怕無法答覆。

臣謹考察《春秋經》所載前代歷史來觀察天人相互作用的關係，那真是很可怕啊！一個國家將要失道敗亡，上天就先以災害作警告；如果人們不知覺悟，上天就再用怪異的事來加以恐嚇；若還不知改變，那麼傷敗終必降臨。由此可見，上天對人君是仁慈的，願意幫

助人君消弭禍亂，只要不是十分無道，上天總會盡可能加以扶助、保全。這全靠君主奮勉努力罷了！努力學問，則見聞廣博而心智明白；努力行道，則德行日進而能夠成功，這些都是可以馬上見效的。《詩經》說：「日夜不敢懈怠。」《書經》說：「努力呀！努力呀！」都是指奮勉努力啊。

「道」是治理國家必須遵循的法則；仁、義、禮、樂，都是治國的工具。聖王死後，子孫所以能長保幾百年安寧，這都是禮樂教化的功效。王者在未作樂時，使用先王的樂教化人民。教化不成，雅頌的樂章也就無法創作，王者功成以後才作樂，作樂是為了歌頌功德的。樂可以改變民風，感化人民；它出自和諧，依據感情，接觸肌膚，深入骨髓，所以雖王道衰微，管弦之聲仍然流傳。虞舜的太平盛世久已不再，而其音樂依然留存，所以孔子在齊能聽到舜的《韶》樂。

人君無不希望國家安寧，可是政治亂、國家危亡的很多，這是由於所用非人，不循正道，所以政治一天一天衰敗。周代到厲王、幽王而衰亡，不是道亡了，而是厲王、幽王不循正道。宣王發揚文王、武王的功業，周道因而燦爛地復興起來，詩人作詩讚美他，這是他日夜不懈遵循正道得來的。孔子說：「人能弘揚道，不是道能弘揚人。」所以治亂都在自己，世遭衰亂並不是天命不可挽回，而是人君胡作非為的緣故啊！

臣聽說受到上天倚重而成為帝王的，必然有非人力所能做到的長處，這是王者受天命的憑證。天下人歸順他像歸順父母一樣，所以上天感應，出現祥瑞。《書經》說：「白魚進入王舟，有火覆蓋著王屋，變成了烏。」這就是周武王受天命的憑證啊。周公說：「應得著

善報呀！應得著善報呀！」孔子說：「有德的人不會孤立，一定會有贊助他的人。」這都是積善積德的效果啊。可是到了後世，君主淫蕩安逸，不能治理百姓，諸侯叛變，殺害善良的人民而爭奪土地，廢棄道德教化而用刑罰。刑罰不當就惹起邪氣，邪氣積累於下，怨惡聚集於上，上下不能調和，那就陰陽錯亂而發生妖孽了，這是災異產生的原因。

臣聽說，命是受之於天的，性是與生俱來的，情是由欲而生的。有人夭折，有人長壽，有人仁慈，有人貪鄙，好比造瓦鑄金，不可能都是純粹美好的。孔子說：「君子德行像風，小人德行像草，風向哪邊吹，草向哪邊倒。」所以堯舜行德政，人民就仁慈長壽；桀紂行暴政，人民就貪鄙夭折。君上教化人民，人民服從君上，好像泥土放在模型裡，聽憑陶匠作為；也好像金屬放在爐裡，聽憑冶匠鑄造。「使人民安定，人民就來歸順，使人民得到鼓舞，人民就同心協力」，就是這樣的意思。

臣謹考察《春秋經》「春王正月」的文字，求王道的開端，得到了「正」；「正」次於「王」，「王」次於「春」。春是上天的作為，正是帝王的作為，這就是說，君主仰承上天以端正自己的作為，此即王道的開端呀。那麼，王者想有所作為，應該由仰承上天開始。天道最明確的表現就是陰陽，陽為德，陰為刑；刑主殺，德主生，所以陽居盛夏以生育長養，陰居嚴冬而聚於空虛，由此可見上天是用德不用刑的。上天使陽出現，主管一年的成就，使陰入內伏藏，而時時出來幫助陽，陽若沒有陰的幫助，也不能獨自使年歲完成，這是天意啊。王者依天意行事，所以用德教而不用刑罰，刑不能用來治事，就

像陰不能用來完成年歲一樣，用刑罰以治理天下，是違反天意的，所以先王都不如此。現在罷除先王掌德教的官，而獨用執法的吏來治理人民，這豈不是用刑罰來治理天下嗎？孔子說：「不教育人民而動輒殺人，叫作暴虐。」行暴政而想德教遍及四海，這是難以辦到的。

　　臣謹考察《春秋經》講「一元」的意義。一就是萬物的開始，元就是所謂「本」，說「一」是「元」，就為了顯示偉大的開始而想要正其「本」啊。《春秋經》深入地探究它的本，而從尊貴的人開始。所以君主必先正心才能正朝廷，朝廷正才能正百官，百官正才能正萬民，萬民正才能正四方。四方正，則遠近沒有敢不正的，而且沒有邪氣摻雜其中，所以陰陽調和而風雨及時，萬物和諧而人民長育，五穀豐收而草木繁盛，天地之間都受到恩澤，而呈現豐富美好的景象，四海以內，聽到君主的盛德，都來稱臣，一切幸福、祥瑞全都到來，這就完成了王道。孔子說：「鳳鳥不來，黃河不出現圖書，我怕完了吧！」這是他悲傷自己地位卑賤，無法招致祥瑞啊。現在陛下貴為天子，富有四海，處在可以招致祥瑞的地位，掌握了可以招致祥瑞的形勢，又有能招致祥瑞的資質，行為高尚而恩德廣厚，知識高明而意志美好，愛護人民而善好士子，可以說是有道之君了，可是天地沒有感應，祥瑞沒有到來，這是什麼緣故呢？大概是教化沒有功效，人民未入正道吧！

　　萬民追求利益，好比水向下流一樣，不拿教化作為堤防，是無法制止的。所以教化施行則奸邪停止，這是它的堤防完好；教化廢敗則奸邪出現，刑罰也不能制止，這是它的堤防壞了。古時的王者明白這個道理，所以治理天下，無不以教化為主要任務，在國都設立太學，

在縣邑設立縣學、鄉學，用仁來教養人民，用義來感化人民，用禮來節制人民，因而刑罰很輕而人民沒有犯禁令的，這是教化施行而習俗美好啊。

聖王繼亂世而興，掃除亂世遺留的一切痕跡，重新恢復教化。教化已明，習俗已成，子孫世代遵守，五六百年仍然不會衰敗。到了周的末世，君主無道，因而失去天下。秦朝繼周朝而起，不但不改革，反而變本加厲，嚴禁文學，放棄禮義，人民不許攜帶書籍，妄想盡毀先王的道理而專用放肆、苟且、簡陋的方法來治理國家，所以做天子十四年國家就滅亡了。從古到今，還沒有像秦這樣用亂救亂，大大地危害天下黎民的，秦朝遺留的毒素像殘餘的火焰，到如今還沒有消滅掉，它使得習俗險惡澆薄，百姓欺詐頑固，干冒抵觸，犯法亂德，腐敗到這樣嚴重的程度。孔子說：「腐朽的木，不能雕飾啊；泥糊的牆，不能粉飾啊。」現在漢繼秦之後，好像朽木和泥牆，雖然想好好地加以修治而沒有辦法，法令一出，奸詐跟著發生；命令一下，欺騙跟著起來，好像用熱水去止沸騰，抱著柴薪去救火，越來越糟，是沒有益處的。

譬如琴瑟不調協，壞得很的，必須把弦拆下重新安裝，才能彈奏；政治不行，壞得很的，必須改舊更新，才能治理。應當重新安裝而不重新安裝的，雖然有好技師，不能好好演奏；應當改舊革新而不改舊革新的，雖然有大賢，不能好好治理。所以漢得天下以後，常想把它治理好，而到現在還沒有治理好，毛病就在於應當改革而沒有改革。古人說過：「站在河邊羨慕別人捕魚，不如自己歸去編結漁網。」現在想把國家治理好已經七十多年了，不如回頭來做革新的工

作,革新了就可以好好地治理了,災害也就日漸消除,福祿也就日漸到來了。《詩經》上說:「適合於民,適合於人,接受天所給予的福祿。」政治能適合於人民的,自然會得到天所給予的福祿。

　　仁、義、禮、智、信是五種恆久不變的道,這是王者所應當注意培養整飭的。這五種能培養整飭得好,就能得到上天的保佑,鬼神也贊助他來接受祭祀,恩德會普及國外,並且擴大到一切生命。

(周鳳五、林素清／編寫整理)

論六家要旨
司馬談

司馬談（？—前一一〇），漢馮翊夏陽（今陝西韓城南）人，司馬遷之父。曾從唐都學天文，從楊何學《易》，從黃子學道論。武帝元封元年（前一一〇）為太史令，武帝封泰山，談留滯洛陽不得隨從，憂憤卒。

背 景

有文學作品而後有文學批評，有學術思想而後有學術流別的剖判。《論六家要旨》一文就是在先秦學術思想蓬勃發展以後首先出現的剖判學術流別的重要著作。它將先秦泉湧蜂出的學術思想剖分流別、批判得失，開啟了《漢書・藝文志》及其後各史藝文志或經籍志剖判學術的先河。

在此之前也曾出現過類似的著作，如《荀子・非十二子篇》《莊子・天下篇》《韓非子・顯學篇》《呂氏春秋・不二篇》《淮南子・要略篇》等。但這些都只評論得失而未剖分流別；多以個人為評論的對象，而未能涵蓋整個學術界。所以《論六家要旨》還是先秦以來比較周延的學術評論。

從事學術流派的剖分與批判，需要相當高的學術造詣，既須深入於各個思想家之思想體系中，又須凌空鳥瞰，總覽全域，然後才

能看出千岩競秀、萬壑爭流的脈絡與走向。《論六家要旨》的作者司馬談，先世以來即為史官，掌管皇室圖書，既獲名師傳授，又得以博涉群籍，所以他剖判先秦以來的學術流派，大抵很能把握各家的要旨；評論各家的長短，也都能切中要害，堪稱平允，從而可以看出他在學術上的造詣之深。他的兒子司馬遷後來著了一部震古鑠今的《史記》，原來是有其家學淵源的。

不過司馬談在評論六家的得失時，顯然對道家特別讚美。因為對其他各家都有褒有貶，獨於道家則有褒而無貶。因此很多研究司馬談的學者，據此而斷定司馬談的思想為歸宗於道家。實際上這是不正確的，以司馬談學術造詣之深，怎可能承認世上會有十全十美、「立俗施事，無所不宜」的學說？且又何曾見道家有「因陰陽之大順，採儒、墨之善，撮名、法之要」的地方？可見這些話，是溢美之詞。如果我們檢視一下司馬談立論的背景，就會恍然大悟，原來與當時漢景帝母子之崇尚黃老有關。

影　響

我們看《史記・太史公自序》司馬談臨終之時曾引《孝經》之言，勉司馬遷立身揚名，又採《孟子》五百年有賢者出之說，謂孔子至今適五百歲，因勉遷繼己之志，學孔子作《春秋》，而司馬遷也終不負所望完成其名山之業，計司馬談於遺囑中，崇尚孝道、標榜忠義、盛稱周孔、私淑孟子、關心六藝、重視道統，在在可見其思想傾向於儒家，這是讀《論六家要旨》所當注意之處。

原 文

　　《易》大傳:「天下一致而百慮,同歸而殊途。」夫陰陽、儒、墨、名、法、道德,此務為治者也;直所從言之異路,有省不省耳。

　　嘗竊觀:陰陽之術大祥而眾忌諱,使人拘而多所畏,然其序四時之大順,不可失也。

　　儒者博而寡要,勞而少功,是以其事難盡從,然其序君臣、父子之禮,列夫婦、長幼之別,不可易也。

　　墨者儉而難遵,是以其事不可偏循,然其強本節用,不可廢也。

　　法家嚴而少恩,然其正君臣、上下之分,不可改矣。

　　名家使人儉而善失真,然其正名實,不可不察也。

　　道家使人精神專一,動合無形,贍足萬物。其為術也,因陰陽之大順,採儒、墨之善,撮名、法之要,與時遷移,應物變化。立俗施事,無所不宜;指約而易操,事少而功多。儒者則不然,以為人主,天下之儀表也,主倡而臣和,主先而臣隨。如此,則主勞而臣逸。至於大道之要,去健羨,絀聰明,釋此而任術。夫神大用則竭,形大勞則敝;形神騷動,欲與天地長久,非所聞也。

　　夫陰陽、四時、八位、十二度、二十四節,各有禁忌,各有教令,順之者昌,逆之者不死則亡,未必然也。故曰:「使人拘而多畏。」夫春生、夏長、秋收、冬藏,此天道之大經也,弗順則無以為天下綱紀。故曰:「四時之大順,不可失也。」

　　夫儒者以六藝為法,六藝經傳,以千萬數,累世不能通其學,當年不能究其禮[1]。故曰:「博而寡要,勞而少功。」若夫列君臣、父子之

---

1 當年:丁年。謂丁壯之年。

禮，序夫婦、長幼之別，雖百家弗能易也。

墨者亦尚堯、舜道，言其德行，曰：「堂高三尺，土階三等；茅茨不翦，采椽不刮[2]。食土簋，啜土刑；糲粢之食，藜藿之羹[3]。夏日葛衣，冬日鹿裘。其送死，桐棺三寸，舉音不盡其哀。」教喪禮，必以此為萬民之率，使天下法。若此，則尊卑無別也。夫世異時移，事業不必同。故曰：「儉而難遵。」要曰：強本節用，則人給家足之道也。此墨子之所長，雖百家弗能廢也。

法家不別親疏，不殊貴賤，一斷於法，則親親尊尊之恩絕矣。可以行一時之計，而不可長用也。故曰：「嚴而少恩。」若尊主卑臣，明分職不得相逾越，雖百家弗能改也。

名家苛察繳繞，使人不得反其意，專決於名，而失人情[4]。故曰：「使人儉而善失真。」若夫控名責實，參伍不失，此不可不察也。

道家無為，又曰無不為。其實易行，其辭難知。其術以虛無為本，以因循為用，無成勢，無常形，故能究萬物之情。不為物先，不為物後，故能為萬物主。有法無法，因時為業；有度無度，因物與捨。故曰：「聖人不巧，時變是守。」虛者，道之常也；因者，君之綱也。群臣並至，使各自明也。其實中其聲者謂之端，實不中其聲者謂之窾。窾言不聽，奸乃不生，賢不肖自分，白黑乃形[5]。在所欲用

---

2 茅茨不翦：言不剪斷屋簷草端，而使之整齊。屋蓋曰茨，以茅覆屋曰茅茨。翦，齊也。采椽不刮：言以小木為椽，並不刮削使之光滑。采，通「棌」，似櫟，粗賤小木。
3 食土簋：土製之簋，用以盛飯。簋，古祭祀燕享以盛黍稷之器，以木為之，外圓內方。刑：同「鉶」，鼎屬，兩耳三足，高三寸，有蓋，容量約一斗，用以盛羹。糲：粗米。粢：今本作「粱」，從王念孫《讀書雜誌》說改。稻餅，食之粗者。
4 苛察：煩瑣。繳繞：猶纏繞，不通大體。
5 窾言不聽：謂無實之言則不聽用。

耳，何事不成？乃合大道，混混冥冥；光耀天下，復反無名。凡人所生者神也，所托者形也。神大用則竭，形大勞則敝，形神離則死。死者不可復生，離者不可復反，故聖人重之。由是觀之，神者，生之本也；形者，生之具也。不先定其神形，而曰「我有以治天下」，何由哉？

《史記‧自序》

譯文

《周易‧繫辭傳》說：「天下的道術，儘管想法不同，其實目標是一致的；所循的途徑雖各異，而其歸趨仍是相同的。」陰陽、儒、墨、名、法、道德六家，都是以研究治人治國之方法為目的；但因立言的觀點不同，於是所見之深度、廣度及主張大有差別。

我曾觀察分析，發現陰陽家過於誇大吉凶的預兆而多忌諱，以致使人拘束而膽怯；但是他們論定春、夏、秋、冬行事的順序，卻是不能不注意、不可違反的呀。

儒家的學說極為廣博而難以理出綱要，著手研究頗費心力而少見功效，因此他們的主張很難令人完全信從；可是他們制定君臣、父子的禮節，序列夫婦、長幼間職分的區別，是絕對不能更改的。

墨家過於簡樸，難於遵從，因此他們的主張也未必能完全實行；但是他們宣導加強生產、節約消費，這一點是不可廢棄的。

法家嚴酷而不講情感，但是他們明定君臣、上下的分位元等級，這一點是不能改變的。

名家使人的思想受縛於言辭，而無法探知事理的真相，但是他們

確定名實，這一點是不能不加以明察的。

　　道家使人精神專一，一舉一動都合乎道，萬物因而得以充分贍養。這種道術是本著陰陽家順守四時的秩序，採納儒、墨二家的長處，吸取名、法二家的要點，隨著時勢遷移，因應環境變化而成。因此建立風俗，待人行事，沒有不適宜的，且宗旨簡單，容易把握重點實行，所費心力雖少，但收效卻很大。儒家就不同了，總認為君主是天下的表率，君主宣導而臣子附和，君主在前領頭，而臣子緊隨在後。如此，君主辛勞而臣子安逸。至於道家學說的要點，是排去剛強、私欲，杜絕聰明，並屏除上述儒家的辦法而用自己的道術。他們認為精神用得太過就會枯竭，形體太勞累就會毀壞；如果形體和精神經常過度受到擾亂，而卻想和天地同春，那是從來沒有的。

　　陰陽家對陰陽，四時、八位、十二度、二十四節，各有一套禁忌和教令，如果人們順守這些教令就會昌達得福，而一旦違背，則不是死就是滅亡，事實上未必是如此的。所以說他們：「使自拘束而膽怯。」至於他們所論定的春天萬物滋生，夏天成長，秋天收穫，冬天儲藏，這是自然界的重要法則，若不順應則天下就沒有綱紀了。所以說：「四時的大順序。是不能不注意、不可違反的呀。」

　　儒家以六經為法則，六經的經傳，成千成萬，雖歷代祖孫世守一經，仍無法通曉其大義；窮盡一生的歲月，也不能透徹瞭解其中的禮節、典章制度。所以說他們：「學說廣博而無綱要，研究雖勤收效卻少。」至於制定君臣、父子的禮節，序次夫婦、長幼的分別，即使是百家也不能加以更改。

　　墨家也崇尚堯、舜的道術，讚揚他們的德行說：「廳堂三尺高，

土階只三級；茅草蓋的屋頂未曾修剪整齊，原木做的屋桷未加刨削。以土製的簋盛飯，以土製的鉶盛湯；吃的是糙米飯，喝的是野菜湯。夏天穿麻布單衣，冬天穿鹿皮裘衣。送死用三寸厚的桐木棺，居喪不可過於哀慟。」教人喪禮，一定以此標準為萬民的表率，使天下人效法。如此，就沒有尊卑的分別了。但是時代變遷，事業不盡相同，所以說他們：「過於儉約，令人難以遵從。」總之，加強生產，節約消費，確是人們興家富足的最佳途徑。這是墨子的長處，即使是百家也不能加以廢棄。

　　法家不分親疏，不分貴賤，一概由法律裁斷，那麼親近親族、尊敬長上之重恩誼的倫理就斷絕了。這僅是在適當的時機，處理某些事件上，可偶爾採用，但絕不可長久施行。所以說他們：「嚴酷而少恩情。」至於主張君主至上，臣子卑下，劃清職責許可權，不許互相超越，這一點即使是百家也不能加以更改。

　　名家過於瑣碎，糾纏不清，使人反省尋思，無法得其究竟，且專以名義決斷一切事理而違失人情。所以說他們：「使人拘執於言辭，而喪失探知事理的真相。」至於以名義探究其實質，並旁徵博引以參驗考證，而求得較正確的結論，這一點是不能不加以注意的。

　　道家雖主張無為，其實卻是無所不為。他們的理論，實際上很容易施行，只是言辭深奧，一般人無法領略其中的道理。他們的學術以虛無為根本，以聽任自然為步驟，沒有一定的趨勢，沒有固定的形態，所以能深究萬物的實情，應付事物，不一定搶先，也不一定居後，而是因物制宜，所以能夠宰制萬物。制定法則與否，因應時務而決定；制度的取捨，也必須與事物相配合。所以說：「聖人無

機巧之心，只是順時應變而已。」虛無是道的常法，因循是君主立身行事應把握的綱領，使群臣各就其位，即能明瞭自己的職責，並充分發揮其才智。實質和言論相合的叫作「端」，實質和言論不合的叫作「窾」。不聽信無事實根據的空話，那麼奸邪就不會產生，賢與不肖自然易於區分，黑與白也就充分顯現出來。如此，忠奸、賢愚聽隨君主任用，有什麼事辦不成的？這樣的作風才合乎大道，渾合混同，了無痕跡；光明照耀天上，又回到人們無法歌頌指稱的境地。

一個人所賴以生存的是精神，所寄託的是形體。精神用得太過會枯竭，形體過於勞累就會毀壞，若精神和形體受到戕賊，兩者脫了節，則人只有死路一條。人死不能復生，脫離了也不能再復合，所以聖人特別地看重它。從這點看來，精神是生命的根本，形體是生命寄託的所在。人若不先清靜以穩定精神、形體，卻說「我有能力治理天下」，又怎麼能夠做到呢？

（林素清、周鳳五 / 編寫整理）

劇秦美新
揚雄

揚雄（前五三—十八），蜀郡成都（今屬四川）人。揚雄自幼好學，群籍無所不觀，可惜口吃不善言談，只能借著深思來宣洩自己的心力。他生性恬淡寡欲，崇尚清靜無為，既不爭名逐利，也不苟隨流俗，窮居鄉野，則安然自得；貴處朝廷，則著述為樂。揚雄除了以賦成名外，還仿效《論語》作《法言》，闡揚儒家正統思想；仿效《易經》作《太玄》，探討天人陰陽之交；廣搜各地語彙，成《方言》一書，為研究古代漢語所不可或缺之典籍。

揚雄像

背景

西漢宣帝以後的政局，有兩個特點：一是儒家政治權位提高，儒者出身的大臣成為朝廷中的主幹；一是政權漸由外戚王氏一門把持。演變到後來，外戚王莽便利用儒家學說和儒生的推戴，篡取了漢室的地位。

王莽是外戚子弟中最恭儉好學的人，酷好儒術，而且禮賢下士，

廣施財物，故朝野推重，聲譽日隆。哀帝死後，王太后任王莽為大司馬，並由王莽選定一位九歲的宗室中山王箕子（元帝孫）繼皇帝位，稱為平帝。元始元年（西元元年），王莽進位為太傅、安漢公，專決國政；四年，又加「宰衡」之號，效法周公的例子。到五年，年幼的傀儡皇帝突然暴卒，據說是被王莽鴆死的。

但在這些年間，王莽令郡國縣邑廣設學校，又擴充京師太學，徵求經術之士，增加五經博士名額，且捐田與錢，救濟貧民，獲得朝野一致讚美。後立年僅兩歲的子嬰，而自稱假皇帝、攝皇帝。一時間全國各地都有奇蹟出現，有時石頭上有刻字，有時異人宣示預言，都說王莽應為皇帝，於是王莽便即帝位，改國號為「新」。

王莽像

影 響

新王朝的建立，是漢代儒家理想的實現，他們認為秦朝暴亂，遽然滅亡，漢襲秦政，也使得帝王政典不能完善。王莽既秉持天命，成為真命天子，一切制度又都復唐虞三代之古，實乃大快人心。揚雄這篇文章說新王朝是「郁郁乎煥哉，天人之事盛矣」，就代表了這種讚美的態度。

但新莽以讖緯欺騙世人、以復古的制度來處理新時代的政治、經濟、社會問題，豈能長久？揚雄在文章前面數說秦不旋踵而亡之劇，

又在文章後面稱讚新朝是「非秦之為與」,可能是一種暗諷的筆法。秦與新,在中國歷史上都是曇花一現的朝代,這兩代也都有大規模的改革行動,又都歸於失敗。揚雄懷抱儒家的理想,瞻仰這個新王朝的興起,當然充滿了文化的憧憬,但這位大思想家,彷彿又在歷史的流變中看到了新祚不能長久的命運,美新而又劇秦,遂為新莽裝點了一幅悲喜交集的圖像。

原 文

諸吏中散大夫臣雄稽首再拜,上封事皇帝陛下:

臣雄經術淺薄,行能無異,數蒙渥恩,拔擢倫比,與群賢并,愧無以稱職。臣伏惟陛下以至聖之德,龍興登庸,欽明尚古,作民父母,為天下主,執粹清之道,鏡照四海,聽聆風俗,博覽廣包,參天貳地,兼併神明,配五帝,冠三王,開闢以來,未之聞也。臣誠樂昭著新德,光之罔極。往時司馬相如作《封禪》一篇,以彰漢氏之休,臣常有顛眴病,恐一旦先犬馬填溝壑,所懷不章,長恨黃泉,敢竭肝膽,寫腹心,作《劇秦美新》一篇,雖未究萬分之一,亦臣之極思也。臣雄稽首再拜以聞。

曰:權輿天地未袪,睢睢盱盱或玄而萌,或黃而牙,玄黃剖

清末閩中出土,記載王莽功業之「始建國二年規矩獸帶鏡」

判，上下相嘔，爰初生民，帝王始存在乎混混茫茫之時，豐聞罕漫而不昭察，世莫得而云也。厥有云者，上罔顯於羲皇，中莫盛於唐虞，邇靡著於成周；仲尼不遭用，《春秋》困斯發，言神明所祚，兆民所托，罔不云道德仁義禮智。獨秦崛起西戎，邠荒岐雍之疆，因襄文宣靈之僭跡，立基孝公，茂惠文，奮昭莊。至政，破縱擅衡，并吞六國，遂稱乎始皇。盛從鞅儀韋斯之邪政，馳騖起翦恬賁之用兵，劃滅古文，刮語燒書，弛禮崩樂，塗民耳目，遂欲流唐漂虞，滌殷蕩周，難除仲尼之篇籍，自勒功業，改制度軌量，咸稽之於秦紀。是以耆儒碩老，抱其書而遠遜；禮官博士，捲其舌而不談；來儀之鳥，肉角之獸，狙獷而不臻；甘露嘉醴，景曜浸潭之瑞潛，大菲經竇，巨狄鬼信之妖發，神歇靈繹，海水群飛，二世而亡，何其劇與。帝王之道，兢兢乎不可離已，夫能貞而明之者窮祥瑞，回而昧之者極妖愆，上覽古在昔，有憑應而尚缺，焉壞徹而能全？故若古者稱堯舜，威侮者陷桀紂，況盡汛掃前聖數千載功業，專用己之私，而能享佑者哉。

會漢祖龍騰豐沛，奮迅宛葉，自武關與項羽戮力咸陽，創業蜀漢，發跡三秦，克項山東，而帝天下，摘秦政慘酷尤煩者，應時而蠲，如儒林刑辟曆紀圖典之用稍增焉。秦餘制度，項氏爵號，雖違古而猶襲之。是以帝典闕而不補，王綱弛而未張，道極數殫，闇忽不還。

逮至大新受命。上帝還資，后土顧懷，玄符靈契，黃瑞湧出，澤浡沕潏，川流海淳，雲動風偃，霧集雨散，誕彌八圻，上陳天庭，震聲日景，炎光飛響，盈塞天淵之間，必有不可辭讓云爾。於是乃奉若天命，窮寵極崇，與天剖神符，地合靈契，創億兆，規萬世，奇偉倜

儻詭譎,天祭地事。其異物殊怪,存乎五威將帥,班乎天下者,四十有八章。登假皇穹,鋪衍下土,非新家其疇離之,卓哉煌煌,真天子之表也。若夫白鳩丹烏,素魚斷蛇,方斯蔑矣,受命甚易,格來甚勤。

昔帝纘皇,王纘帝,隨前踵古,或無為而治,或損益而亡,豈知新室委心積意,儲思垂務,旁作穆穆,明旦不寐,勤勤懇懇者,非秦之為與。夫不勤勤則前人不當,不懇懇則覺德不愷,是以發秘府,覽書林,遙集乎文雅之囿,翱翔乎禮樂之場,胤殷周之失業,紹唐虞之絕風。懿律嘉量,金科玉條,神卦靈兆,古文畢發,煥炳照曜,靡不宣臻。式幹軒旂旗以示之,揚和鸞肆夏以節之,施黼黻袞冕以昭之,正嫁娶送終以尊之,親九族淑賢以穆之。

夫改定神祇,上儀也;欽修百祀,咸秩也;明堂雍台,壯觀也;九廟長壽,極孝也;製成六經,洪業也;北懷單于,廣德也。若復五爵,度三壤,經井田,免人役,方甫刑,匡馬法,恢崇祇庸爍德懿和之風,廣彼搢紳講習言諫箴誦之塗,振鷺之聲充庭,鴻鸞之黨漸階[1]。俾前聖之緒,布濩流衍而不韞韣,郁郁乎煥哉,天人之事盛矣,鬼神之望允塞。群公先正,莫不夷儀;奸宄寇賊,罔不振威。紹少典之苗,著黃虞之裔,帝典闕者已補,王綱弛者已張,炳炳麟麟,豈不懿哉?厥被風濡化者,京師沉潛,甸內匝洽,侯衛厲揭,要荒濯沐。而術前典,巡四民,迄四岳,增封泰山、禪梁父,斯受命者

---

[1] 振鷺:《詩經·周頌》篇名。意指周成王時微子啟修其體物,前來助祭,因而周人作詩美之。引申為藩國來賓。振,群飛貌。

之典業也[2]。

　　蓋受命日不暇給，或不受命，然猶有事矣。況堂堂有新，正丁厥時，崇岳淳海通瀆之神，咸設壇場，望受命之臻焉。海外遐方，信延頸企踵，回面內向，喁喁如也。帝者雖勤，惡可以已乎？宜命賢哲作《帝典》一篇，舊三為一襲，以示來人，摛之罔極。令萬世常戴巍巍，履栗栗，臭馨香，含甘實，鏡純粹之至精，聆清和之正聲，則百工伊凝，庶績咸喜，荷天衢，提地厘，斯天下之上則已，庶可試哉。

《全漢文》

譯 文

　　諸吏中散大夫揚雄恭敬地稟告皇帝陛下：

　　臣下學問淺薄，才能平庸，卻享有優渥的恩寵，連番獲得拔舉，與群賢並列朝廷，可是又無法盡到責任，真是慚愧！聖明的陛下即位以來，一直秉承著古聖賢的遺訓，統領天下百姓，並以開明的態度，多方探訪民情，足可與天地神明並位，與五帝三皇爭美，這是天地開闢以來未曾聽說過的。臣實在很想把新莽這種德業發揚光大，讓它永垂不朽。以前，司馬相如曾作《封禪文》，來表彰漢朝的善政。臣患有癲癇症，一直擔心這份心志無法在死之前完成，而含恨九泉，所以斗膽地寫了《劇秦美新》一文，雖然所表達的還不及萬分之一，卻也是臣的一片忠心。臣揚雄恭敬地稟告皇帝陛下。

---

2 封泰山、禪梁父：《大戴禮·保傅》：「封泰山而禪梁父。疏：『封乎泰山者，謂封土為壇，在於泰山之上；禪乎梁父者，禪諸為，謂除地為，在於梁甫。』」古者受命之帝王，皆欲行封禪，以報本施德。封，為祭天；禪，為祭地。《史記·太史公自序》：「受命而王，封禪之符罕用，用則萬靈罔不禋祀，追本諸神名山大川禮，作封禪書第六。」

宇宙原本一片混沌，天地各秉質性創生以後，方才煦養萬物，化育生民，設立帝王。可是這時候的世界仍舊十分茫然渙漫，沒有明確的軌跡可循；後來才逐漸有了規制，尤其是伏羲、唐虞、成周三個時期，更是顯耀輝煌；等到仲尼遭時不遇，作《春秋》一書，闡述神明之旨意，百姓之歸向，仁義禮智等道德觀念便更加普遍了。可是崛起於西戎邠荒岐雍之地的秦國卻不這麼想，從開始經營的襄文宣靈等公起，歷建立基業的孝公，至茁壯發展的惠文昭莊諸王，都是如此；到了秦王政以「連橫」之策對抗「合縱」，併吞六國，號稱「始皇帝」的時候，更變本加厲，採行商鞅、張儀、呂不韋、李斯等人之邪政，縱容白起、王翦、蒙恬、王賁等人用兵，焚毀古書，破壞禮樂，愚弄人民，想要消除唐虞殷周所建立的體制、仲尼所傳授下來之典籍，以便另立功業，讓度量軌轍等等，完全依照秦國的規制。於是耆儒碩老抱著書遠遁而去，禮官博士閉起嘴來不說話，鳳麟、甘露、嘉醴、景曜、浸潭等祥兆全部絕跡，彗星隕落，鬼怪現形，神靈斂藏，萬眾鼎沸，才傳給二世沒多久，終於亡國了！由此可知，王道是不能輕忽丟棄的，遵行正道的必能招來無限的瑞兆，拂逆正道的必將引發無窮的凶象。古時候那些憑瑞應稱帝的尚且會敗亡，何況是沒有瑞應的呢？順應古道的會得到堯舜般的美名，喜好威武的則將步入桀紂的後塵，那些拋棄前人功業，專斷自用的，怎能長享神明的佑護呢？

　　正當秦始皇大行暴政的時候，漢高祖從豐沛崛起，從宛葉攻打秦國，又與項羽從武關攻入咸陽，而後在山東追殺項羽，稱帝於天下。於是廢除秦時暴政，增用曆數法紀等圖書，可是某些不合古制的秦國制度與項羽爵號，仍沿用不改，以致帝典缺漏不全，王綱鬆弛不行，

天道既窮，曆數又盡，終至無法自救。

等到偉大的新朝受命，皇天后土才再度回來保佑國家，黃氣泉湧，天地紛紛出現瑞徵，廣及八方，上達天庭；聲威如雷，光耀若日，彌漫於天地之間，大有不可不接受的樣子。於是順從天命，領受至高的榮譽，與天地符對靈契，規劃億年萬世之基業，盡到祭天事地的職責。此外，其他怪異特殊的景象，可以昭告於天下者，共有四十八章，彌天蓋地，無所不在，若非新朝，有誰能夠如此？既超越又輝煌，實在是真命天子啊！至於白鳩、丹鳥、素魚、斷蛇等這些祥瑞的事，也一一出現！既已接受了上天的授命，因而戰戰兢兢，不敢懈怠。

當年五帝繼三皇而起，三王又繼五帝而起，都是承繼著前代的規模而已，有的採取消極的無為而治，有的則有所改變卻因而滅亡，大家又哪裡知道我們新朝一心一意，勵精圖治，想要大有作為，是跟秦朝一樣地想要有所作為的。若不勤勉奮發，那就不能張揚我新朝的德業了！於是打開祕府藏書來閱覽，整理所有的圖書及禮樂等典籍。繼承堯舜殷周以來已失傳的風俗規範，所有美好的律令制度，讖緯卜卦及古代典籍全部展現出來，光芒四射，無所不在。在車上樹起大旗以展示，揚起和樂的鈴響來作為節奏，以各種禮服禮冠來顯現，端正婚喪喜慶的典禮來顯出尊卑，接近九族之人，以區別親疏遠近。

如今改變社稷之神，是為了崇尚禮儀；整理所祭拜的列祖列宗，是為了能不紊亂；設立明堂雍辟，也可以甚為壯觀；而九廟能屹立不移，這也是孝道的發揚；制作出六經更是一偉大而不朽的功業；而安撫北方的匈奴，使之歸順，德業更是廣大。又恢復以前五等爵位，

將土地分為上中下三等,再設立井田制度,去除打擾人的勞役,重新訂定養馬之法,制定了刑法。恢復三代之時揖讓而升、敦厚溫柔的風尚,推廣謙謙君子講學、諷詠、進諫的道路,因而藩國使者紛紛前來朝貢,而優秀的人才也被選到朝廷來,往聖的德業,得以大化流行而不再鬱積不通!實在太美好太光耀了!天人之間沒有如此盛況,鬼神之德也不過如此而已。所有的王公貴人,無不敬肅威儀;盜賊匪寇,也無不震悚。繼承黃帝唐虞之後,對堯舜經典闕漏者加以彌補,先王的紀綱已敗壞的加以振興,光彩奪目,實在是太美好了。所有沐浴於皇朝教化的,京城人士無不望風披靡,海內百姓也都心悅誠服,而海外遙遠各地更是引頸翹企中原。因而紹述前人典籍,巡守四海各地,登上四岳,並且到泰山行封禪之大典,這是古來受天之命的偉大功業。

也許剛受命之時,事務繁多,因而尚未舉行封禪,但這是非舉行不可的。何況我們新朝,現在奉天承運,所有山川湖海的鬼神,都設立祭壇,希望皇上受命之後前往,而海外遠地,也都如久旱之望雲霓,佇首翹企。皇帝雖然繁忙,豈可以這樣就算了?應當下令要賢人哲士作《帝典》一篇,以昭示來人,發佈於整個宇內,使得千秋萬世永遠敬戴遵循,鼻聞馨香,口含甘旨,照耀出天地間最精純的事物,聆聽那最典雅清潤的聲音。那麼百官全都肅穆,百姓也都歡天喜地,這是天地間最偉大的事了!可以試著去做。

(李春、周益忠、龔鵬程/編寫整理)

移讓太常博士書
劉歆

　　劉歆（？—廿五），字子駿，後改名秀，字穎叔。沛（郡治今安徽濉溪縣西北）人。 漢朝宗室。 與父向奉詔校書中秘，考訂六經群書，輯成《七略》，班固據以作《漢書・藝文志》。 又精通律曆，著《三統曆譜》。 王莽篡位，歆為國師，後密謀誅莽，事泄，自殺。

　　劉向、劉歆父子校書中秘，後世所見先秦古書，多經二人校訂。歆又長於古文經學，對兩漢末年的經學有重大影響，是兩漢經學史的關鍵人物。

背 景

　　秦始皇之焚書，使後世學術界引發無數的爭論，首先遭遇的就是漢代經學上的今古文問題。

　　漢興以後，徵求天下遺書，據說一些秦朝的遺老大儒，便在朝廷的要求下，將記憶中的經文口述出來，用隸書加以記錄。 因隸書是當時通行的字體，故稱所記錄的經典為今文經。 景帝時，在孔子舊宅的牆壁中發現一批古籍，用籀文寫成，籀文是周朝所使用的字體，漢代已不通行，故稱其書為古文經。 傳今文經的，稱為今文學家；傳古文經的，稱為古文學家。

　　今古文學的分別，不僅在字體； 凡字句、篇章、義理都互有差

異，因此導致學說不同，宗派不同，對於古代制度的見解也不同，甚至對經書之中心人物——孔子——所持的觀念都不同。所以，今古文學家之間頗有爭執。

西漢之時，今文學派比較得勢，自文帝至宣帝先後立十四今文博士，今文學遂成為官學。到了哀帝時，劉歆校書，看到古文的《春秋左氏傳》，非常喜歡，於是憑藉自己和哀帝的親近關係（歆時為侍中太中大夫），建議哀帝把《左傳》和同屬古文經的《毛詩》、逸《禮》、古文《尚書》都列於學官，置博士，哀帝乃命劉歆與今文經的五經博士討論其事。結果諸博士都不屑一談，於是劉歆便寫了此文，責備諸博士，認為他們「挾恐見破之私意，而無從善服義之公心」。其言辭不免激切，當時名儒龔勝，為此故意上疏自責，請求退休。大部分儒者則懷恨在心，杯葛到底，像大司空師丹竟參他一本，說他「改亂舊章，非毀先帝所立」，劉歆見眾怒難犯，乃請求外放為地方官。

影　響

到了平帝時，劉歆的建議終獲實現，《春秋左氏傳》《毛詩》、逸《禮》、古文《尚書》均立博士。王莽時，劉歆又為《周禮》立博士，於是古文學都成為官學。不過光武中興，今文學又得勢，以致古文博士全廢。

此後東漢的學術界仍數度引起今古文學的爭執。較著名的，如光武時，有范升（今文學家）與陳元（古文學家）爭立費氏《易》及《左氏春秋》，結果《左氏春秋》立於學官，但不久又廢。章帝時，有李育（今）與賈逵（古）爭論《公羊》及《左氏》優劣；桓帝時，

有何休（今）與鄭玄（古）爭論《穀梁》及《左氏》優劣，但都沒有具體結果。

鄭玄是兩漢經學集大成的人物，雖與何休有爭論，但其學實以涵容各家、糅合今古為特色。他遍注群經，兼採今古，成一家之言。當時學者正苦於今古文學派「家法」之嚴整，見鄭玄通達博大，無所不包，乃翕然歸之，不再講求家法。於是鄭玄對群經所作的注解，大行於世，而前此今古文學的訓釋則逐漸銷聲匿跡。總之，今古文學的地位，到了鄭玄就拉平了，追溯原始，實由劉之努力奠其基。而他這篇《讓博士書》實是轉變學術方向的主要因素。

漢代以後今古文之爭，卻仍貫穿兩千年的學術史政治史。直到清末，今文學大盛，今文學家仍痛罵劉歆，認為經典都被他竄亂了，康有為《孔子改制考》等書即為代表。此一公案直到近年才逐漸淡出人們之視野，可見此文影響力之一斑。

原 文

昔唐、虞既衰，而三代迭興，聖帝明王，累起相襲，其道甚著。周室既微，而禮樂不正，道之難全也如此。是故孔子憂道之不行，歷國應聘。自衛反魯，然後樂正，雅、頌乃得其所；修《易》序《書》，製作《春秋》，以記帝王之道。及夫子沒而微言絕，七十子終而大義乖。重遭戰國，棄籩豆之禮，理軍旅之陳，孔氏之道抑，而孫、吳之術興。陵夷至於暴秦，燔經書，殺儒士，設挾書之法，行是古之罪，道術由是遂滅。

漢興，去聖帝明王遐遠，仲尼之道又絕，法度無所因襲。時獨有

一叔孫通,略定禮儀;天下惟有《易》卜,未有他書。至孝惠之世,乃除挾書之律。然公卿大臣絳、灌之屬,咸介冑武夫,莫以為意。至孝文皇帝,始使掌故晁錯,從伏生受《尚書》。《尚書》初出於屋壁,朽折散絕,今其書見在,時師傳讀而已。《詩》始萌牙。天下眾書,往往頗出,皆諸子傳說,猶廣立於學官,為置博士;在朝之儒,唯賈生而已。至孝武皇帝,然後鄒、魯、梁、趙,頗有《詩》《禮》《春秋》先師,皆起於建元之間。當此之時,一人不能獨盡其經,或為雅,或為頌,相合而成。《泰誓》後得,博士集而讀之。故詔書稱曰:「禮壞樂崩,書缺簡脫,朕甚閔焉。」時漢興已七八十年,離於全經,固已遠矣。

及魯恭王壞孔子宅,欲以為宮,而得古文於壞壁之中,逸《禮》有三十九篇,《書》十六篇。天漢之後,孔安國獻之,遭巫蠱倉卒之難,未及施行[1]。及《春秋》左氏丘明所修,皆古文舊書,多者二十餘通,藏於秘府,伏而未發。孝成皇帝閔學殘文缺,稍離其真,乃陳發秘藏,校理舊文,得此三事,以考學官所傳,經或脫簡,傳或間編。傳問民間,則有魯國桓公、趙國貫公、膠東庸生之遺學

古代太學授業圖

---

[1] 巫蠱之難:武帝時,女巫往來宮中,教美人埋木人祭祀以度厄。會帝病,江充言疾在巫蠱,掘蠱宮中。充與太子據有隙,因言太子宮中得木人尤多。太子恐,收充斬之,舉兵反,尋兵敗自殺。後田千秋訟太子冤,族江充家。

往者綴學之士，不思廢絕之闕，苟因陋就寡，分文析字，煩言碎辭；學者罷老，且不能究其一藝；信口說而背傳記，是末師而非往古。至於國家將有大事，若立辟雍、封禪、巡狩之儀，則幽冥而莫知其原，猶欲保殘守缺，挾恐見破之私意，而無從善服義之公心[2]。或懷妒嫉，不考情實，雷同相從，隨聲是非。抑此三學，以《尚書》為備，謂《左氏》為不傳《春秋》，豈不哀哉？

　　今聖上德通神明，繼統揚業，亦閔文學錯亂；學士若茲，雖昭其情，猶依違謙讓，樂與士君子同之，故下明詔，試《左氏》可立不？遣近臣奉指銜命，將以輔弱扶微，與二三君子比意同力，冀得廢遺[3]。今則不然，深閉固距而不肯試，猥以不誦絕之，欲以杜塞餘道，絕滅微學[4]。夫可與樂成，難與慮始，此乃眾庶之所為耳，非所望士君子也[5]。

　　且此數家之事，皆先帝所親論，今上所考視；其古文舊書，皆有徵驗，外內相應，豈苟而已哉[6]？夫禮失求之於野，古文不猶愈於野

---

2 辟雍：天子所設立之大學。封禪：古代祭天地之禮。
3 比意：合意。冀得廢遺：指冀得興立廢遺之經藝。
4「猥以」句：言苟以己不誦習而拒絕之。猥，苟也。絕，拒絕。
5「可與樂成」二句：語出《太公金匱》。
6 外內相應：外謂民間，指桓公、賈公、庸生；內謂「陳發秘藏」。

乎[7]？往者博士，《書》有歐陽，《春秋》公羊，《易》則施孟[8]。然孝宣皇帝猶復廣立《穀梁春秋》《梁丘易》、大小《夏侯尚書》。義雖相反，猶并置之。何則？與其過而廢之也，寧過而立之。傳曰：「文武之道，未墜於地；在人，賢者志其大者，不賢者志其小者。」今此數家之言，所以兼包大小之義，豈可偏絕哉？

若必專己守殘，黨同門，妒道真，違明詔，失聖意，以陷於文吏之議，甚為二三君子不取也！

《全漢文》

譯文

從前唐堯、虞舜衰微以後，三代就接著興起，聖帝明王，一個繼承一個，聖道非常顯著。周朝衰微以後，禮儀、音樂都不純正，聖道是這樣難以保全。因此孔子憂慮大道不能施行，到各國去周遊。他從衛國回到魯國，才改正音樂，雅、頌都能適當；修訂《易經》，編次《書經》，著作《春秋》，用來記載帝王的聖道。到了夫子去世以後，微妙的言論斷絕；七十賢人死後，大義也乖謬了。又遭受戰國之亂，拋棄祭祀的禮儀，講求軍隊行陣的事，孔子的聖道壓下去，而孫武、

---

7 愈：勝也。
8《書》有歐陽：歐陽生，字和伯，漢千乘（今山東高青縣高城鎮北）人。事伏生受《尚書》。歐陽生授倪寬，寬授歐陽生子世，傳至曾孫高，裔孫歙。八世為博士，均以傳業顯名，由是《尚書》有歐陽氏之學。《春秋》公羊：《春秋》自子夏傳公羊高，高傳其子平，平傳其子地，地傳其子敢，敢傳其子壽，壽乃傳胡毋生。《易》則施孟：施讎，字長卿，漢沛（郡治今安徽濉溪縣西北）人。與孟喜、梁丘賀並受《易》於田王孫。賀為少府，薦讎，拜博士。宣帝甘露中，與諸儒雜論五經同異於石渠閣，後授《易》張禹，禹授彭宣，由是施氏之《易》有張、彭之學。孟喜，字長卿，漢東海蘭陵（治今山東蘭陵縣西南蘭陵鎮）人。從田王孫受《易》，再授同郡白沛、翟沉，由是孟氏之《易》有翟、白之學。

吳起的戰術興盛。以後逐漸衰敗,到了暴秦,焚燒經書,殺害儒生,設立私藏書籍治罪的法律,實行尊崇古聖治罪的禁令,道術從此消滅。

漢代興起,離開聖帝明王很久,孔子的道術又中絕,法律制度無所承襲。當時只有一個叔孫通,大略制定禮儀;天下只有《易經》卜筮,沒有其他的書。到了孝惠帝,才廢除私藏書籍治罪的法律。可是公卿大臣周勃、灌嬰等人,都是戴盔穿甲的武人,對此誰也不在意。到了文帝,才使掌故晁錯,到伏生那裡學《尚書》。《尚書》剛從夾牆裡取出,竹簡腐爛折斷,編繩散絕,現在書還存在,經師只是傳讀罷了。《詩經》剛萌芽。天下的雜書,常常發現一些,都是些諸子傳說,還在學校大設科目,為立博士;在朝的儒生,只有賈誼而已。到了武帝時候,鄒、魯、梁、趙等地,講《詩》《禮》《春秋》的老師就相當多了,都在建元年間興起。在那時候,一個人不能讀通全經,有的研究大小雅,有的研究商周魯頌,合起來成為全經。《泰誓》後來才出現,博士集體研讀。所以詔書上說:「禮儀敗壞,雅樂崩毀,尚書竹簡脫失,我很憂慮呀。」這時漢朝興起已經七八十年,離開經書完整的時代,本來已經很久了。

到了魯恭王拆毀孔子住宅,想蓋宮殿,在毀壞的牆壁裡發現了古文,逸《禮》有三十九篇,逸《書》有十六篇。天漢以後,孔安國獻給皇帝,突然遇到巫蠱的災難,沒有施行。還有左丘明所傳的《春秋》,都是古文舊書,多到二十多通,藏在秘府裡,一直沒被發現。孝成帝憂慮學術殘缺,書籍不全,離開真正聖道,於是取出秘府的藏書,校正整理舊文,找到這三種,用來考訂學校傳授的,經文有的脫簡,有的次序錯亂。向民間查問,有魯國桓公、趙國貫公、膠東府生

的遺學，跟這古書相同。一直壓著沒有施行，實在是有見識的人所惋惜憂慮，士大夫所嘆息傷痛的呀。

從前校勘編訂的人，不考慮古學廢絕的缺點，因陋就簡，分析文字，瑣碎嘮叨；學者從小累到老，也不能讀通一經；相信口說而違背傳記，認為後代老師講法對，而古書不對。至於國家有大事，譬如設立太學、祭祀天地、巡視諸侯的禮儀，就模模糊糊不知道它的源流，還存著抱殘守缺、怕人看破的私意，沒有向善服義的公心。有的心裡嫉妒，不考察實在情形，跟在人家後頭，隨聲附和。壓抑著這三種古學，認為《尚書》已經完備，說《左傳》不是注解《春秋》，不是很可悲哀的嗎？

現在皇帝賢德通達神明，繼承道統，發揚大業，同時憂慮文學錯亂，學士們這樣不高明，雖然看得很明白，還是慎重謙讓，喜歡跟士君子共同主張，所以下明詔，問《左氏》可否立於學官，派遣親近的臣子，奉了聖旨命令，要把衰微的扶助起來，跟二三君子同心合力，希望把荒廢遺棄的古學建立起來。現在大家不這樣做，關緊門戶，絕對拒絕研討，就是不誦習教它斷絕，想要杜塞其他的道術，毀滅微妙的學問。可以同享成功的快樂，很難討論創始，這是一般大眾的作風，不希望士君子也這樣啊。

並且這幾家的事，都是先帝親自討論，當今皇帝考察過的；古文舊書都有證據，民間師說和秘書可以互相印證，哪裡是隨便弄出來的呢？禮儀廢失可以向野人尋求，古文不比野人好嗎？從前的博士，《書經》有歐陽，《春秋》有公羊，《易經》有施讎、孟喜。可是孝宣皇帝又廣立穀梁《春秋》、梁丘賀《易經》、大

小《夏侯尚書》。解說雖然相反，還同時設立。為什麼呢？與其錯在少學，何如錯在多學呢。《論語》上說：「文王、武王的聖道，還沒有完全失落；在乎人的選擇，賢人記住重大的，不賢的記住細小的。」現在這幾家的言論，包括了大小兩種意義，哪裡可以偏廢呢？

如果一定要固執自己的偏見，抱殘守缺，同學結黨，嫉妒真道，違背明白的詔書，不聽聖上的意旨，以至於被文官討論處分，二三君子實在不該這樣做呀！

（林素清、周鳳五／編寫整理）

《漢書》敘傳

班固

班固（三二—九二），字孟堅，扶風安陵（今陝西咸陽市東北）人，漢代著名的史學家、文學家。其父彪撰《漢書》未成而卒，固完成其未竟之業，被人告發，指為私撰國史。其弟班超上書申白，獲釋。明帝時，任蘭台令史，遷為郎，典校中秘，使其撰寫《漢書》，前後歷時二十餘年，大體完成，唯八表與《天文志》未成。至和帝時，詔其妹班昭續成之。

班固像

《漢書》起自劉邦，終於王莽，專述西漢史事，為斷代史之祖。班固所作賦亦佳，有《兩都》《幽通》《典引》《答戲賓》等賦，然形式組織多仿前人。

本文選自《漢書》卷七十，原文甚長，略加刪節。其中罕見的古文字，為排版方便，也酌改為通行字。

背景

司馬遷於西漢武帝時代撰成《太史公書》（即《史記》），上起黃帝，下訖太初。此後政治、社會、經濟的變動日益劇烈，而人們的價

值標準也連帶地發生變化。到了東漢初年，經歷了王莽時期的改革，學者對於當代的反省更為深入，我們可以由班彪的文章看出這種思想的轉變。班彪《略論》說：「漢武帝時，太史令司馬遷採用《左傳》《國語》《世本》《戰國策》，參考楚、漢之際的史事，上起黃帝，下訖武帝太始二年獲麟，撰成本紀、世家、列傳、書、表，共一百三十篇，其中缺十篇。司馬遷記漢高祖至漢武帝的漢朝史事，頗有貢獻，至於採取經典與諸子百家的資料則很疏略。取材務求其多，立論卻嫌浮淺。例如：論學術思想，則推尊黃老而不重視五經；述貨殖諸人，則輕貶仁義而以貧窮為恥；寫遊俠之士，則鄙視節操而崇尚功利。這些就是他敗道傷俗之處，所以才會遭到腐刑。」（「孝武之世，太史令司馬遷採《左氏》《國語》，刪《世本》《戰國策》，據楚、漢列國時事，上自黃帝，下訖獲麟，作本紀、世家、列傳、書、表凡百三十篇，而十篇缺焉。遷之所記，從漢元至武以絕，則其功也。至於採經摭傳，分散百家之事，甚多疏略，不如其本，務欲以多聞廣載為功，論議淺而不篤。其論術學，則崇黃老而薄五經；序貨殖，則輕仁義而羞貧窮；道遊俠，則賤守節而貴俗功。此其大弊傷道，所以遇極刑之咎也。」）

　　後來班固繼承其父未竟之業，在《漢書・司馬遷傳》贊中全採上述評論，且加上一句「其是非頗繆於聖人」，這些都反映出時代環境的改變，使得人們的價值標準也為之轉移。

　　我們只看西漢初年籠罩一代的黃老思想，西漢初年轟動一時的遊俠事蹟……在班彪父子心目中都已經不再具有權威，不再代表正義真理，則《漢書》寫作的時代背景可以思過半矣。換言之，這是個儒家

價值觀當道的時代，經史之學為學術之流。後世史家雖然都推崇《史記》，但價值觀其實仍依循《漢書》。

影響

《漢書》是我國斷代體史書的開山之作，其起訖以代表政治權威的朝代為標準，其體例則大致仍沿《史記》之舊。後代官、私所修正史都仿其規模，其成為斷代史的典範之作。這篇《敘傳》，基本上模仿司馬遷的《太史公自序》，文中自述家世，列敘祖德，引錄長篇大論的文章，不但建立了斷代史的傳統，對於後代自敘類的文章也有很重要的影響。

原文

班氏之先，與楚同姓，令尹子文之後也。子文初生，棄於瞢中，而虎乳之[1]。楚人謂乳「穀」，謂虎「於檡」，故名穀於檡，字子文。楚人謂虎「班」，其子以為號。秦之滅楚，遷晉、代之間，因氏焉。

始皇之末，班壹避地於樓煩，致馬牛羊數千群。值漢初定，與民無禁，當孝惠、高后時，以財雄邊，出入弋獵，旌旗鼓吹，年百餘歲，以壽終，故北方多以

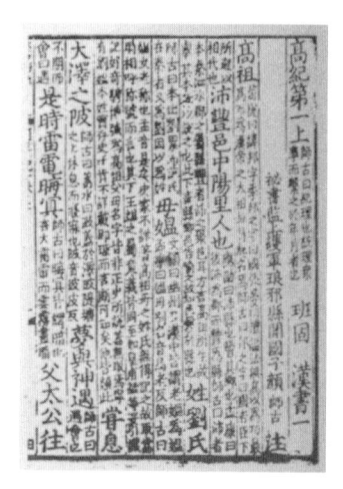

《漢書》書影

---

1 瞢：即雲夢澤。

「壹」為字者。

壹生孺。孺為任俠，州郡歌之。孺生長，官至上谷守。長生回，以茂材為長子令。回生況，舉孝廉為郎，積功勞，至上河農都尉，大司農奏課連最，入為左曹越騎校尉。成帝之初，女為倢伃，致仕就第，貲累千金，徙昌陵。

昌陵後罷，大臣名家皆占數於長安[2]。

況生三子：伯、斿、稺。伯少受《詩》於師丹。大將軍王鳳薦伯宜勸學，召見宴昵殿，容貌甚麗，誦說有法，拜為中常侍。時上方鄉學，鄭寬中、張禹朝夕入說《尚書》《論語》於金華殿中，詔伯受焉。既通大義，又講異同於許商，遷奉車都尉。數年，金華之業絕，出與子弟為群，在於綺襦紈絝之間，非其好也。

家本北邊，志節慷慨，數求使匈奴。河平中，單于來朝，上使伯持節迎於塞下。會定襄大姓石、李群輩報怨，殺追捕吏，伯上狀，因自請願試守期月。上遣侍中中郎將王舜馳傳代伯護單于，并奉璽書印綬，即拜伯為定襄太守。定襄聞伯素貴，年少，自請治劇，畏其下車作威，吏民竦息。伯至，請問耆老父祖故人有舊恩者，迎延滿堂，日為供具，執子孫禮。郡中益弛。諸所賓禮皆名豪，懷恩醉酒，共諫伯宜頗攝錄盜賊，具言本謀亡匿處。伯曰：「是所望於父師矣。」乃召屬縣長吏，選精進掾史，分部收捕，及它隱伏，旬日盡得。郡中震栗，咸稱神明。歲餘，上徵伯。伯上書願過故郡上父祖塚。有詔，太守都尉以下會。因召宗族，各以親疏加恩施，散數百金。北州以為

---

2 占數：占籍。

榮，長老紀焉。道病中風，既至，以侍中光祿大夫養病，賞賜甚厚，數年未能起。

會許皇后廢，班倢伃供養東宮，進侍者李平為倢伃，而趙飛燕為皇后，伯遂稱篤。久之，上出過臨候伯，伯惶恐，起視事。

自大將軍薨後，富平、定陵侯張放、淳于長等始愛幸，出為微行，行則同輿執轡；入侍禁中，設宴飲之會，及趙、李諸侍中皆引滿舉白，談笑大噱。時乘輿幄坐張畫屏風，畫紂醉踞妲己作長夜之樂。上以伯新起，數目禮之，因顧指畫而問伯：「紂為無道，至於是乎？」伯對曰：「《書》云『乃用婦人之言』，何有踞肆於朝？所謂眾惡歸之，不如是之甚者也。」上曰：「苟不若此，此圖何戒？」伯曰：「『沉湎於酒』，微子所以告去也；『式號式呼』，大雅所以流連也。《詩》《書》淫亂之戒，其原皆在於酒。」上乃喟然嘆曰：「吾久不見班生，今日復聞讜言！」放等不懌，稍自引起更衣，因罷出。時長信庭林表適使來，聞見之。

後上朝東宮，太后泣曰：「帝間顏色瘦黑，班侍中本大將軍所舉，宜寵異之，益求其比，以輔聖德。宜遣富平侯且就國。」上曰：「諾。」車騎將軍王音聞之，以諷丞相御史奏富平侯罪過，上乃出放為邊都尉。後復徵入，太后與上書曰：「前所道尚未效，富平侯反復來，其能默乎？」上謝曰：「請今奉詔。」是時許商為少府，師丹為光祿勳，上於是引商、丹入為光祿大夫，伯遷水衡都尉，與兩師并侍中，皆秩中二千石。每朝東宮，常從；及有大政，俱使諭指於公卿。上亦稍厭遊宴，復修經書之業，太后甚悅。丞相方進復奏，富平侯竟就國。會伯病卒，年三十八，朝廷潛惜焉。

斿博學有俊材,左將軍史丹舉賢良方正,以對策為議郎,遷諫大夫、右曹中郎將,與劉向校秘書。每奏事,斿以選受詔進讀群書。上器其能,賜以秘書之副。時書不布,自東平思王以叔父求太史公、諸子書,大將軍白不許。語在《東平王傳》。斿亦早卒,有子曰嗣,顯名當世。

穉少為黃門郎中常侍,方直自守。成帝季年,立定陶王為太子,數遣中盾請問近臣,穉獨不敢答[3]。哀帝即位,出穉為西河屬國都尉,遷廣平相。

王莽少與穉兄弟同列友善,兄事斿而弟畜穉。斿之卒也,修緦麻,賻贈甚厚。平帝即位,太后臨朝,莽秉政,方欲文致太平,使使者分行風俗,采頌聲,而穉無所上。琅邪太守公孫閎言災害於公府,大司空甄豐遣屬馳至兩郡諷吏民,而劾閎空造不祥,穉絕嘉應,嫉害聖政,皆不道。太后曰:「不宣德美,宜與言災害者異罰。且後宮賢家,我所哀也。」閎獨下獄誅。穉懼,上書陳恩謝罪,願歸相印,入補延陵園郎,太后許焉。食故祿終身。由是班氏不顯莽朝,亦不罹咎。

……

穉生彪。彪字叔皮,幼與從兄嗣共遊學,家有賜書,內足於財,好古之士自遠方至,父黨揚子雲以下莫不造門。

嗣雖修儒學,然貴老嚴之術。桓生欲借其書,嗣報曰:「若夫嚴子者,絕聖棄智,修生保真,清虛淡泊,歸之自然,獨師友造化,而

---

3 中盾:即中允,太子的屬官。

不為世俗所役者也。漁釣於一壑,則萬物不奸其志;棲遲於一丘,則天下不易其樂。不絓聖人之罔,不齅驕君之餌,蕩然肆志,談者不得而名焉,故可貴也。今吾子已貫仁誼之羈絆,繫名聲之韁鎖,伏周、孔之軌躅,馳顏、閔之極摯,既繫攣於世教矣,何用大道為自眩曜[4]?昔有學步於邯鄲者,曾未得其髣髴,又復失其故步,遂匍匐而歸耳!恐似此類,故不進。」嗣之行己持論如此。

叔皮唯聖人之道然後盡心焉。年二十,遭王莽敗,世祖即位於冀州。時隗囂據壟擁眾,招輯英俊,而公孫述稱帝於蜀漢,天下雲擾,大者連州郡,小者據縣邑。囂問彪曰:「往者周亡,戰國并爭,天下分裂,數世然後乃定,其抑者縱橫之事復起於今乎?將承運迭興在於一人也?願先生論之。」對曰:「周之廢興與漢異。昔周立爵五等,諸侯從政,本根既微,枝葉強大,故其末流有縱橫之事,其勢然也。漢家承秦之制,并立郡縣,主有專己之威,臣無百年之柄,至於成帝,假借外家,哀、平短祚,國嗣三絕,危自上起,傷不及下。故王氏之貴,傾擅朝廷,能竊號位,而不根於民。是以即真之後,天下莫不引領而嘆,十餘年間,外內騷擾,遠近俱發,假號雲合,咸稱劉氏,不謀而同辭。方今雄桀帶州城者,皆無七國世業之資。《詩》云:『皇矣上帝,臨下有赫,鑒觀四方,求民之莫。』今民皆謳吟思漢。向仰劉氏,已可知矣。」囂曰:「先生言周、漢之勢,可也,至於但見愚民習識劉氏姓號之故,而謂漢家復興,疏矣!昔秦失其鹿,劉季逐而掎之,時民復知漢虖!」既感囂言,又潛狂狡

---

[4] 軌躅:即軌跡。極摯:即極致。

大歷史・大文章 古代篇　　215

之不息,乃著《王命論》以救時難。(略)

　　知隗囂終不寤,乃避地於河西。河西大將軍竇融嘉其美德,訪問焉。舉茂材,為徐令,以病去官。後數應三公之召。仕不為祿,所如不合;學不為人,博而不俗;言不為華,述而不作。

　　有子曰固,弱冠而孤,作《幽通》之賦,以致命遂志。(略)

　　永平中為郎,典校秘書,專篤志於博學,以著述為業。或譏以無功,又感東方朔、揚雄自諭以不遭蘇、張、范、蔡之時,曾不折之以正道,明君子之所守,故聊復應焉。(略)

　　固以為唐虞三代,《詩》《書》所及,世有典籍,故雖堯舜之盛,必有典謨之篇,然後揚名於後世,冠德於百王,故曰「巍巍乎其有成功也,煥乎其有文章也」!漢紹堯運,以建帝業,至於六世,史臣乃追述功德,私作本紀,編於百王之末,廁於秦、項之列。太初以後,闕而不錄,故探纂前記,綴輯所聞,以述《漢書》,起元高祖,終於孝平、王莽之誅,十有二世,二百三十年,綜其行事,旁貫五經,上下洽通,為春秋考紀、表、志、傳,凡百篇。(略)

《漢書》

譯　文

　　班氏的祖先與楚國同姓,是令尹子文的後裔。令尹子文生下來便被棄於雲夢澤中,老虎養育他。楚語說養育為「穀」,稱老虎為「於檡」,所以名叫「穀於檡」,字子文。楚人形容老虎為「班」,子文的兒子以班為號。後來秦始皇滅楚國,他們遷居到北方的晉國與代國之間,便以「班」為姓氏。

始皇末年，班壹逃到樓煩去，擁有馬、牛、羊數千頭。漢初惠帝、呂后時期，班壹以財富稱雄於邊境，享壽百餘歲。北方人向慕他，多以「壹」為字。

　　班壹生孺，孺任俠好義，為人所歌誦。孺生長，官至上谷太守。長生回，舉茂才為長子縣令。回生況，舉孝廉為郎，積功至上河農都尉，以考績特優，內調為左曹越騎校尉。成帝初年，班況的女兒入宮為倢伃，況告老，家財千金，與大家豪族，徙居昌陵，後來又在長安落籍。

　　班況生伯、斿、穉三子。伯從師丹學《詩經》，大將軍王鳳推薦他擔任中常侍。於是追隨鄭寬中、張禹等人學《尚書》《論語》。又與許商討論諸經異同。調任奉車都尉。其後好幾年與貴戚子弟交遊。

　　由於世居北方，為人慷慨有志節，屢次請求出使匈奴。河平年間，匈奴單于來朝，伯奉命持節到塞下迎接。正碰上定襄郡望族石、李兩姓戕殺官吏，於是伯自請為定襄太守。到任以後，邀宴地方人士，態度謙卑，使郡中豪門放鬆戒備，然後大加搜捕，十天之內，將一干人犯完全肅清，全郡為之震動。經過一年多，奉詔入京，伯請求順道祭拜祖墳。於是大會賓客，周恤親戚，成為當時北方一大盛事，長老至今猶津津樂道。伯在半路上中風，到達京師以後，以侍中光祿大夫的官職在家養病。

　　中間雖一度因班倢伃失寵的緣故，宣稱病重，後來皇上親臨探視，伯很惶恐，只好復出任職。

　　自大將軍王鳳死後，張放、淳于長等人受寵信，與皇上同進同出，飲酒作樂。皇上用的屏風畫有商紂與妲己淫樂的圖像。有一天，

皇上指著屏風問伯說：「商紂荒淫無道到這個地步嗎？」伯回答：「《尚書》只說商紂聽信婦人之言，怎可能這般放肆？《論語》說商紂因為亡國，所以一切罪惡盡歸於其身，其實商紂沒有那樣壞。」皇上又問：「既然如此，那麼屏風上畫這個幹嘛？」伯回答：「《尚書・微子篇》記微子因商紂酗酒而離去，《詩經・大雅・蕩篇》的作者提起酒醉狂呼亂叫，就傷心流淚。經典訓誡我們，淫亂是由飲酒開始的啊！」皇上聽罷，長嘆一聲說：「我好久不見班先生，今天又聽到他的善言了。」張放等人很不高興，一個個溜了出去，於是酒宴也就不歡而散。正巧太后宮有使者來，耳聞目睹了剛才的這一幕。

事後，皇上朝見太后，太后哭著說：「皇上又瘦又黑，面容憔悴。班侍中是當年大將軍王鳳推薦的人才，皇上應當多多親近他。把高平侯張放遣送上任吧。」皇上遵命，將張放外調為邊境的都尉，後來又徵召入京。太后再度提起此事，於是皇上任命許商、師丹為光祿大夫，班伯為水衡都尉，入侍宮中，官至中二千石，地位顯赫。皇上也專心研讀經典，不再放蕩遊樂，太后很高興。班伯死時只有三十八歲，朝廷非常悼念、惋惜。

班斿博學多才，舉賢良方正，以對策為議郎，歷官諫大夫、右曹中郎將，與劉向一同校書於中秘。蒙皇上賞賜中秘書籍的副本。班斿早死，其子名制，有名於當代。

班穉少時為黃門郎中常侍，為人方正持重。成帝晚年，立定陶王為太子，屢次徵求大臣的意見，穉不敢發言。帝即位以後，將穉外調為西河屬國都尉，又調任廣平相。

王莽早年與班穉兄弟交好，兄事班斿而待穉如弟。班斿死，王莽

為他服喪，致送豐厚的奠儀。平帝即位，王莽掌權，穉不肯依附他，曾經因此鬧出一場政治風波，後來總算因班倢伃的緣故而平息了。班氏家族由此在王莽時代不得意，但也沒招來禍事。

……

班穉生彪。彪字叔皮，幼時與堂兄嗣一同遊學。家中藏有御賜的中秘書籍副本，家境又富裕，因此好讀古書的人不遠千里而來，父執輩如揚雄等也都登門拜訪。

班嗣雖讀儒書，卻崇尚黃老之術。桓譚曾經向他借書，嗣回答道：「莊子絕聖棄智，修生保真，清虛淡泊，歸於自然。而你學習儒家的教訓，講求仁義，尊崇周公、孔子，何必再讀什麼書呢？」這就是班嗣的言行。

叔皮則致力於聖人之道。年二十，王莽覆滅，光武帝即位於冀州。當時隗囂據有甘肅一帶，公孫述割據蜀漢，天下紛擾不安。隗囂請教班彪說：「從前周朝滅亡，天下分裂。今天難道又是戰國之世嗎？誰能統一天下？請先生指教！」彪答道：「周朝與漢朝不同。周朝立五等爵，封建宗親，本微末大，所以晚期產生分裂縱橫的局面。漢朝立郡縣，威權集中在皇帝手中。到了成、哀、平三朝，外戚勢力興起，王氏由皇帝手中取得權勢，然而王莽能竊帝號，卻缺乏地方實力。篡位以後，天下人心不服，十餘年間，內外騷亂，各地起義的人馬都號稱劉氏。目前割據一方的豪傑，都沒有戰國七雄那種基礎。《詩經》說：『偉大的上帝，臨視下土，尋求能安定人民的人才。』現在民心都歸向劉氏，懷念漢朝，是確定無疑的了。」

隗囂說：「先生分析周、漢的形勢，很正確；至於只見到愚夫愚

婦懷念漢朝，便判斷人心歸向劉氏，漢朝將要復興，是錯誤的。從前秦失其鹿，被劉邦逮到了。現在人民哪裡還管什麼漢朝呢！」班彪聽了隗囂這番話，感慨萬千，於是撰寫《王命論》以譏刺隗囂及世間狂妄無知之徒。（略）

後來班彪避居到河西。河西大將軍竇融稱美他的德行，舉為茂材，任命為徐縣令。因病辭官。後來又屢次應三公之召，因為講求原則，不貪戀祿位，一直落落寡合。其為人博學、正直，不苟著作。

班彪的兒子名叫固，弱冠喪父，作《幽通賦》以明志。（略）

永平中任郎官，典校中秘書，專心向學，以著述為務。有人譏笑他做官沒有成就，班固也很感慨於東方朔、揚雄等人所謂沒生在蘇秦、張儀、范雎、蔡澤的時代，未能建功立業，因此撰寫一篇文章作為答覆。（略）

班固以為唐、虞、夏、商、周都有典籍，即如堯、舜的盛德，也必須經由《尚書》典謨的記載，始能流傳於後世。《論語》載孔子讚美堯、舜「功業偉大，文采煥發」，正是這個意思。漢朝遠承唐堯，建立帝業，經歷六世，才有史官追述功德，私作本紀，編列在古代聖王以及秦始皇、項羽之後，而武帝太初以後的記載全缺。因此搜集史料，撰成漢朝的斷代史，自漢高祖起，到王莽被殺為止，共計十二世，二百三十年，綜合史事，貫穿經典，成本紀、表、志、傳等共一百篇。（略）

（周鳳五／編寫整理）

三綱六紀
班固

背景

　　東漢初期,今文和古文經學的爭論又趨激烈,漢章帝建初四年(七九),乃仿漢宣帝在石渠閣召集博士討論五經異義的方式,在白虎觀召開經學討論會。參加的學者,有魏應、淳于恭、丁鴻、李育、馬達等人,由楊終、班固擔任記錄,於會後整理成《白虎通》(又名《白虎通義》《白虎通德論》)一書。

　　《白虎通》的內容,並非直接討論今、古文經書的問題,而是記載一些關於政治哲學的思想,希望透過這些思想,達到建立社會共同價值觀的目的。

　　在倫理道德方面,《白虎通》提出了三綱六紀,即此處所選的文章。所謂「綱紀」,就是要人牢牢遵守的大經大法,絕對不容許絲毫的爽失。這是因為《白虎通》視人倫有嚴格的道德關係,所以對於各種人倫稱謂,都加以詳細的解說,其目的就在叫人嚴守分寸,避免有僭越的行為。三綱的名稱雖然出自緯書《禮緯・含文嘉》,《春秋繁露》也曾提及,但是《論語》中孔子所說的「君臣、臣臣、父父、子子」已略見端倪,所以可視為儒家傳統的倫理道德規範。

影響

「三綱」一詞又與「五常」（父子有親、君臣有義、夫婦有別、長幼有序、朋友有信）連稱，遂成為古人日常的生活規範，不時出現在世人的口中。不過，其影響所致，也產生了「君要臣死，不得不死」「父要子死，不得不死」「餓死事小，失節事大」等誤解之口號，對於古代政治、社會的安定，雖有很大的作用，然而有時卻又顯得過於僵化。難怪五四運動的時候，會喊出「打倒孔家店」「打倒吃人的禮教」，其反對的就是濫用三綱五常的權威。

原文

三綱者，何謂也？謂君臣、父子、夫婦也。六紀者，謂諸父、兄弟、族人、諸舅、師長、朋友也。故《含文嘉》曰：「君為臣綱，父為子綱、夫為妻綱。」[1] 又曰：「敬諸父兄，六紀道行，諸舅有義，族人有序，昆弟有親，師長有尊，朋友有舊。」

何謂綱紀？綱者，張也；紀者，理也。大者為綱，小者為紀。所以張理上下，整齊人道也。人皆懷五常之性，有親愛之心，是以綱紀為化，若羅網之有紀綱而萬目張也。《詩》云：「亹亹文王，綱紀四方[2]。」

右總論綱紀

君臣，父子，夫妻，六人也，所以稱三綱何？「一陰一陽謂之

---

[1]《含文嘉》：漢儒解釋《禮》的緯書。
[2]「亹亹文王」二句：見《詩經・大雅・棫樸》，原文「亹亹文王」作「勉勉我王」。

道」,陽得陰而成,陰得陽而序[3]。剛柔相配,故六人為三綱。

右論三綱之義

三綱法天人,六紀法六合。君臣法天,取象日月屈信歸功天也。父子法地,取象五行轉相生也[4]。夫婦法人,取象人合陰陽有施化端也。六紀者,為三綱之紀者也。師長君臣之紀也,以其皆成己也;諸父兄弟父子之紀也,以其有親恩連也;諸舅朋友夫婦之紀也,以其皆有同志為己助也。

右論綱紀所法

君臣者,何謂也?君,群也,群下之所歸心也;臣者,纏堅也,厲志自堅固也。《春秋傳》曰:「君處此,臣請歸也[5]。」父子者,何謂也?父者,矩也,以法度教子也;子者,孳也,孳孳無已也。故《孝經》曰:「父有爭子,則身不陷於不義[6]。」夫婦者,何謂也?夫者,扶也,以道扶接也;婦者,服也,以禮屈服也。《昏禮》曰:「夫親脫婦之纓[7]。」《傳》曰:「夫婦判合也[8]。」朋友者,何謂也?朋者,黨也;友者,有也。《禮記》曰:「同門曰朋,同

---

[3] 一陰一陽謂之道:見《易・繫辭上》,原文「謂之」作「之謂」。
[4] 五行轉相生:五行相生之序為木、火、土、金、水,即木生火、火生土、土生金、金生水、水生木。
[5] 「君處此」二句:楚莊王圍宋,軍有七日之糧,盡此不勝,則將歸去,命子反窺宋。宋大夫華元亦出而見之。華元告以城中易子析骸而食,子反亦告以軍中存糧僅七日,並勉其努力堅守。子反歸報楚王,謂宋有不欺人之臣。王猶欲取之,子反乃曰:「然則君請處於此,臣請歸爾。」王終從子反而歸。事見《公羊傳・魯宣公十五年》。
[6] 「父有爭子」二句:語見《孝經・諫諍章》。
[7] 夫親脫婦之纓:《儀禮・士昏禮》:「主人入,親說(脫)婦之纓。」
[8] 夫婦判合也:謂夫婦本來各是半個人,合起來才成整個人。《儀禮・喪服傳》:「夫妻牉合也。」

志曰友[9]。」朋友之交，近則謗其言，遠則不相訕；一人有善，其心好之，一人有惡，其心痛之；貨則通而不計，共憂患而相救；生不屬，死不托。故《論語》曰：「子路云：『願車馬衣輕裘，與朋友共敝之。』」[10] 又曰：「朋友無所歸，生於我乎館，死於我乎殯。」[11] 朋友之道，親存不得行者二：不得許友以其身，不得專通財之恩。友饑則白之於父兄，父兄許之，乃稱父兄與之，不聽則止。故曰：友饑為之減餐，友寒為之不重裘。故《論語》曰：「有父兄在，如之何其聞斯行之也[12]？」

右論六紀之義

男稱兄弟，女稱姊妹何？男女異姓，故別其稱也。何以言之？《禮親屬記》曰：「男子先生稱兄，後生稱弟；女子先生為姊，後生為妹。」[13] 父之昆弟不俱謂之世父，父之女昆弟俱謂之姑，何也？以為諸父曰內，親也，故別稱之也；姑當外適人，疏，故總言之也。至姊妹亦當外適人，所以別諸姊妹何？以為事諸姑禮等，可以外出又同，故稱略也；至姊妹雖欲有略之，姊尊妹卑，其禮異也。《詩》云：「問我諸姑，遂及伯姊[14]。」謂之舅姑者何？舅者，舊也；姑者，故也。舊故，老人稱也。謂之姊妹何？姊者，咨也；妹者，末也。謂之兄弟何？兄者，況也，況父法也；弟者，悌也，心順行篤也。稱夫之父母謂之舅姑何？尊如父而非父者，舅也；親如母而非母者，

9「同門曰朋」二句：此殆《禮記》之佚文。
10「《論語》曰」句：語見《論語・公冶長篇》。
11「又曰」句：這一段話見《禮記・檀弓上》，是孔子說的。
12「有父兄在」二句：語見《論語・先進篇》，為孔子回答子路的話。
13《禮親屬記》：為《逸禮》之篇名。
14「問我諸姑」二句：語見《詩經・邶風・泉水》。

姑也：故稱夫之父母為舅姑也。

右詳論綱紀別名之義
《白虎通》

譯文

　　三綱是什麼？就是君臣、父子、夫婦。六紀是指伯叔父、兄弟、族人、舅父們、師長、朋友。所以《含文嘉》說：「君是臣的綱，父是子的綱，夫是妻的綱。」又說：「尊敬伯叔父和兄長，實行六紀的道。對舅父們要有恩義，對族人要按輩分，對兄弟要親愛，對師長要尊崇，對朋友要念舊。」為什麼叫作綱紀呢？綱是張開的意思，紀是治理的意思。大的是綱，小的是紀，也就是張開上面、治理下面，整頓劃一人倫。人人都具有五常的本性，都有相親相愛的心，所以用綱紀來教化，好像羅網的有綱紀，一提起總綱的繩索，所有的網目都張開了。所以《詩經・棫樸篇》說：「勤勤懇懇的文王，治理天下的百姓。」

以上總論三綱和六紀

　　君和臣，父和子，夫和婦，一共有六種人，為何叫作三綱呢？《易經・繫辭傳》說：「一陰和一陽互相配合，就叫作道。」陽必須得陰才有成就，陰必須得陽才有順序。剛與柔是相互配合的，所以六種人構成三綱。

以上論三綱的意義

　　三綱仿效天、地、人三才，六紀仿效上、下、四方六合。君臣的關係仿效天，取象於日月將其屈伸歸功於天。父子的關係仿效地，取

象於木、火、土、金、水的相生。夫妻的關係仿效人，取象於結合一陰一陽而產生變化。六紀是做三綱的紀的。師長是君臣一綱的紀，因為都是幫助成就自己的；伯叔父和兄弟是父子一綱的紀，因為都是由親恩相聯結的；舅父們和朋友是夫婦一綱的紀，因為都有相同的志願，彼此相互幫助。

以上論三綱六紀的仿效

君臣是什麼意義？君是群的意思，群眾都歸向他；臣是修繕和堅強的意思，要鍛煉意志使自己堅強。《春秋公羊傳》說：「請君上留在這裡，讓微臣回去吧。」父子是什麼意義？父是規矩法度的意思，用法規來教導兒子；子是孳生的意思，繼續不停地孳衍。所以《孝經・諫諍章》說：「父親如果有敢於諫諍的兒子，那麼就不至於陷身不義。」夫婦是什麼意義呢？夫是扶助的意思，要用道理扶助妻子；婦是服從的意思，要照禮節屈服在夫之下。《儀禮・士昏禮》說：「丈夫親自摘掉新婦繫帶的纓。」《儀禮・喪服傳》又說：「夫妻本來各是半個人，合起來才成整個人。」朋友是什麼意義呢？朋是幫助的意思，友是保佑的意思。《禮記》說：「同在一個老師門下的叫作朋，同一志願的叫作友。」朋友的交情，當面要批評他的言論，背後不能說他的壞話；一個人有了長處，心中就為他高興，一個人有了壞處，內心就為他傷痛；錢財要相互通用而不計較，遇到災禍要彼此援救；幫助朋友，在他活著的時候不用囑咐，在他死了以後不用請托。所以《論語・公冶長篇》記載，子路說：「我願意把自己的車馬和穿的輕暖皮袍，跟朋友共同使用到破爛。」《禮記・檀弓》說：「朋友無家可歸，孔子說：『活著的時候在我家住，死了以後由我安葬。』」

交朋友的道理，自己父母在世的時候，有兩件事不能做：一是不能答應為朋友拼命，二是幫助朋友錢財不能自作主張。如果朋友沒飯吃，就告訴父兄，父兄答應了，然後說是奉父兄之命給他的；如果父兄不答應，就不能給他。所以說朋友沒有飯吃，自己就要節食；朋友受凍，自己不穿兩件皮衣。所以《論語・先進篇》說：「有父兄在世，怎麼能夠聽到了就去做呢？」

以上論六紀的意義

為什麼男的叫兄弟，女的叫姐妹呢？因為女子最終要嫁到別人家，跟隨別人的姓氏，所以稱呼有所不同。為什麼這麼說呢？《禮記》說：「男子先出生的叫兄，後出生的叫弟；女子先出生的叫姐，後出生的叫妹。」那為什麼父親的兄弟不全叫作「叔」，而父親的姐妹不論大小全都叫作「姑」呢？因為，父親的兄弟與我更親近，所以稱呼上要嚴格區分；而姑姑是要嫁到別家去的，所以不用分得很細。至於姐妹，也要嫁到別家去的，為什麼卻要分別叫作「姐姐」「妹妹」呢？因為對待姑姑們是適用一樣的長輩禮節的，所以不再另外分大小；而對平輩的姐妹，卻要分大小尊卑來對待，禮節是不一樣的。《詩經》裡就有句話：「這件事情，要向我的姑姑和大姐姐請教。」為什麼叫「舅姑」呢？舅，就是舊；姑，就是故。舊、故，都是稱呼長輩的。為什麼叫「姊妹」呢？姊，就是咨；妹，就是末。為什麼叫「兄弟」？兄，就是學習，向父親學習；弟，就是孝順，行為端正。那麼，為什麼稱丈夫的父母也叫「舅姑」呢？這是因為，他不是父親，卻要像尊敬父親一樣尊敬他，所以稱為「舅」；她不是母親，卻要像親近母親一樣親近她，所以稱為「姑」。這就是稱呼丈夫

的父母為「舅姑」的道理。

　　　　　　　　　　　　以上詳細論述綱紀別名的意義

　　　　　　　　　　　　　　　（蔣秋華 / 編寫整理）

《說文解字》敘
許慎

許慎（約五八—約一四七），字叔重。東漢汝南召陵（今河南漯河市召陵區）人。曾任汝南郡功曹，後舉孝廉，任洨長與太尉南閣祭酒。據清代學者推斷，許慎大約生於明帝永平初年，卒於桓帝建和初年，即西元一世紀至二世紀之間，享年八十以上。

許慎曾從賈逵習古文經，賈逵為當時的經學大師。許慎博極群經，時人稱之為「五經無雙許叔重」。兩漢經學自西漢武帝以來即有今、古文家派之爭。今文家解經往往穿鑿附會，許慎不以為然，便搜羅小篆與古、籀文，依部首為序，編成《說文解字》，一方面分析字體結構，一方面用以解釋經傳群書。《說文解字》不但保存了許多古文字及其音義，而且體例謹嚴，成為後世字書的典範。

許慎像

背景

《說文解字》大約成書於東漢和帝永元十二年（一〇〇）到安帝建光元年（一二一），許慎病中，才派遣他的兒子許冲獻書給皇帝。

《說文解字》的重要不僅在於保存古文字資料，更重要的是它那謹嚴的條例。

　　許慎根據文字的構造及其與音、義的關係，歸納成「六書」來分析篆文，把九千三百五十三個字依照偏旁分為五百四十部，即以五百四十個形旁作為部首，同一形旁的字都歸於同部首之下，部首與部首之間則依其小篆形體相似的程度來加以排列，全書「始一終亥」，即部首由「一」開始，據形繫聯，至「亥」而止。

　　《說文解字》部首的「始一終亥」，是有理論基礎的。原來漢代儒家沾染陰陽五行的色彩，主張萬物生於「一」而終於「亥」，許慎撰著此書以解釋儒家經典為目的，所以採用這個說法來排列部首。這麼說來，整個《說文解字》所呈現的就不僅是文字，而且包括漢人對宇宙萬物的整體概念。我們甚至可以說，《說文解字》不單是一部字書，實際上也是一本隱然自成體系的漢代哲學思想論著。

影響

　　漢字的起源究在何時？學者有不同的意見，根據目前考古發掘所得資料看來，大致距離今天已有六千年之久。六千年不是短時間，在這段漫長的歲月中，文字的演變真可以說是千頭萬緒，若不是有許慎的《說文解字》，我們恐怕無法像今天這樣辨認古文字與通讀古書了。有了《說文解字》，我們才能夠認識春秋戰國時期的金石銘刻；有了《說文解字》，我們才能夠認識殷周甲骨文與金文。換句話說，《說文解字》是連接古今文字的橋樑。

　　《說文解字》對後世的影響一直沒有消失，今天我們對於文字的分

類與理解仍然依據許慎的部首方法及象形、指事、形聲、會意、轉注、假借等「六書」,這實際上是戰國以來所流行的分析文字的理論。不過許慎是個集大成者,理論說得比較周延,敘述也比較有系統,更重要的是,他真正將這套理論普遍地用來分析、解釋文字。

總之,《說文解字》保存了先秦古文字的形體與解釋,提供給我們先秦時期的詞彙,創造了部首偏旁的條例。這些都是我們中華文化寶貴的資產,具有恆久的價值,值得我們加以繼承並發揚。

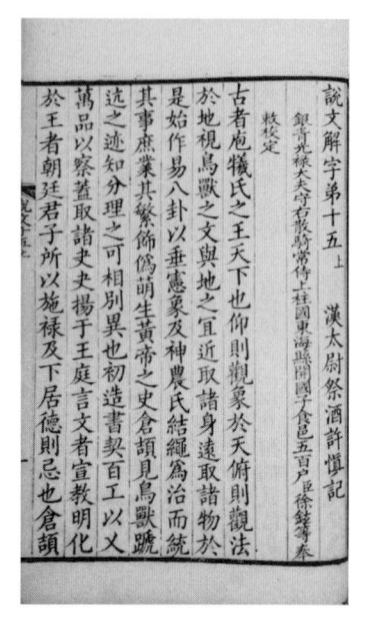

《說文解字》書影

原　文

古者庖犧氏之王天下也,仰則觀象於天,俯則觀法於地,視鳥獸之文與地之宜,近取諸身,遠取諸物,於是始作《易》八卦,以垂憲象[1]。及神農氏,結繩為治,而統其事。庶業其繁,飾偽萌生。黃帝之史倉頡,見鳥獸蹄迒之跡,知分理之可相別異也,初造書契[2]。百工以

---

1 觀象於天:觀察日月風雷等天象。觀法於地:察看山川大澤等地形。身:指人身,如五官四肢。物:指生活日用器物。
2 書契:泛稱文字。

乂，萬品以察，蓋取諸夬[3]。「夬，揚於王庭」，言文者，宣教明化於王者朝庭，「君子所以施祿及下，居德則忌」也。

倉頡之初作書，蓋依類象形，故謂之文。其後形聲相益，即謂之字。文者，物象之本；字者，言孳乳而寖多也。著於竹帛謂之書。書者，如也[4]。以迄五帝三王之世，改易殊體，封於泰山者七十有二代，靡有同焉[5]。

《周禮》：八歲入小學，保氏教國子，先以六書[6]。一曰指事。指事者，視而可識，察而見意，「上」「下」是也。二曰象形。象形者，畫成其物，隨體詰詘，「日」「月」是也[7]。三曰形聲。形聲者，以事為名，取譬相成，「江」「河」是也。四曰會意。會意者，比類合誼，以見偽指撝，「武」「信」是也。五曰轉注。轉注者，建類一首，同意相受，「考」「老」是也。六曰假借。假借者，本無其字，依聲托事，「令」「長」是也。

及宣王太史籀，著大篆十五篇，與古文或異。至孔子書六經，左丘明述春秋傳，皆以古文。厥意可得而說。

其後諸侯力政，不統於王。惡禮樂之害己，而皆去其典籍。分為七國，田疇異畮，車塗異軌，律令異法，衣冠異制，言語異聲，文字異形[8]。秦始皇帝初兼天下，丞相李斯乃奏同之，罷其不與秦文合者。斯作《倉頡篇》。中車府令趙高作《爰曆篇》。太史令胡毋敬作

---

[3] 乂：治。夬：易卦名，乾下兌上䷪。夬有決斷、明斷之意。
[4] 如：如同事物的形狀。
[5] 五帝三王：五帝指黃帝、顓頊、帝嚳、堯、舜。三王指夏禹、商湯及周武王。
[6] 國子：公卿大夫等貴族子弟。
[7] 隨體詰詘：文字筆劃隨物體形狀而曲折回繞。
[8] 田疇異畮：耕地劃畝的制度各不相同。畮，即「畝」。塗：同「途」，道路。

《博學篇》。皆取《史籀》大篆，或頗省改，所謂小篆者也。

是時，秦燒滅經書，滌除舊典，大發吏卒，興戍役。官獄職務繁，初有隸書，以趣約易，而古文由此絕矣。自爾秦書有八體：一曰大篆，二曰小篆，三曰刻符，四曰蟲書，五曰摹印，六曰署書，七曰殳書，八曰隸書[9]。

漢興有草書。尉律：學僮十七以上始試。諷籀書九千字，乃得為史[10]。又以八體試之。郡移太史并課。最者，以為尚書史。書或不正，輒舉劾之。今雖有尉律，不課，小學不修，莫達其說久矣。

孝宣皇帝時，召通《倉頡》讀者，張敞從受之。涼州刺史杜業，沛人爰禮，講學大夫秦近，亦能言之。孝平皇帝時，徵禮等百餘人，令說文字未央廷中，以禮為小學元士。黃門侍郎楊雄，採以作《訓纂篇》。凡《倉頡》以下十四篇，凡五千三百四十字，群書所載，略存之矣。

及亡新居攝，使大司空甄豐等校文書之部。自以為應制作，頗改定古文。時有六書：一曰古文，孔子壁中書也。二曰奇字，即古文而異也。三曰篆書，即小篆。四曰左書，即秦隸書。秦始皇帝使下杜人程邈所作也。五曰繆篆，所以摹印也。六曰鳥蟲書，所以書幡信也。

壁中書者，魯恭王壞孔子宅，而得《禮記》《尚書》《春秋》《論語》《孝經》[11]。又北平侯張蒼獻《春秋左氏傳》。郡國亦往往於山川得

---

[9] 刻符：刻在符節上的文字。蟲書：以鳥、蟲形圖案為裝飾的一種美術字體。又稱鳥蟲書。摹印：摹刻在印章上的字體。署書：封檢題箋的書體。殳書：指兵器上所用字體。殳，古兵器名。
[10] 諷：背誦。
[11] 魯恭王：漢景帝子，名余，封於魯，諡號恭。

鼎彝，其銘即前代之古文，皆自相似。雖叵復見遠流，其詳可得略說也[12]。

而世人大共非訾[13]：以為好奇者也，故詭更正文，鄉壁虛造不可知之書，變亂常行，以燿於世。諸生競逐說字，解經誼，稱秦之隸書為倉頡時書，云：「父子相傳，何得改易！」乃猥曰：「馬頭人為長。人持十為斗。蟲者，屈中也。」[14] 廷尉說律，至以字斷法：「苛人受錢，苛之字止句也。」若此者甚眾，皆不合孔氏古文，謬於《史籀》。俗儒鄙夫，玩其所習，蔽所希聞。不見通學，未嘗睹字例之條。怪舊執而善野言，以其所知為秘妙，究洞聖人之微旨。又見《倉頡篇》中「幼子承詔」，因曰：「古帝之所作也，其辭有神仙之術焉。」其迷誤不諭，豈不悖哉[15]！

《書》曰：「予欲觀古人之象。」言必遵修舊文而不穿鑿。孔子曰：「吾猶及史之闕文，今亡矣夫。」蓋非其不知而不問。人用己私，是非無正，巧說邪辭，使天下學者疑。

蓋文字者，經藝之本，王政之始。前人所以垂後，後人所以識古。故曰：「本立而道生。」知天下之至賾而不可亂也。今敘篆文，合以古籀；博採通人，至於小大；信而有證，稽撰其說。將以理群類，解謬誤，曉學者，達神旨。分別部居，不相雜廁也。萬物咸睹，靡不兼載。厥誼不昭，爰明以諭。其稱《易》孟氏、《書》孔氏、《詩》毛氏、《禮》周官、《春秋》左氏、《論語》《孝經》，皆古

---

12 叵：不可。
13 大共非訾：大肆非議譭謗。
14 猥：謬誤。
15 諭：明白。悖：違逆，乖謬。

文也。其於所不知,蓋闕如也。

《說文解字》

譯 文

　　古代伏羲氏統治天下時,仰觀俯察,由近及遠,創作八卦以為法度。後來神農氏用結繩記事來處理日常事務。由於人事日趨繁雜,巧飾虛偽逐漸產生,黃帝史官倉頡受到鳥爪、獸蹄各類不同踏痕的啟示而創造了文字。文字產生,使百官辦理事務更為周備,人群分際也更加明確。這是取象於易經的夬卦,所謂「(文字)使朝廷宣揚教化」,「使君子能據以拔舉官吏,並分辨明德和禁令」。

　　倉頡依物類象形創作文字,所造的基本字稱為文。之後又以聲音相附益,字形和字音互相配合造成的合體字稱為字,字可以孳生繁衍,故日漸增多。寫在竹木簡帛上的字稱為書。文字形體歷經五帝三王,年代久遠,改變頗大,文字因時而異。古代封泰山的刻石文字有七十二家,字體也多不相同。

　　《周禮》記載著:古代小孩八歲入小學,保氏先教他們認識六種造字法則──六書。六書是:一、指事:初看之下就知道所指之形,仔細體會即能明瞭造字的道理,例如上、下兩字,是屬於這一類。二、象形:照著物象的形體畫成實物,隨形體曲折回繞,以求惟妙惟肖,例如日、月兩字。三、形聲:一方面以意象或物象為本,並取文字的聲符為輔,兩者配合而成為新字,例如江、河兩字。四、會意:比列已有的文字,會合其含義,以表現出一個新的觀念,如「止戈為武」「人言為信」,會合止、戈及人、言成武、信兩字。五、轉注:

同類字出於同一個本源，即利用相同聲符來表達意義相同或相近的一些字，如考字和老字。六、假借：已有語言卻無文字的事物，可以借用語音相同或相近的字來寄託意義，例如令、長兩字。

周宣王時太史籀用大篆寫成《史籀》十五篇，字體和古文有些差異。之後孔子整理六經，左丘明著作《春秋傳》，所用字體也都是古文，雖與大篆有別，但其體制、意旨，仍可以推溯源流而有所理悟。

春秋以後，諸侯各自為政，不遵奉周天子統制。戰國七雄擅改制度，於是耕地的規劃各異，各國車軌廣狹有別，法律條文、生活習慣、語言、文字等都互不相同。秦始皇統一天下，丞相李斯於是上奏，主張統一文字，廢除了各種不合於秦文字的字體。李斯作《倉頡篇》，中車府令趙高作《爰歷篇》，太史令胡毋敬作《博學篇》，所用的字體都是取自《史籀》大篆，但稍加省改，就成了所謂的小篆。

這時，秦焚燒經書，廢除舊典，又大徵民役，建宮殿、築長城。官吏、刑獄工作極為繁忙，於是有趨於簡易的隸書產生，而古文也就因此絕滅了。自此時，秦書體共有八種：一、大篆，二、小篆，三、刻符，四、蟲書，五、摹印，六、署書，七、殳書，八、隸書。

漢代解散隸體，又有草書體。漢代廷尉規定：學童十七歲以上參加考試，凡能誦讀九千字，才能任命為官吏，並且要以八種字體來測驗，通過以後，縣移送郡，郡移送太史，太史再加以測試，成績最好的，可任命為尚書史，至於書體不合正體，則提舉糾劾並予定罪。現在，尉律雖存，但已不再課試了，文字之學不被重視，已經有一段長久的時間了。

孝宣皇帝時代，徵召能通讀《倉頡篇》的學者，派張敞前去研

習。涼州刺史杜業、沛人爰禮,以及講學大夫秦近,也能通曉古文字。孝平皇帝時,徵召爰禮等百餘人,在未央宮廷中論說文字問題,又任命爰禮擔任小學元士之職。黃門侍郎揚雄,採輯學者們討論的結果,編撰了《訓纂篇》。自《倉頡篇》以下十四篇,共有五千三百四十字,凡各類書籍所有的字,大體上都收輯完備。

王莽居攝時,命大司空甄豐校文書,並改定一些古文。當時有六種書體:一、古文,是孔壁所出古書的字體。二、奇字,是一種和古文不同的古字。三、篆書,即小篆。四、左書,即秦隸書,是秦始皇時下杜人程邈所作的書體。五、繆篆,是摹刻印章專用的字體。六、鳥蟲書,是用來書寫在幡幟棨信上的字體。

壁中書是魯恭王拆除孔子宅第時所得到的《禮記》《尚書》《春秋》《論語》《孝經》等書。又,北平侯張蒼曾獻上《春秋左氏傳》。而各地也往往在山川間出土古代鼎彝器物,器銘所用正是前代的古文字,與壁中書古文十分相似。雖不可能再見到古昔文字面貌,而其間演變概略是可以推想得知的。

世人未必真正瞭解文字源流,卻對壁中古文大肆非議、譭謗。又有些好古人士,更隨意虛造些來源不明的書,來和當時盛行的隸書相淆亂,用以誇耀鬥奇。諸經生也競相巧說字義,或據以推演經義,並認為文字是父子代代相傳而下的,不可更改變易,因此錯誤地憑著隸書字體,妄作「馬頭人為長」「人持十為斗」「蟲者屈中也」等望文生義的謬說。甚至廷尉解釋法律條文時,也用隸書字形來穿鑿附會,說「苛人受錢」指鉤取錢財(案:應是「訶人受錢」,即法官受賄),像這種情形很多,都是不合於古文,也和籀文相違背的。俗儒鄙夫往

往拘於陋習，又蔽塞而不通達事理，既未曾聽聞通人學說，也未曾見六書體例法則，盲從俗說而以古文為荒誕怪異，自以為所知曉的是奧秘精妙，自以為能窮達聖人深遠意旨。見到《倉頡篇》中有「幼子承詔」一語，就認為是古代帝王時神仙妙言，而執迷不悟。這種行為，豈不是很荒謬嗎？

《尚書》記載著「我要觀察古人制度，取象古人法度」。這是說一切必遵循古代法度，而不敢憑空附會。孔子說：「我還來得及見到古代史官有疑則闕的謹慎態度，現在卻見不到這種情形了啊！」孔子是感嘆時人不知又不肯問的心理。人憑私意行事，是非毫無標準，巧說和各種不正言論紛起，使天下學者迷惑不已。

文字是六藝的根本，是王政推行的工具，前人可利用文字將典型留傳後世，後人也能通過文字記載來瞭解古代法度。也就是說「根本建立之後，則能由此而通往至道」，這是至高無上的道理，不可隨意錯亂。現在，先敘列文，再將古文、籀文附錄於後。文字說解部分，廣泛採取鴻儒通人的說法，所作詮釋無論大處或小處，都是有根據的。凡此種種都以文字體例來董理、分析，釐清俗儒的錯誤，使學者能確實知曉文字神妙意旨。文字依部首分列而不雜亂。舉凡宇宙間萬事萬物，都收輯在內，對文字形音義都作明白的說解。所採用的孟氏《易》、孔氏《書》、毛氏《詩》《周禮》《春秋左氏傳》和《論語》《孝經》等書，都是古文家的本子。對於所不知的字形或音義，則從闕而不作妄解。

（周鳳五 / 編寫整理）

渾天儀[1]

張衡

　　張衡（七八——一三九），字平子，河南南陽西鄂（今南陽石橋鎮）人，漢代著名科學家、文學家。少善屬文，通五經，貫六藝。著有《周官訓詁》《補東觀漢記》及《二京》《南都》《周天大象》《思玄》《冢》《髑髏》《歸田》等賦。又善機巧，精於天文術數，曾任太史令，造渾天儀、候風地動儀，並著《渾天儀注》《靈憲》《算罔論》等科學作品。

張衡像

背景

　　東漢安帝元初二年（一一五），張衡擔任太史令。太史令的職責乃掌管天文曆法、氣象、地震等工作，由於張衡早年曾用心研讀《太玄經》和《墨子》，這些書中都談到自然科學的問題，所以對他來說，太史令之職可算是勝任愉快。

---

[1] 渾天儀：此為嚴可均輯《全漢文》的標題，《後漢書・張衡傳》《隋書・經籍志》《新唐書・藝文志》亦同，然渾天儀乃測量天文的儀器，似乎不宜作為篇名。《開元占經》引本文作「渾天儀注」，或許較為妥當。

此時，學者於宇宙的構造和形狀問題，有「蓋天說」和「渾天說」之辯，彼此爭論不休。前者謂天圓地方，天如斗蓋，地即罩於其中。後者謂天圓如蛋殼，地即為包裹於其中之蛋黃。張衡據其觀察所得，採信「渾天說」並於漢順帝陽嘉元年（一三二），製作一架渾天儀，進一步發展渾天理論。

渾天儀

在張衡之前已有人造過渾天儀，如漢武帝時的落下閎、漢宣帝時的耿壽昌。但是張衡的渾天儀，比早期的製作進步。他們所造的渾天儀，其實是渾天象，即天球儀。其主要部分是一個大圓球，用銅鑄成，上面刻有黃道、赤道、南北極、二十八宿和常見的恆星，乃象徵天球。他同時設計了一套漏壺，與渾天儀一起使用。自漏壺流出的水，推動渾天儀的旋轉，由於控制得十分精確，使得儀器與天球的轉動一致。為了說明渾天儀的製造和結構，張衡又寫了《靈憲》和《渾天儀注》兩文。

影響

《渾天儀注》一文，為渾天說的重要著作，實際上就是一篇渾天儀的構造說明書。由於這篇文章，使得渾天儀的結構和樣式，可以代代相傳，至今我們猶能見到漢代渾象的大體模樣，這不得不歸功於張

衡。至於張衡以漏水轉動儀器的科學原理，又啟發了後人的思想，北宋蘇頌製成世上最早的天文鐘，成為現代機械鐘錶的鼻祖。

原　文

　　渾天如雞子，天體圓如彈丸，地如雞中黃，孤居於內，天大而地小；天表裡有水，天之包地，猶殼之裹黃。天地各乘氣而立，載水而浮。周天三百六十五度四分度之一，又中分之，則一百八十二度八分之五覆地上，一百八十二度八分之五繞地下，故二十八宿半見半隱[2]。其兩端謂之南北極。北極乃天之中也，在正北，出地上三十六度，然則北極上規經七十二度，常見不隱。南極天之中也，在正南，入地三十六度，南極下規七十二度，常伏不見。兩極相去一百八十二度半強。天轉如車轂之運也，周旋無端。其形渾渾，故曰渾天也。

　　赤道橫帶天之腹，去南北二極各九十一度十九分度之五[3]。橫帶者，東西圍天之中腰也。然則北極小規去赤道五十五度半，南極小規亦去赤道出地入地之數，是故各九十一度半強也[4]。

---

2 二十八宿：或稱二十八星，為古人測天時作為基礎的星宿，其名為：角、亢、氐、房、心、尾、箕（東方七宿），斗、牛、女、虛、危、室、壁（北方七宿），奎、婁、胃、昴、畢、觜、參（西方七宿），井、鬼、柳、星、張、翼、軫（南方七宿）。
3 赤道：即天球赤道，天文學名詞。在天球兩極中間所作之大圓，謂之天球赤道，實即地球赤道面無限擴展時，與天球相割所成之大圓。九十一度十九分度之五：十九分應作「十六分」，因一百八十二又八分之五除以二，等於九十一又十六分之五。以下有關天文曆算及文字補正部分，參考《中國哲學史資料選集——兩漢之部》。
4 半：應作「少強」。因為古曆稱四分之一為「少」，四分之二為「半」，四分之三為「太」，故十六分之五應為少強。「南極小規亦去赤道」以下：應補入「五十五度少強，合赤道」等字，意義才完整。半強：應作「少強」。

黃道斜帶其腹，出赤道表裡各二十四度，日之所行也[5]。日與五星行黃道無虧盈[6]。月行九道：春行東方青道二，夏行南方赤道二，秋行西方白道二，冬行北方黑道二，四季還行黃道，故月行有虧盈，東西隨八節也[7]。日最短，經黃道南，在赤道外二十四度，是其表也。日最長，經黃道北，在赤道內二十四度，是其裡也。故夏至去極六十七度而強，冬至去極百一十五度亦強也。冬至日行南至斗二十一度，則去極一百一十五度少強，是故日最短，夜最長。景極長，日出辰，日入申，晝行地上一百四十六度少強，夜行地下二百一十九度少強[8]。夏至日在井二十五度，去極六十七度少強，是故日最長，夜最短。日出寅，日入戌，晝行地上二百一十九度少強，夜行地下一百四十六度少強[9]。然則黃道斜截赤道者，即春、秋分之去極也；斜截赤道者，東西交也。然則春分日在奎十四度少強，西交於奎也。秋分日在角五度弱，東交於角也。此黃、赤道二之交中，去極俱九十一度少強，故景居二至長短之中，奎十四、角五，出卯入酉，日行地上，夜行地下，俱一百八十二度半強，故晝夜同也。今此春分去極九十一度少強，秋

---

5 黃道：又稱光道，天文學名詞，為太陽在恒星間漸次移動一年內一周天之大圓，即地球軌道面無限展開，與天球相割所成之大圓。
6 五星：原文無「星」字，依文義補入。五星之名為木星、火星、土星、金星、水星。
7 月行九道：月運行之軌道。《漢書・藝文志》：「日有中道（黃道），月有九行。」王先謙《補注》：「日道獨黃，月行青、朱、白、黑道，各兼黃道而言，故又謂之九道也。」
8 一百四十六度少強：「少」字應刪去。因三百六十五又四分之一乘以十分之四，等於一百四十六又二十分之二，尚不足稱為少。二百一十九度少強：「少」字亦應刪去。因三百六十五又四分之一乘以十分之六，等於二百一十九又二十分之三，尚不足稱為少。
9 二百一十九度少強、一百四十六度少強：「少」字均應刪去，理由同上。

分去極九十一度少強者，就夏曆晷景之法以為率也[10]。

上頭橫行第一行者，黃道進退之數也，本當以銅儀日月度之，則可知也。以儀一歲乃竟，而中間又有陰雨，難卒成也。是以作小渾，盡赤道、黃道，乃調賦三百六十五度四分之一，從冬至所在始起，令之相當直也。取北極及沖各針穿之為軸，取薄竹篾穿其兩端，令兩穿中間與渾半等以貫之，令察之與渾相切摩也。乃從針半起，以為百八十二度八分之五，盡沖針之半焉。又中分其竹篾，拗去其半，令其半之際正直與兩端針半相直，令篾半之際，從冬至起一度一移之，視篾之半際少多赤道幾何也。其所多少，則進退之數也。從北極數之，則去極之度也。各分赤道、黃道為二十四氣，一氣相去十五度十六之七，每一氣者，黃道進退一度焉[11]。

所以然者，黃道直時，去南北極近，其處地小而橫行與赤道且等，故以篾度之，於赤道多也。設一氣令十六日者，皆常率四日差少半也。令一氣十五日不能半耳，故使中道三日之中差少半。三氣一節，故四十六日而差令三度也。至於差三之時，而五日同率者一，其實一節之間不能四十六日也。令殘日居其策，故五日同率也。其率雖

---

10 九十一度少強：第一個宋紹興本及《後漢書・律曆志》引本文，俱作「九十少」，殆為當時實測之數，故與理論數位「九十一度少強」之數不同。此作「九十一度少強」，似為嚴本自改。第二個應作「九十一少」，理由同上。夏曆：漢武帝元封七年（前一○四）夏五月，改為太初元年，以立春正月——即夏正——為歲首，除極短時期外，一直到清朝，約二千年間，都用夏正，因而一般人便把它叫作「夏曆」。晷景之法：古人用日晷儀測量日影的差度，以分辨時間，此即晷景之法。晷景，日影。
11 二十四氣：即二十四節氣。古人以五日為一候，三候為一氣，故一歲有二十四氣，每月二氣，在月首者為節氣，在月中者為中氣，其名稱為：立春、雨水、驚蟄、春分、清明、穀雨、立夏、小滿、芒種、夏至、小暑、大暑、立秋、處暑、白露、秋分、寒露、霜降、立冬、小雪、大雪、冬至、小寒、大寒。

同，先之皆強，後之皆弱，不可勝計耳。至於三而復有進退者，黃道稍斜，於橫行得度故也。春分、秋分所以退者，黃道始起更斜矣，於橫行不得度故也，亦每一氣一度焉，故三氣一節亦差三度也。至三氣之後，稍遠而直，故橫行得度而稍進也。立春、立秋，橫行稍退矣，而度猶云進者，以其所退減其所進，猶有盈餘未盡故也。立夏、立冬，橫行稍進，而度猶云退者，以其所進增其所退，猶有不足，未畢故也。以此論之，日行非有進退也，以赤道量度黃道使之然也。本二十八宿相去度數，以赤道為距耳，故黃道亦有進退也。冬至在斗二十一度少半，最遠時也，而此曆斗二十度、二十一，俱一百一十五度強矣，冬至宜與之同率焉[12]。夏至在井二十一度半強，最近時也；而此曆井二十三度、一十四，俱六十七度強矣，夏至宜與之同率焉[13]。

《全後漢文》

譯　文

渾天好像一個雞子，天體像彈丸一樣圓，地像蛋的黃，獨居在蛋裡，天大而地小；天的裡外都有水，天包裹地，好像蛋殼包裹蛋黃一樣。天與地都是靠氣而存在的，浮在盛著的水上。周天三百六十五又四分之一度；分成兩半，一百八十二又八分之五度蓋在地上，一百八十二又八分之五度繞在地下，所以二十八宿有一半可以看見，有一半看不見。天兩邊的極端稱為南北極。北極是天的中心，在正北方，露

---

[12] 二十一度少半：「半」字應刪去。據《後漢書・律曆志・二十四節氣表》「冬至日在斗二十一度八分」，恰為少。

[13] 二十一：「一」似應作「五」。參見前文及《後漢書・律曆志》。一十四：似應作「二十四」。連上文應解作「二十三度、二十四度」之間。

出地面三十六度,因此北極上面經圈七十二度,沒有看不見的時候。南極也是天的中心,在正南方,沒入地下三十六度,因此南極下面經圈七十二度,常常隱伏而看不見。 兩極的距離約一百八十二度半多一點。 天的轉動好像車軸的迴旋,找不到從哪一點開始。 那形狀是渾濁不清的,所以叫作渾天。

赤道像一條帶子橫束在天的腹部,離南北兩極各九十一又十九分之五度。 這橫帶從東向西圍繞著,是天的半腰。 然而北極小圈離赤道五十五度半,南極小圈也離赤道出地入地的度數,所以各為九十一度半多一點。

黃道也像一條帶子斜束在天的腹部,出赤道裡外各二十四度,是太陽經行的軌道。 太陽和五行星走在黃道上,是沒有盈虧的。 月亮的經行有九條軌道:春季走東方的兩條青道,夏季走南方的兩條赤道,秋季走西方的兩條白道,冬季走北方的兩條黑道,四季回轉來的時候走黃道,所以月亮的運行有盈虧,是東西隨著八節的緣故。

白天最短的時候,太陽走在黃道的南面,在赤道外二十四度,是它的表面。 白天最長的時候,太陽走在黃道的北面,在赤道內二十四度,是它的裡面,所以夏至離北極六十七度多,冬至離北極一百一十五度多。 冬至太陽南行到斗宿二十一度,離北極一百一十五度略多,所以白天最短,夜晚最長。 陰影極長的時候,太陽辰時出來,申時落下,白天在地上走一百四十六度略多一點,夜晚在地下走二百一十九度略多一點。 夏至太陽在井宿二十五度,離北極六十七度略多一點,所以白天最長,夜晚最短,陰影極短的時候,太陽寅時出來,戌時落下,白天在地上走二百一十九度略多一點,夜晚在地下走一百四十六

度略多一點。然而黃道斜截赤道的時候，就是春分、秋分太陽距離北極的地方，斜截赤道就是東西的交叉。然而春分太陽在奎宿十四度略多一點，就西面和奎宿相交。

秋分太陽在角宿五度弱，就東面和角宿相交。這是黃道、赤道的兩個中交點，都離北極九十一度略多一點，所以在冬至、夏至長短之間的時候，太陽走在奎宿十四度、角宿五度，卯時出來，酉時落下，白天走在地上，夜晚走在地下，都是一百八十二度半多，所以白天和夜晚長短相同。現在我們定為春分離北極九十一度略多一點，秋分離北極九十一度略多一點，是用夏曆測影方法定出的標準。

上頭橫行第一行的，是黃道進退的度數，本來用銅儀實測太陽和月亮，就可以知道。但是因為儀器的實測要一年才完成，而一年之中，有時天陰，有時下雨，不容易測量。所以只能作小渾，盡赤道、黃道的兩端，記出三百六十五又四分之一度，從冬至所在點開始，作為相當的值。取北極和沖，各用針穿之成軸，取薄竹篾穿那兩端，使兩穿的中心和渾的半徑相等，貫在軸上，使考察起來和渾相切摩。然後從針半起，作為一百八十二又八分之五度，盡沖針的一半。又中分竹篾，折去篾的一半，使其一半的那面正直和兩端針的一半相直，使篾的一半那面，從冬至起一度移動一次，看篾的半際比赤道相差多少。那相差的度數，就是進退的度數。從北極來數，就是離極的度數。把赤道、黃道各分為二十四氣，每氣距離十五又十六分之七度，每一氣就是黃道進退一度。原因是黃道直的時候，離南北極都近，在那裡地小而橫行，和赤道約略相等，所以用篾量起來在赤道要多。

假定每一氣作為十六天，通常的規律是四天差小半。假定一氣作

為十五天，就不到一半，所以使中道三天裡面差小半。三氣作為一節，因四十六天差三度。到了差三度的時候，五天同率一次，事實上一節中間不到四十六天。使殘餘的日數居其中央，所以是五天同率。率雖相同，前面的都多一點，後面的都少一點，是無法計算清楚的。

　　到了三度還有進退，是因為黃道略微傾斜，橫行時不合度的緣故。春分、秋分的所以退，是因為黃道開始更斜了，橫行時不合度的緣故，但也是每一氣一度，所以三氣一節也差三度。到三氣後，略微遠而直，所以橫行合度，並且稍進。立春、立秋橫行略微退了，度卻仍然在進，因為把所退減去所進，還有盈餘未盡的緣故。立夏、立冬橫行略微進行，度卻仍然在退，因為把所進增加所退，還有不足未盡的緣故。這樣說來，太陽的運行並沒有進退，是由於用赤道去測量黃道，才成為這樣的。本來二十八宿相去的度數，用赤道作為相距點，所以黃道也有進退。冬至在斗宿二十一度小半，是最遠的時候，這經歷斗宿二十度、二十一度，就都有一百一十五度多，冬至應當與它同率。夏至在井宿二十一度半多，是最近時候，這經歷斗宿二十三度、二十四度，就都有六十七度多，夏至應當與它同率。

（蔣秋華／編寫整理）

太平經和三氣興帝王法

不詳

背景

東漢順帝時,宮崇入京,獻上其師于吉於曲陽水上所獲神書,號《太平清領書》。根據李賢的《後漢書注》,此神書即後世道家的《太平經》,乃以甲、乙、丙、丁、戊、己、庚、辛、壬、癸為部,每部十七卷,共有一百七十卷。然據今人考證,《太平經》非一時一人所作,所存唯一版本在明代《正統道藏》中,已殘缺不全,只剩五十七卷,大體上仍為漢代舊作。另有《太平經鈔》十卷、《太平經聖君秘旨》,都是輯錄《太平經》而成,可補其缺。

《太平經》的內容十分龐雜,包括道家、陰陽家、圖讖、神仙、方術等學說,乃假託神人(又稱天師)降世,以大道詔示六方真人(又稱六端真人、六真人,其一名「純」)。因此,書中幾乎全是神人與真人問答之辭,文章平鋪直敘,朴質無華,不多引書(僅引少數《易》、黃老之言),不尚用典(除老子事蹟外,不及他人),故明白易曉。書中多陳治國之道,本文所選,即論治國當使元氣調和,天地人相順而不相逆,則太平可致,王者可延年益壽。

影響

《太平經》卷一百四至卷一百七所載全為符字,其名為「複文」,

形體簡單,係以文字複疊而成。如兩「地」字橫列於上,其下並列三「子」字;又如六「天」字列為二行成一字。據說此複文藏於幽處,可得神佑;若燒而吞服,可祛病延年。後來黃巾之亂的主腦張角,奉事黃、老道,畜養弟子,以符水咒說療病,即本於《太平經》。一直到現在,道士仍然用符咒驅邪治病。

道教原為神仙方士之流,並無嚴格之組織,到了東漢,因為佛教的傳入,受其感染,漸漸組成有系統的宗教,如太平道、黃老道、五斗米道,都是早期的道教。佛教初入中國,乃依附道術而行;而《太平經》為原始道教的經典,不僅吸收陰陽讖緯、神仙術之說,亦含有佛教學說,對於後世佛、道二教之流行,都有不小的影響。

原 文

真人問神人曰:「吾欲使帝立致太平,豈可聞邪?」神人言:「但大順天地,不失銖分,立致太平,瑞應並興[1]。元氣有三名:太陽、太陰、中和。形體有三名:天、地、人。天有三名:日、月、星,北極為中也[2]。地有三名:為山、川、平土。人有三名:父、母、子。治有三名:君、臣、民。欲太平也,此三者常當腹心,不失銖分,使同一憂,合成一家,立致太平,延年不疑矣。」

《正統道藏‧太平經鈔》

---

1 銖分:原是古衡名。《淮南子‧天文訓》:「十二粟而當一分,十二分而當一銖。」後來用以比喻微小的意思。瑞應:祥瑞之感應。《史記‧禮書》:「古者太平,萬民和喜,瑞應辨至。」
2 北極:北極星之簡稱,又稱北辰,古人以為居天之中央。《論語‧為政》:「為政以德,譬如北辰,居其所而眾星共之。」

譯 文

真人問神人：「我想讓帝王立刻獲得太平，那方法可以講給我聽嗎？」神人說：「只要極大地順從天地之道，沒有一點差錯，那就可以立刻獲得太平，祥瑞的物象也會應時出現。元氣有三個名目，叫作：太陽、太陰、中和。形體有三個名目，叫作：天、地、人。天有三個名目，叫作：日、月、星，北極是居中的一顆星。地有三個名目，叫作：山、川、平地。人有三個名目，叫作：父親、母親、子女。政治上有三種人，叫作：君主、臣僚、百姓。想要獲得太平，這三種人要常常像心腹一樣親密，沒有一點差錯，讓他們同憂同樂，結合成一家人，便可以立刻獲得太平，也必定能夠獲得長壽。」

（蔣秋華／編寫整理）

求賢令
曹操

曹操（一五五―二二〇），字孟德，沛國譙縣（今安徽亳州）人。東漢末年，討黃巾賊有功，獻帝初年隨袁紹伐董卓，後迎獻帝遷都許昌，受封大將軍及丞相。由於掌握大權，挾天子以令諸侯，因而雖憑其手腕逐次削平群雄，統一北方，但歷史上多以「亂世之奸雄」目之。

曹操像

背景

東漢是士人氣勢高漲的時代。由於自西漢武帝以來獨尊儒術的結果，儒家在政府的政策性培植下得到極大的發展。在當時能通經的士人，不但在政治上、學術上享有優越的地位，在社會上也享有高度的評價。因此，士人也自視甚高，對自我的德行要求也甚高。

西漢亡後，經過戰亂，光武終於中興漢室。光武帝為鼓勵在紛亂之時保持高風亮節、特立獨行的節義之士，特別予以表揚。此舉固無不當，但卻造成一種為享大名於天下而刻意隱逸，或以借「道德良好」來達到引人注目、立異名高目的現象。於是，選舉、群召等拔取政治人才的制度，一變而被扭曲為「道德比賽」的工具。

道德是必要的,但它是一種發自內心、印證於日常生活的修養,它固然可以評議、比較出一個人修養的高低,但卻不適合拿來比賽。因為畢竟道德修養的目的,在於端正人的行為與社會風氣,而不是與人一較高下來獵取官位或沽名釣譽。然而這種道德比賽卻確已成為當時的風氣。再加上東漢末年政治腐敗,宦官、外戚交互竊柄,更促使士人激憤,太學「清議」更是應運而生。

　　司馬光曾說過:「三代以來,風俗以東漢最美。」這話不錯,但僅止於個人的道德。亦即士人當時關注、評議之焦點與判准,大多以私德為斷,而缺乏對實際治事能力的考慮。因此,風俗雖美,但士風虛矯、空談道德,事功全無,缺乏實事求是之精神,於是乎天下分崩,蒼生飽受流離之苦。

　　至曹操崛起之時,士人大都均與道德告別了,其態度呈現一種兩極化的發展:一是由清議轉為「清談」,超乎現實,在亂世中依然瀟灑優哉遊哉,走向清虛空靈之路;另一就是由不齒做一個這種空言道德、百無一用的廢物,而反動為循名責實,只講求如何強力操作實際政治,而明白宣告道德破產!這兩條路線的發展,成為魏晉時期的歷史主流。

影響

　　曹操的《求賢令》代表了對東漢士風強烈的反動,道德無用,唯才是舉。這種棄德唯才的政治風格,若以當時的時代背景觀之,可謂其來有自,到底是對是錯,很難遽下斷言。

　　而曹操這種棄德唯才的用人導向,固然不當,或不免被批評為奸

雄作風,或為其自身出身卑微作一抗議,但在錯誤中仍有其悲涼、有其可取之處——畢竟從政是造福百姓的事業,沒有才能、空談道德是不行的,然而畢竟偏激,完全不要道德,造成魏晉南北朝長期的篡亂、燒殺。 光憑才幹,也不是能解決時代大問題的!

　　魏武的《求賢令》,開啟了那個時代的政治風格。

原　文

　　自古受命及中興之君,曷嘗不得賢人君子與之共治天下者乎[1]?及其得賢也,曾不出閭巷,豈幸相遇哉?上之人不求之耳。今天下尚未定,此特求賢之急時也。「孟公綽為趙魏老則優,不可以為滕、薛大夫[2]。」若必廉士而後可用,則齊桓其何以霸世!今天下得無有被褐懷玉而釣於渭濱者乎[3]?又得無盜嫂受金而未遇無知者乎[4]?二三子其佐我明揚仄陋,唯才是舉,吾得而用之。

《三國志・魏志・武帝紀》

譯　文

　　自古以來,受天之命、創業垂統和中興復國的聖君,何嘗沒有賢能的人跟他一起治理天下呢?而這些賢能俊傑之士,往往不出於民

---

1 受命:受天之命,君臨天下。《史記・周本紀》:「西伯蓋受命之君。」
2 「孟公綽」二句:語見《論語・憲問篇》。趙魏老,大夫家臣稱老,又叫室老。時趙魏尚為晉國六卿之一。滕、薛則為諸侯小國。
3 被褐懷玉:穿粗布衣而懷美玉,喻人有美德,卻深藏不露。《老子》:「知我者希,則我者貴,是以聖人被褐懷玉。」
4 盜嫂受金:私通兄嫂,並且納賂。指陳平、直不疑等有才而被疑者。《史記・陳丞相世家》:「臣聞平居家時,盜其嫂。……臣聞平受諸將金,金多者得善處,金少者得惡處。」

間。難道求賢才，只能靠這樣僥倖的相遇嗎？實在是因為君主沒有好好地發掘啊！現在天下依然紛爭不已，大事尚未底定，這時更是求取人才最急切的時候。像孟公綽那樣道德高尚的人，去當晉國趙氏、魏氏的室老，也還可以；若要他來當滕、薛等國事務繁雜的大夫就不行了，又怎麼可能跟他一起料理天下大事呢？若一定要清廉之士才可以任用，那麼齊桓公就不能用管仲這類人物了，又怎能稱霸呢？現在天下難道沒有像姜太公一樣，出身貧寒，具有真才實學，卻隱居在渭水之濱當釣翁的人嗎？難道也沒有像陳平一樣，具有一身本領，卻被誣為私通兄嫂，且又接納賄賂，而不為人賞識，以致默默無聞的人嗎？你們這些臣下們，可得好好幫助我去發掘這些隱居民間、身分低賤的賢士，只要有才能，就要推舉上來，我要得到這種人，並好好用他們。

（周益忠、王樾 / 編寫整理）

典論論文
曹丕

曹丕（一八七－二二六），字子桓，沛國譙縣（今安徽亳州）人。魏武帝太子，八歲即能屬文，長而博通經傳諸子百家之書。建安十六年（二一一）為五官中郎將、副丞相，操卒，篡位稱帝，而為魏文帝，在位七年卒。著有《典論》五卷、《列異傳》三卷、文集二十三卷等，唯今多散佚，明人張溥輯錄漢魏六朝名家集，收《魏文帝集》六卷。

曹丕像

背 景

　　本文是由文以致用的精神，指出文學和政事的關係，由「經國之大業」知文學和事功可以並侔，而「不假良史之辭，不托飛馳之勢，而聲名自傳於後」更給世人一大鼓勵。

　　對於文學體裁，本文也作了一番區分，「夫文本同而末異」，「本」指其本原，「末」則指各體依不同之要求而展現不同的特點。曹丕提出其依文體不同，而有雅、理、實、麗之別。自是由籠統進步

到分析的階段,將以前只有本文而不及於各家特點的不足向前推進了一大步,因而以後,陸機的《文賦》、李充的《翰林論》、摯虞的《文章流別論》、劉勰的《文心雕龍》,都是本於此篇而加以開展。

　　至於中國文學上喜歡談論到「氣」的問題,曹丕也作了一番肯定。認為「文以氣為主」,但是由於有陽剛清俊及陰柔濁重之別,因而認為「氣之清濁有體」,而且各人稟賦不同,不能強行學習,所以曹丕又言「不可力強而致」。「引氣不齊,巧拙有素,雖在父兄,不能以移子弟」。這又關係才氣、體性的問題。後來劉勰《文心雕龍》即受此影響,而言「才有庸俊,氣有剛柔」,「風趣剛柔,寧或改其氣」。對於各家的批評,曹丕更是以氣為主。所謂「徐幹時有齊氣」「劉楨壯而不密」「孔融體氣高妙」,更影響到後代文學批評上對於陰陽二氣的區分。

　　當然,本文也進而討論到文學批評者的態度。諸如「文人相輕,自古而然」「各以所長,相輕所短」「常人貴遠賤近,向聲背實」「暗於自見,謂己為賢」等貴古賤今或自以為是的錯誤觀念,他都毫不客氣地提出來加以批評。反對貴古賤今,即肯定文學是進步的,後出轉精,而反對自以為是,不可「各以所長,相輕所短」,如此文學批評才可能有客觀的態度。

影　響

　　本文為文學批評史上現存評論論文專著最早的一篇,在文學史上影響深遠。

　　曹丕於文中打破了向來輕視文學的觀點──「蓋文章,經國之大

業，不朽之盛事」。對於文學的價值問題，有一番見解，從此文學的地位，跟以前大不相同，尤其在六朝更是如日中天。所謂「巧構形似之言，爭價一字之奇」，也可見得此文的影響力。

原　文

　　文人相輕，自古而然。傅毅之於班固，伯仲之間耳，而固小之，與弟超書曰：「武仲以能屬文為蘭台令史，下筆不能自休。」[1]夫人善於自見，而文非一體，鮮能備善，是以各以所長，相輕所短。俚語曰：「家有敝帚，享之千金。」斯不自見之患也。

　　今之文人，魯國孔融文舉，廣陵陳琳孔璋，山陽王粲仲宣，北海徐幹偉長，陳留阮瑀元瑜，汝南應瑒德璉，東平劉楨公幹[2]。斯七子者，於學無所遺，於辭無所假，咸以自騁驥騄於千里，仰齊足而並馳，以此相服，亦良難矣[3]。蓋吾子審己以度人，故能免於斯累而作論

---

1 傅毅：字武仲，東漢扶風茂陵（今陝西興平東北）人。章帝時作蘭臺令史，掌書奏及校定藏書，頗有文名，為班固同事。班固：字孟堅，東漢扶風安陵（今陝西咸陽東北）人。所著《漢書》為斷代史之祖。其弟班超字仲升，平定西域有功，封定遠侯。蘭合令史：蘭臺為漢代典藏秘笈的官觀。令史則主管書奏。
2 魯國：指今山東曲阜市。孔融（一五三一二〇八）：字文舉，孔子二十世孫，官至大中大夫，為曹操所殺，今傳有《孔北海集》輯本一卷。廣陵：即揚州，今江蘇揚州市江都區。陳琳（？一二一七）：字孔璋，先後為袁紹、曹操之記室。今傳《陳記室集》輯本一卷。山陽：山東金鄉縣。王粲（一七七一二一七）：字仲宣，博學，為蔡邕所識，先後依劉表、曹操。官至侍中，死於征吳之軍中，今傳《王侍中集》輯本一卷。北海：山東壽光市。徐幹（一七一一二一八）：字偉長。官至五官中郎將文學，著有《中論》二卷二十餘篇，闡揚儒家之旨。陳留：河南陳留。阮瑀（約一六五一二一二）：字元瑜，曾問學於蔡邕，與陳琳同為曹操記室，主持書檄，傳有《阮元瑜集》輯本一卷。汝南：河南汝南縣。應瑒（？一二一七）：字德璉，官至五官中郎將文學，今傳《應德璉集》輯本一卷。東平：山東東平縣。劉楨（？一二一七）：字公幹，以文章名，為曹操用為丞相掾屬。今傳有《劉公幹集》輯本一卷。
3 驥騄：駿馬。驥，為千里馬。騄，騄耳為周穆王所乘八駿之一。皆指良馬。

文。

　　王粲長於辭賦，徐幹時有齊氣，然粲之匹也[4]。如粲之《初征》《登樓》《槐賦》《征思》，幹之《玄猿》《漏卮》《圓扇》《橘賦》，雖張、蔡不過也[5]。然於他文，未能稱是。琳、瑀之章表書記，今之雋也。應瑒和而不壯，劉楨壯而不密。孔融體氣高妙，有過人者，然不能持論，理不勝辭，以至乎雜以嘲戲。及其所善，揚、班儔也[6]。

　　常人貴遠賤近，向聲背實，又患暗於自見，謂己為賢。

　　夫文本同而末異，蓋奏議宜雅，書論宜理，銘誄尚實，詩賦欲麗[7]。此四科不同，故能之者偏也，唯通才能備其體。

　　文以氣為主，氣之清濁有體，不可力強而致。譬諸音樂，曲度雖均，節奏同檢，至於引氣不齊，巧拙有素，雖在父兄，不能以移子弟。

　　蓋文章，經國之大業，不朽之盛事[8]。年壽有時而盡，榮樂止乎其身，二者必至之常期，未若文章之無窮。是以古之作者，寄身於翰墨，見意於篇籍，不假良史之辭，不托飛馳之勢，而聲名自傳於後[9]。故西伯幽而演《易》，周旦顯而制《禮》，不以隱約而弗務，不以康

---

4 齊氣：指齊人所作文章，有文氣迂緩之蔽。齊，指山東。
5 《初征》：自《初征》至《征思》為王粲所作之辭賦。今仍存《征思》，《文選》注引作《征思賦》。《玄猿》至《橘賦》為徐幹所作，唯《圓扇賦》仍存，其他則亡佚。張、蔡：張衡字平子，蔡邕字伯喈。張衡有《兩京賦》傳世，蔡邕則辭賦碑帖皆聞名，有《蔡中郎集》傳世。
6 揚、班：揚雄、班固。兩人俱善辭賦。揚雄有《解嘲》、班固有《答賓戲》，皆嘲戲文字之雋品。
7 銘：人死後記其功德，勒於金石，以垂後世，如碑銘、墓誌銘。誄：記死者之行誼。
8 不朽：文章即立言，為「三不朽」之一。見《左傳・襄公二十四年》魯叔孫豹所言：「太上有立德，其次有立功，其次有立言。」
9 翰墨：文筆。翰，雞。古時毛筆以雞毛為之，因稱筆為翰。

樂而加思[10]。夫然則古人賤尺璧而重寸陰，懼乎時之過已[11]。而人多不強力，貧賤則懾於饑寒，富貴則流於逸樂，遂營目前之務，而遺千載之功，日月逝於上，體貌衰於下，忽然與萬物遷化，斯志士之大痛也。

融等已逝，唯幹著《論》，成一家言。

《四部叢刊》影宋本六臣注《文選》卷五十二

譯 文

　　文人之間相互輕視，自古以來就如此了。像傅毅和班固，兩個人程度差不多，但是班固卻輕視傅毅。他在寫給弟弟班超的信上竟然說：「傅武仲（毅）因為能寫文章，竟然做了蘭台令史，其實他一提筆就不知剪裁，無法收煞。」人，往往最會自我炫耀，也最愛表現自己的長處。但是文章體裁很多，很少人能將各種文體都寫得很好。因而大家往往拿自己的擅長作依據，去批評別人的弱點。俗語說：「家中的一把破掃帚，卻把它當作千金的寶貝一般。」這就是沒有自知之明的弊病所致。

　　今天的文人，曲阜有孔融字文舉，揚州有陳琳字孔璋，金鄉有王粲字仲宣，壽光有徐幹字偉長，陳留有阮瑀字元瑜，汝南有應瑒字德璉，東平有劉楨字公幹。這七位作家，學問極其淵博，無所不學，辭藻自成一家，全不仿效他人，皆可在原野上駕馭駿馬馳驅千里，並駕齊驅，難分高下，因此要他們彼此相服，實在是很難的。只有真正有

10 西伯：即周文王。曾為紂王幽禁於羑里，因而推行八卦為六十四卦。周旦：指周公。為文王子、武王弟，姓姬名旦。輔佐成王，制禮作樂。
11 賤尺璧而重寸陰：尺璧指一尺大的玉璧，寸陰為一寸的日影，指短暫的時光。《淮南子‧原道》：「聖人不貴尺之璧，而重寸之陰。」

德行的君子，能先自我審察，而後再衡量批評他人，才能避免以上的缺失。所以我做了這一篇評論他們的文章。

王粲擅長作辭賦，徐幹的文章雖然有齊人舒緩鬆弛的感覺，但好處仍可與王粲匹敵。比如王粲的《初征賦》《登樓賦》《槐賦》《征思賦》，徐幹的《玄猿賦》《漏卮賦》《圓扇賦》《橘賦》，就是張衡、蔡邕等辭賦大家的作品也不過如此。但是王、徐的其他作品，就不能這樣好了。陳琳、阮瑀所作的章奏、疏表、尺牘、奏記等文體，都是現在最傑出的。應瑒的文筆和婉，但是不夠豪壯；劉楨的文筆很豪壯，但是不夠縝密；孔融的文筆風格高超美妙，有他人所不能及的地方，但是議論不能一貫，內容義理遠不及文章的辭藻來得好，有時甚至夾雜些嘲弄遊戲的筆調。但是作品高明的地方，倒也可和揚雄、班固等人的作品媲美。

一般人總是崇拜自己看不到的、古代遙遠的作家，而輕視自己可看到的、當代近處的作品，羨慕虛無的名聲，不講求實際。且又犯了不能自知的毛病，常常自以為了不起。

其實文章的內容本質雖然相同，但在形式上技巧的表現是不一樣的，比如奏議類的文體應該要典雅，書札和議論類的文體應該要有條理，碑銘和誄則應注意是否言過其實，詩賦則要求辭藻的華麗。這四類文體既不相同，因此一般作家大都只能做好一體，只有通才方能將各種體裁都做得很好。

文章的好壞重在風格，風格的清濁高下是天生的，不是靠勉強努力就可得到的。譬如音樂，儘管曲調板眼相同，音節旋律快慢也都一致，但是調氣時，音量、音色就有高下之分，不能齊一了，這種巧妙

笨拙完全靠平日修養得來，就是親如父兄，也沒有辦法改變他們的子弟的。

　　文章，是維繫國家文化的偉大事業，也是立言以永垂不朽的重要工作。人的壽命總有終了的時候，在社會上享受榮華富貴，也僅止於一輩子而已。這兩樣是遲早要結束的，不若文章那樣可以流芳百世而無窮盡。因此古時的作家，把生命奉獻給筆墨，把心意表現在作品篇章中，不必假借歷史的記載，不必憑仗著權位的宣傳，名聲自然會流傳於後世。所以像周文王在遭到幽禁時仍能推演《周易》，周公在顯貴之時還能制禮作樂，不會因為窮困失意就不從事著作，也不因安康德意就另有打算而懈怠，這就是古人不愛惜徑尺的玉璧，而重視一寸的光陰，實在是因怕空度時間啊！但是一般人多半不努力，貧賤時整日為飢寒擔憂，富貴了又只顧貪玩逸樂而已。於是只曉得俗事的安排，而忘掉千秋不朽的功業，歲月一天天消逝，身體也一天天衰老，轉瞬間就跟萬物一樣消失不見了，這才是有理想抱負者最大的悲哀啊！

　　孔融等人都已逝世了，只有徐幹著有《中論》，完成了自己的專著。

（周益忠 / 編寫整理）

出師表
諸葛亮

諸葛亮（一八一——二三四），字孔明，東漢琅邪都（今山東沂南南）人。亮父名珪，曾任泰山郡丞，與妻俱早逝，兼以時代動盪，因而亮自小跟叔父諸葛玄避難荊州。玄卒，亮躬耕隴畝，隱居隆中（今湖北襄陽西隆中山），嘗自比管仲、樂毅。劉備屯於新野時，因徐庶之薦，三顧其宅，亮為言天下大事，劉備大悅，因而連吳拒魏，收江南，平成都，及備即位為蜀漢昭烈帝，因拜為丞相。備崩，劉禪即位，被封為武鄉侯。立志北伐，終因軍糧不繼，致出師未成身先死。諡號忠武。

諸葛亮像

亮長於軍政，不以文名，然而有諸中形諸外，因而所得文章正氣淳然，膾炙人口。晉陳壽作《三國志》，為之立傳，並編次其文為《諸葛氏集》，清武威人張澎輯錄有《諸葛忠武集》四卷。

背 景

蜀漢建興五年（二二七），即魏明帝太和元年，吳黃武六年，諸

葛亮在平定蜀南蠻族叛亂之後，於該年三月第一次率軍北伐。魏文帝（曹丕）於前一年五月亡故，明帝（曹叡）新立，政治上正處於青黃不接之期，而蜀漢則號稱「軍資所出，國以富饒」，諸葛亮判斷，現在正是打破偏安局面、北定中原的最好時機。

另一面，十九年前，即建安十三年（二〇八），曹操大敗劉備於當陽長阪，劉備拋妻棄子而逃，雖然在赤壁一戰抵擋了曹魏南下之勢，但無論先主或諸葛亮均以為奇恥大辱。《出師表》中所說「後值傾覆，受任於敗軍之際，奉命於危難之間」，即是指此而言。故此次北征，尚有雪恥復仇的感情因素。

但此次戰爭，因後勤補給及指揮調度極不理想而失利，最後以「揮淚斬馬謖」作為悲劇的結束。四年後，即建興九年（二三一），亮復北伐，殺魏將張郃，報當年街亭之仇。十二年（二三四），又親率大軍由斜谷出，這次戰役又因糧草軍需補給不繼而失敗，更悲慘的結局是諸葛亮有志難申，終於鬱鬱病卒軍中。

影響

諸葛亮在《出師表》中說：「今南方已定，兵甲已足，當獎率三軍，北定中原，庶竭駑鈍，攘除奸凶，興復漢室，還於舊都，此臣所以報先帝而忠陛下之職分也。」可見此次北伐以「興復漢室，還於舊都」為最高目標。

但後主劉禪甚無進取之雄心，以偏安為滿足；而蜀漢內部亦不甚和諧，派系傾軋的事件時有所聞，這些事實在《出師表》本文中正可看出。「討賊興復」之師屢遭敗績，出師之前已現端倪。

中國自秦王嬴政統一六國,更號始皇帝(前二二一)後,已建立統一的基礎。四百年來,雖偶有變亂,而統一之政權終能維持不墜,統一的觀念亦深契人心,諸葛亮率師北伐,便是建立在這種心理基礎之上。但接二連三的失敗,使得統一的理想破碎,割據的局面不得不維持下去。諸葛亮死後,蜀漢尚維持了二十九年才覆亡。此次天下鼎立,對東晉以後南北對峙、天下分裂有極大的影響。

當然,本文並不須對未來天下分裂負責,它只反映歷史小說喜歡說的「天下分久必合、合久必分」的這 事實罷了。另外,本文較直接的影響是在文學和道德上。在文學上,它深受宋以來幾乎所有文學家的垂青;在道德上,它與李密的《陳情表》則合稱為教忠教孝的雙璧。

原 文

臣亮言:先帝創業未半,而中道崩殂。今天下三分,益州疲弊,此誠危急存亡之秋也[1]。然侍衛之臣不懈於內,忠志之士忘身於外者,蓋追先帝之殊遇,欲報之於陛下也。誠宜開張聖聽,以光先帝遺德,恢弘志士之氣;不宜妄自菲薄,引喻失義,以塞忠諫之路也。

宮中府中,俱為一體,陟罰臧否,不宜異同。若有作奸犯科,及為忠善者,宜付有司,論其刑賞,以昭陛下平明之治,不宜偏私,使內外異法也。

---

1 天下三分:指建安二十五年(二二〇),曹丕篡漢,國號魏,都洛陽。次年劉備據西蜀自立,國號漢,都成都。九年後(二二九),孫權據江東自立,國號吳,都建業(今南京)。即所謂三國鼎立。益州:今四川之巴蜀犍為郡,及陝西南部之建中,為蜀漢的主要領土。

侍中、侍郎郭攸之、費禕、董允等，此皆良實，志慮忠純，是以先帝簡拔以遺陛下[2]。愚以為宮中之事，事無大小，悉以咨之，然後施行，必能裨補闕漏，有所廣益也。將軍向寵，性行淑均，曉暢軍事，試用於昔日，先帝稱之曰「能」，是以眾議舉寵為督[3]。愚以為營中之事，悉以咨之，必能使行陣和睦，優劣得所也。親賢臣，遠小人，此先漢所以興隆也；親小人，遠賢臣，此後漢所以傾頹也。先帝在時，每與臣論此事，未嘗不嘆息痛恨於桓、靈也[4]。侍中、尚書、長史、參軍，此悉貞亮死節之臣也，願陛下親之信之，則漢室之隆，可計日而待也[5]。

臣本布衣，躬耕於南陽，苟全性命於亂世，不求聞達於諸侯[6]。先帝不以臣卑鄙，猥自枉屈，三顧臣於草廬之中，諮臣以當世之事，由是感激，遂許先帝以驅馳。後值傾覆，受任於敗軍之際，奉命於危難之間，爾來二十有一年矣[7]！先帝知臣謹慎，故臨崩寄臣以大事也[8]。受命以來，夙夜憂嘆，恐託

---

[2] 侍中、侍郎：侍中主宮中乘輿服物，侍郎主更值執戟，宿衛宮門。時南陽郭攸之字演長，江夏費禕字文偉，為侍中；江陵董允字休昭，為黃門侍郎。
[3] 向寵：襄陽宜城人，劉備時為牙門將。後主即位，封為都亭侯，為中都督。
[4] 桓、靈：東漢末年桓帝（劉志）、靈帝（劉宏）因寵信宦官，引起黨錮之禍及黃巾之亂，漢祚因衰。
[5] 尚書、長史、參軍：尚書掌章奏、宮布、圖書等職，當時南陽陳震字孝起為之。長史為幕僚之長，時成都張裔字君嗣為之。參軍掌軍事參謀及文翰，時湘鄉蔣琬字介琰為之。
[6] 南陽：漢時郡名。轄河南西南及湖北北部，時諸葛亮隱居隆中，在湖北襄陽城西，即屬南陽郡。
[7] 傾覆：獻帝建安十三年（二〇八），劉備於湖北當陽市之長阪坡為曹操所敗，退保夏口。二十有一年：即二十一年。孔明自建安十二年（二〇七）出仕，至蜀漢建興五年（二二七）出師上此表。前後共計二十一年。
[8] 臨崩：劉備於白帝城垂危時，詔敕後主云：「汝與丞相從事，事之如父。」時劉禪才十七歲。

付不效，以傷先帝之明。故五月渡瀘，深入不毛[9]。今南方已定，兵甲已足，當獎率三軍，北定中原，庶竭駑鈍，攘除奸凶，興復漢室，還於舊都，此臣所以報先帝而忠陛下之職分也。至於斟酌損益，進盡忠言，則攸之、禕、允之任也。願陛下托臣以討賊興復之效；不效，則治臣之罪，以告先帝之靈。若無興德之言，責攸之、禕、允等之慢以彰其咎。陛下亦宜自謀，以諮諏善道，察納雅言，深追先帝遺詔，臣不勝受恩感激[10]。今當遠離，臨表涕泣，不知所云。

《諸葛忠武集》

譯 文

　　臣諸葛亮上書言道：先帝所致力的興復大業，還沒完成一半，就中途病逝了。現在天下鼎足三分，我們的益州又民窮財乏，這真是生死存亡的重要關頭啊！但是侍衛的大臣在朝廷裡仍然勤奮不懈，忠勇的將士仍然在疆場上奮不顧身地保衛國家。這都是追念先帝的恩德，準備向您報答。您應該廣開言路，多多聽取他們的意見，以光大先帝的遺愛，擴大忠臣志士們的決心和勇氣，不要隨便看輕自己，引用一些不恰當的事情來做比喻，而堵塞忠臣們進諫的言路！

　　不論皇宮或丞相府都是一體，不論是賞善或罰惡，都不應該有不同的標準。假若有做了壞事犯法，和行善盡忠為國的，都應交給主管

---

[9] 五月渡瀘：南蠻孟獲造反，後主建興三年（二二五）春，孔明率軍南征，五月渡瀘，平定亂事。瀘，今雅礱江之下游，名瀘水，於西康會理縣流入金沙江。
[10] 先帝遺詔：劉備臨絕遺囑，告訴劉禪云：「勉之，勉之，勿以惡小而為之，勿以善小而不為，惟賢惟德，能服千人。」

的官吏,依其功罪,加以賞罰,用來彰明陛下公平清明的政治作風,不可存有私心偏袒,使得內外有不同的法制。

像侍中郭攸之、費禕,侍郎董允等都是賢良忠實的人,志節忠貞,思想純正,所以先帝特地選拔來留給陛下。臣私下以為宮中的事情,不論大小都要和他們商討過後才付諸實行。一定可以補救遺漏和缺失,也可得到很多好處。將軍向寵,性情和善,行為公正,又精通軍事,從前曾經試用過,先帝稱讚他很能幹,所以大家公推他做都督。我認為凡是軍營中的事情,都先和他商討,然後去做,必定能夠使軍隊和睦,而且按個人才能的優劣,安排他們適當的職位。親近賢臣,遠離小人,這是前漢先期強盛的原因;親近小人,遠離賢臣,這是後漢末期衰敗的理由。先帝在世時,每次和我談論到這事,沒有不對桓帝、靈帝的無能嘆息痛恨的。侍中郭攸之、費禕,尚書陳震,長史張裔,參軍蔣琬這些人都是忠貞信實能夠為國犧牲的大臣,希望陛下能夠親近他們,信任他們,那麼重振大漢天威的日子,就指日可待了。

我原本是一介平民,在南陽以耕種為生,只求在亂世裡苟且偷安,不希望受到當權者的賞識以求取功名。先帝竟不因臣的低微鄙陋,不顧自己的身分地位,先後三次到我的草廬來探看我,問臣有關當時天下的形勢。因此我非常感激,就答應先帝為國事奔走效力。後來不幸遇到局勢逆轉,在我軍敗戰,情勢非常危急的時候奉命任職,到現在已經二十一年了。先帝知道我謹慎,而在臨終之時把國家大事託付給我。接受遺命以來,我日夜憂慮勤奮,生怕先帝託付我的使命不能完成,有傷先帝知人之明。所以五月間帶兵強渡

瀘水，深入到蠻荒地帶。現在南方已平定，武器軍備也充足，正應當激勵三軍的士氣，領兵北伐，收復中原，希望能竭盡我微薄的能力，消滅反叛的元凶，以復興漢朝，並且勝利回到舊都洛陽去。這是我用以報答先帝和盡忠陛下所應盡的職責。至於政治上權衡得失，對於應興應革的事，如何竭力貢獻好的意見，這是郭攸之、費禕、董允他們這些人的責任了。

　　希望陛下把討伐漢賊、光復漢室的任務交給我，如果不能盡到責，請判臣罪，以慰先帝在天之靈；如果在政治上沒有進獻忠言，增進陛下的德行，就斥責郭攸之、費禕、董允等人的怠慢，以彰明他們的缺失。陛下自己也應該多作考察，探訪良好的道理，採納忠善的建議，深切追念先帝臨終前的遺言。我受了陛下的大恩，真不知該如何感激，現在就要遠離陛下，寫這篇表章的時候，不禁涕泗縱橫，自己也不曉得到底在說些什麼！

（周益忠、周志文／編寫整理）

養生論
嵇康

嵇康（二二三—二六二），字叔夜，三國魏譙郡銍縣嵇山（今屬安徽渦陽）人。年四十卒。少孤，為魏宗室婿，仕魏，官至中散大夫。崇尚老莊，因而俊逸超群，且又博學多聞，與阮籍等人並稱竹林七賢。善鼓琴、精樂理，又工於詩文，司馬氏掌權卻不肯與之合作，因而為當道所忌。於景元中遭鍾會誣陷，為司馬昭所殺。所作多散佚，今傳有《嵇中散集》。

嵇康像

背景

中國的神仙方術之說，戰國時代就有了。但將這種神思縹緲、詭異幽隱的外衣剝落，直接給予延年益壽的可能，其理論的建立，當推嵇康的《養生論》為首。

嵇康是魏晉清談玄風的代表人物。中國文化思想在這時起了一個極大的變化，是嚴肅的儒家加上浪漫逍遙的道家。當時司馬氏專權，政治殘酷，社會亂離，人心惶惶，讀書人沒有安身立命的所在。一般文人放浪竹林，寄情詩酒，只好談些不關時政的《老》《莊》《周易》。

但嵇康卻能另闢遁脫的天地，為他憤世嫉俗、鄙夷邪佞的思想感情，找一個合理的出路。所以喜歡在詩文中宣導頤性養壽、遊仙歸隱的思想，以化解苦悶時代的痛楚靈魂。雖然他認為修致神仙妙境，是靠天生異稟，但一般人只要身心調養得理，還是能跟彭祖比壽、安期爭年的。所以《養生論》之作正是提供時人掙脫生死的極限，超越現實的苦悶，帶來延年益壽的希望，並為煉丹服藥的修持廣開方便之門。無疑，這也是向黑暗動盪的時代作消極反抗的最佳註腳。

影響

嵇康才高識遠，當時就有「臥龍」的美稱。本傳說他臨刑時，太學生三千人請以為師，可見他在學術界的名望。他既崇尚老莊，又受道教的習染，影響到魏晉的學界風氣，彌漫著恬淡虛無與服食養生的色彩。老莊是清談玄理的素材，服食是頤性延壽的憑藉，魏晉名士由此管道放浪形骸，遁跡於逍遙的天地，安頓他們悲憤苦楚的靈魂和生命。

《養生論》相信人通過身心的修煉，可以達到延年益壽的可能，於是導引吐納、丹鼎養生的學理遂在士大夫間流行，而服用五石散的風氣也大行於世。其對道教的發展，有著深遠的影響，對中國醫藥養生以及百科眾技之學的貢獻也很大。況此種俗化了的老莊修為，無疑替文學注入了一股浪漫神奇且詭異迷離的色彩，提供了傳奇志怪與遊仙蹈隱的文學絕佳的鋪排題材。

唯後人批評魏晉人多狂而懶，大抵跟飲酒服藥有關。飲酒容易狂妄，服藥導致疏懶，所以「在家則喪紀廢，在朝則公務廢」。這也是

《養生論》負面的作用吧!

原文

　　世或有謂神仙可以學得,不死可以力致者;或云上壽百二十,古今所同,過此以往,莫非妖妄者[1]。此皆兩失其情,請試粗論之:夫神仙雖不目見,然記籍所載,前史所傳,較而論之,其有必矣。似特受異氣,稟之自然,非積學所能致也,至於導養得理,以盡性命,上獲千餘歲,下可數百年,可有之耳。而世皆不精,故莫能得之,何以言之?

　　夫服藥求汗,或有弗獲,而愧情一集,渙然流離;終朝未餐,則囂然思食,而曾子銜哀,七日不饑;夜分而坐,則低迷思寢,內懷殷憂,則達旦不瞑;勁刷理鬢,醇醴發顏,僅乃得之,壯士之怒,赫然殊觀,植髮衝冠[2]。由此言之,精神之於形骸,猶國之有君也,神躁於中,而形喪於外,猶君昏於上,國亂於下也。夫為稼於湯之(一無「之」字)世,偏有一溉之功者,雖終歸燋爛,必一溉者後枯,然則一溉之益,固不可誣也。而世常謂一怒不足以侵性,一哀不足以傷身,輕而肆之,是猶不識一溉之益,而望嘉穀於旱苗者也。是以君子知形恃神以立,神須形以存,悟生理之易失,知一過之害生,故修性以保神,安心以全身,愛憎不棲於情,憂喜不留於意,泊然無感,而

---

1 上壽百二十:《養生經》黃帝問天老曰:「人生上壽一百二十年,中壽百年,下壽八十年。而竟不然者,皆天耳。」

2 曾子銜哀:《禮記》曾子謂子思曰:「伋,吾執親之哀也,水漿不入於口者七日。」植髮衝冠:《淮南子》曰:「荊軻為燕太子丹刺秦王……荊軻瞋目裂眥,髮直衝冠。」又見《史記·刺客列傳》。

體氣和平,又呼吸吐納,服食養身,使形神相親,表裡俱濟也[3]。

夫田種者一畝十斛謂之良田,此天下之通稱也,不知區種可百餘斛,田種一也,至於樹養不同,則功收相懸,謂商無十倍之價,農無百斛之望,此守常而不變者也[4]。

且豆令人重,榆令人瞑,合歡蠲忿,萱草忘憂,愚智所共知也;薰辛害目,豚魚不養,常世所識也[5]。虱處頭而黑,麝食柏而香,頸處險而癭,齒居晉而黃[6]。推此而言,凡所食之氣,蒸性染身,莫不相應,豈惟蒸之使重而無使輕,害之使暗而無使明,薰之使黃而無使堅,芬之使香而無使延哉?故神農曰:上藥養命,中藥養性者,誠知性命之理,因輔養以通也[7]。

而世人不察,惟五穀是見,聲色是耽,目惑玄黃,耳務淫哇,滋味煎其府藏,醴醪鬻其腸胃,香芳腐其骨髓,喜怒悖其正氣,思慮銷其精神,哀樂殃其平粹。夫以蕞爾之軀,攻之者非一途,易竭之身,而外內受敵,身非木石,其能久乎?其自用甚者,飲食不節,以生百病;好色不倦,以致乏絕;風寒所災,百毒所傷。中道夭於眾難,世皆知笑悼,謂之不善持生也。至於措身失理,亡之於微,積微成損,積損成衰,從衰得白,從白得老,從老得終,悶若無端,中智以下,謂之自然,縱少覺悟,咸嘆恨於所遇之初,而不知慎眾險於未

---

[3] 呼吸吐納:《莊子》:「吹呴呼吸,吐故納新,為壽而已矣。」
[4] 區種:分區耕種。《齊民要術・種穀》:「《氾勝之書・區種法》曰『湯有旱災,伊尹作為區田,教民糞種,負水澆稼。……諸山陵近邑高危傾阪及丘城上,皆可為區田。』」
[5] 豆令人重:《淫方小品》倉公對黃帝曰:「大豆多食,令人身重。」榆令人瞑:《博物志》曰:「啖榆則瞑不欲覺也。」
[6] 虱處頭而黑:《抱朴子》曰:「今頭雖著身,皆稍變而白,身虱處頭,皆漸化而黑。」
[7] 「神農曰」數句:見《本草綱目》。

兆。是由桓侯抱將死之疾,而怒扁鵲之先見,以覺痛之日,為受病之始也[8]。害成於微,而救之於著,故有無功之治;馳騁常人之域,故有一切之壽。仰觀俯察,莫不皆然。以多自證,以同自慰,謂天地之理,盡此而已矣。縱聞養生之事,則斷以所見,謂之不然;其次狐疑,雖少庶幾,莫知所由;其次自力服藥,半年一年,勢而未驗,志以厭衰,中路復廢。或益之以澮畎,而泄之以尾閭,欲坐望顯報者;或抑情忍欲,割棄榮願,而嗜好常在耳目之前,所希在數十年之後,又恐兩失,內懷猶豫,心戰於內,物誘於外,交賒相傾如此覆敗者。

夫至物微妙,可以理知,難以目識。譬猶豫章,生七年然後可覺耳。今以躁競之心,涉希靜之途,意速而事遲,望近而應遠,故莫能相終。夫悠悠者既以未效不求,而求者以不專喪業,偏恃者以不兼無功,追術者以小道自溺,凡若此類,故欲之者萬無一能成也。

善養生者,則不然矣[9]。清虛靜泰,少私寡欲。知名位之傷德,故忽而不營,非欲而強禁也;識厚味之害性,故棄而弗顧,非貪而後抑也。外物以累心不存,神氣以醇白獨著。曠然無憂患,寂然無思慮,又守之以一,養之以和,和理日濟,同乎大順[10]。然後蒸以靈芝,潤以醴泉,曝以朝陽,綏以五弦,無為自得,體妙心玄,忘歡而後樂足,遺生而後身存。若此以往,庶可與羨門比壽,王喬爭年,何

---

[8] 扁鵲:《史記·扁鵲傳》:「扁鵲過齊,齊桓侯客之。入朝見曰:『君有疾,在腠理,不治將深。』桓侯曰:『寡人無疾。』扁鵲出。桓侯謂左右曰:『醫之好利也,欲以不疾者為功。』……後五日,桓侯體病,使人召扁鵲,扁鵲已逃去。桓侯遂死。」
[9] 善養生者:《莊子》廣成子謂黃帝曰:「必靜必清,無勞汝形,無搖汝精,乃可以長生。」
[10] 守之以一:老子曰:「聖人抱一為天下式。」

為其無有哉[11]？

《嵇中散集》上卷三

譯文

　　世人有的以為真有神仙，神仙可以修煉而得，也可以靠人力達成長生不老的願望；另一派則以為人的壽命頂多一百二十歲，這是自古以來都一樣的。超過一百二十歲，那就是妖怪之類了。這兩種說法，都有些偏差，因而我也提出個人的粗淺看法；神仙雖無人看到，但是書籍上已有記載，故事早已有人傳述，由此看來，有神仙是沒問題的。這似乎是由於他們天生異秉，超越常人，且非單靠下苦功夫就達到目的。有的調養得當，可以享盡天年，上者可活千餘載，下者也可有數百歲的壽命。但是世人都因不能精通此道，所以沒能瞭解，這是為何呢？

　　服食藥物，希望有藥效，早些流汗，卻往往流不出汗，但是只要內心一慚愧交加，汗水即不停地流出。一天不吃飯，就自自然然地想吃飯，但是曾子守喪含哀，雖然七日不食，也不饑餓。夜半時候一坐下來，就慢慢地想睡覺，但假若內心憂傷，就往往輾轉反側，徹夜不眠。梳頭理髮，豪飲美酒，想要容光煥發，卻往往僅能差強人意，但是壯士一怒，就非常有得看了，臉紅脖子粗，怒髮都要衝冠。由此看來，精神對於形軀的重要，就像國家必有君主一樣。精神煩躁於內，那麼形軀必定頹喪於外；又像國家，在上的君主昏庸，在下必定全國

---

[11] 羨門：《史記》：「始皇之碣石，使燕人盧生求羨門。」羨門乃古仙人，其事不詳。王喬：《列仙傳》曰：王子喬，周靈王太子晉。道人浮丘公接以上嵩山。

大亂一樣。

　　商湯之時，種穀物曾連年旱災，而曾經灌溉過的田地，雖然最後也會跟其他田地一樣成為焦土，但是經過灌溉的，必定最後才乾枯。因而灌溉的效用，實在是不可抹殺的啊。然而世人常常以為：偶一發怒，不足以侵犯本性，偶一哀傷，也不會傷害身心，因而就任精神悲喜交加，這就是不瞭解一次灌溉的效用有限，就又好比在旱災之時灌溉農作物有美好的收成一樣。所以君子知道形貌須靠精神來支持，而精神則寄託在形貌上，且領悟到人的生命容易飄逝，知道偶然的錯誤將殘害身心，因而勤修本性以保全精神，安定心意來養護身體，愛恨憂喜不在情意中發作。淡泊無慮、體氣和平，再加上訓練呼吸吐納的內丹功，及服食辟穀來養身，使得精神體貌能相依相賴，外表內心也能相輔相成。

　　種田者，一畝田能有百斗的收入，就叫作良田，這是一般人以為如此的，不知分小區域來耕種，一社區的收成可達千餘斗。同樣是種田，由於方式不同，那收成也就懸殊了，若說經商沒有十倍的利潤，種田沒有千斗的收成，這是固守而不知變通的人。

　　食豆多時，身體較為笨重、行動也遲緩；貪食榆錢則令人昏睡；種了合歡樹，使人了無牽掛，不再憤怒；有了萱草，可以忘掉憂愁，這是不管誰都知道的。辛辣的大蒜有害眼睛，不吃河豚，這也都是常識。頭蝨藏於身體，將逐漸變白，身虱若藏於頭髮，將漸漸變黑；麝鹿因常吃柏葉而帶有香氣；處在險地的人，由於飲水不潔，因而頸部容易腫大；在山西一帶的人，牙齒容易變黃。由此說來，人所吃的東西氣性如何，將薰染人身，且無不相應，這難道只是因為蒸過之後才

加重病情,害他才昏暗不明,薰陶後才變黃而不能堅硬,芬芳之後只是變香而不能延年嗎?所以神農氏說,好藥為君主養命,中藥為臣下養性。實在是知道性命的道理,順著養心來導引的。

但是世人不察,只見到五穀之美,只沉溺於聲色,且又只將眼睛迷於五光十色,將耳朵沉浸在淫蕩的音樂,讓五臟六腑填滿各種刺激或醇美的食物,於是這芬芳美味的東西已深入其骨髓,而情志也就不依正道而行,變成喜怒無行了。更且殫竭思慮,損害了他的精神。以人如此小小的身軀,竟然要遭到這樣多的攻擊,這樣容易窮困的身體,竟然要內外受敵。人身並非金石那樣堅硬,怎能維持長久?更糟糕的是,有些人還因飲食沒有節度,以至於生了百病,或者縱欲過度,以至於身體虛耗,加上遇到了風寒,而為百毒所傷害,以至於沒多少歲就死了。世人都會知他不善養生,又哀其生命短促。但是假若對於身子不善調理,因而日積月累,越積越多,以至於耗損了身子,身體衰弱了,頭髮灰白了,而形貌也就老化以至於死去,就這樣無聲無息地走了。

一般人卻都以為這是自然。縱然當初他們稍有覺悟,也只感嘆發病的時候,而不知事先就要預防。這就像當初齊桓公已經生了足以致死的重病,卻憤怒名醫扁鵲的先見之明,都將感到病痛的那一天當作得病的關鍵所在。禍害起於細微之處,要醫治時卻已經很顯明,幾乎病入膏肓了,所以才有沒辦法醫治的病。就這樣習於這種見解,以為這是一般凡人的壽命了。

俯觀宇宙,無不都是如此,因而以為大家都一樣,來相互慰藉,說到天地的道理,就是如此罷了。縱然聽到有所謂養生的事情,也以

自己所見,認為那是不可能的。 其次也是半信半疑,雖然有些相信,卻也不知道理何在。 再其次則想自己服食丹藥來求得神仙的歲壽。 可是一年半載,並沒有效用之後,心意就漸漸厭煩,以至於半途而廢。 有的雖然稍能養身,但是耗損身子的地方卻更為激烈,竟然也希望能有意想不到的結果。 也有的壓抑自己的情欲,割捨人間的榮華富貴,卻也免不了人間短暫的嗜好,又盼望幾十年之後能有所得,嗜欲跟盼望兩者交戰,恐怕兩者都沒得到,因而內心交戰,而外物又加以引誘,於是最後沒有辦法抵抗,因而也是徒勞無功。

　　最精微的事物本身非常微妙,可以意會得到,卻難以看得到,就好像豫章樹要生長七年以後,才能辨別得出一樣。 如今竟想以浮躁貪婪的心去追求虛無寂靜的目標,盼望的意念很急切,但效果卻很緩慢,所以終究沒有個好結果。 普天之下於是就以為既沒有辦法成功,因而不去追求,而追求長生的人也因為不能專心於此而失敗。 仗恃自己身體好者,則因為不能攝生最後還是不能長命,而追逐長壽者,更往往為了小小的享受而陷溺下去。 凡此種種,可知想要長壽者,幾乎無人可以成功。

　　善於護養身子的人就不一樣了,他的精神清虛寡欲、安靜、舒泰。 知道功名地位有傷德行,因而不去在意,更不會去追逐,並不是想要追逐而勉強禁止。 他知道人間美味將傷害本性,所以拋棄它且不屑一顧,而並非貪食而勉強壓抑。 外事足以拖累身心,因而精神不放在此,只留下純粹且清靜的內心。 內心空曠沒什麼憂患,精神寂寥也沒什麼好煩惱的,以一元來持守不使紊亂,且又以和氣來養身,這樣日復一日地修養,而達到天理的最高境界。 然後再以靈芝草來熏身,

以天下的美泉來滋潤它,再則吸取朝陽的精氣,以五弦琴來調節氣息,就這樣無所為的自得其樂,因而體氣高超,心意玄妙,如此忘掉歡喜而得到天下的至樂,忘掉了生命,卻得以保全身體而能長命。自此以後就可跟古代的仙人羡門、王子喬的長壽並駕齊驅了,因而怎麼可以說沒有長壽這一回事呢?

(周益忠、沈寶春/編寫整理)

徙戎論
江統

　　江統（？—三一〇），字應元，西晉陳留圉（今河南杞縣西南）人。官至散騎常侍。永嘉之亂時，避難成皋，旋卒。有賦、頌、表、奏傳世，以《徙戎論》最著，為世所稱，見《晉書》卷五十六。

背景
　　民族融合是極困難的過程，往往須付出大規模流血鬥爭的代價！從歧視、誤解、流血衝突、報復，到瞭解、相互影響融合，再共創新文化、合成新的民族要付出長期的時間、血汗和淚水，要歷經大至國恨家仇，小至個人恩怨等複雜、糾結的苦痛。但這些苦痛又如分娩的陣痛，它帶來的新生與希望讓人於事後深感值得。

　　所以，搶先一步徙戎以避禍，或誤了時機待禍及身，到底對中華民族的命運是好是壞，這要看用什麼角度評斷。就漢族本位的角度或歷史短期利益的角度來看，是可悲可嘆的；然而若就中華民族整體的角度或歷史長期利益的角度來看，是件亦悲亦喜、由悲轉喜的事。

影響
　　江統的《徙戎論》是一篇與中國中古史的發展有著極為密切關係的文章，它表現出一種先見之明的政治智慧。但很不幸，這種智慧

並未被主政者採行,而坐失防患未然之良機,反成為一串逆料中原殘破、胡漢流血交鬥的悲切預言。假設江統的《徙戎論》得以實行,則五胡亂華的歷史慘劇或可不必上演;但胡漢之間的種族大量融合、中華民族的更新、南方的開發或許也會因此而晚上千百年?

當然,反於歷史事實的假設,對史實的探究並不具意義,但卻有助於分析某項政策或作為對歷史事實發展的重要性。依此看來,江統的《徙戎論》雖沒有積極地改變歷史的發展方向,但卻消極地證明,在西晉時,華夷雜處,胡族內移中原的事實如不調整,華夏民族的政權命脈必將受到危害——即漢族將因此失去統治中國的主宰權。

原 文

夫夷蠻戎狄,謂之四海,九服之制,地在要荒[1]。春秋之義,內諸夏而外夷狄。以其言語不通,贄幣不同,法俗詭異,種類乖殊。或居絕域之外,山河之表,崎嶇川谷阻險之地,與中國壤斷土隔,不相侵涉。賦役不及,正朔不加,故曰天子有道,守在四夷[2]。禹平九土,而西戎即敘,其性氣貪婪,兇悍不仁[3]。四夷之中,戎狄為甚。弱

---

[1] 「九服之制」二句:九服,據《周禮·夏官·職方氏》為:侯服、甸服、男服、采服、衛服、蠻服、夷服、鎮服、藩服。依距離遠近服事於天子者。又,《尚書·禹貢》作「五服」,依距離遠近而為侯服、甸服、綏服、要服、荒服。以要、荒最遠,而為蠻夷聚集之所。《國語·周語上》:「夷蠻要服」,「戎狄荒服。」韋昭注:「要結好信而服從之也。荒者,言荒忽無常也。」

[2] 正朔不加:指中國的曆法不施行於此。古改朝換代,新朝為表示應天承運,須重定正朔,而外藩為表示服從須奉正朔。正朔不加,即中國政府的威力所不及。守在四夷:指華夏為一,四夷為天子戍守邊土。

[3] 西戎即敘:指西方之部族皆就次序。《尚書·禹貢》:「織皮,崑崙,析支,渠搜,西戎即敘。」

則畏服,強則侵叛。雖有賢聖之世,大德之君,咸未能以道化率導,而以恩德柔懷也。當其強也,以殷之高宗武丁,而憊於鬼方,有周文王,而患昆夷、獫狁,高祖困於白登,孝文軍於霸上[4]。及其弱也,周公來九譯之貢,中宗納單于之朝,以元成之微,而猶四夷賓服,此其已然之效也[5]。

故匈奴求守邊塞,而侯應陳其不可[6]。單于屈膝未央,蕭望之講以不臣[7]。是以有道之君牧夷狄也,惟以待之有備,御之有常。雖稽顙執贄,而邊城不弛固守[8]。為寇賊強暴,而兵甲不加遠征。期令境內獲安,疆場不侵而已。

及至周室失統,諸侯專征。以大兼小,轉相殘滅。封疆不固,而利害異心。戎狄乘間,得入中國。或招誘安撫,以為己用。故申繒之禍,顛覆宗周[9]。襄公要秦,遂興羌戎[10]。當春秋時,義渠,大荔,

---

[4] 鬼方:商朝時西北族名。《易‧既濟》:「高宗伐鬼方,三年克之。」《竹書經年上‧武丁》:「三十二年,伐鬼方,次於荊。」昆夷、獫狁:皆西北的部族。昆夷指西戎。獫狁即秦漢之匈奴。《詩‧小雅‧采薇序》:「文王之時,西有昆夷之患,北有獫狁之難。」白登:山名,在山西大同市之東。《史記》卷九十三《韓王信傳》載:漢七年,匈奴冒頓圍高祖於白登。霸上:地名,在今陝西咸陽市東。文帝為防備匈奴,屯軍於霸上、棘門、細柳。見《史記‧周勃世家》。

[5] 九譯:極言道遠之國,因其與本國言語不通,須經多次翻譯方能瞭解。《漢書‧賈捐之傳》:「越裳氏重九譯而獻。」元成:漢元帝、成帝,時外戚王氏專權,國勢漸衰。

[6] 侯應:西漢時人,元帝時,匈奴單于請邊塞守備,侯應以為不可。

[7] 蕭望之:漢東海蘭陵(治今山東蘭陵西南蘭陵鎮)人。宣帝時為御史大夫,元帝即位以師傅見重。後為人排擠,自殺。

[8] 稽顙:原為居喪時孝子跪拜賓客之禮,引申為請罪。執贄:即送禮。《周禮》:「蕃國世一見,各以其所貴寶為贄。」

[9] 申繒之禍:《史記‧周本紀》幽王寵褒姒,「廢申后,去太子也,申侯怒與繒、西夷、犬戎攻幽王」。西周因此而亡,此即申繒之禍。申,周時國名,為姜姓之國。繒,亦周時諸侯,姒姓,夏禹之後。

[10] 襄公要秦:秦公嘗於西戎亂時將兵救周,戰甚力有功,且以兵送平王,平王封襄公為諸侯。賜之岐以西之地,襄公於是始國。見《史記‧秦本紀》。

居秦晉之域[11]。陸渾、陰戎，處伊洛之間[12]。鄋瞞之屬，害及濟東，侵入齊宋，陵虐邢衛[13]。南夷與北狄交侵，中國不絕若綫，齊桓攘之，存亡繼絕。北伐山戎，以開燕路[14]。故仲尼稱管仲之力，嘉左衽之功。

逮至春秋之末，戰國方盛。楚吞蠻氏，晉翦陸渾[15]。趙武胡服開榆中之地，秦雄咸陽滅義渠之種[16]。始皇之并天下也，南兼百越北走匈奴，五嶺長城，戎卒億計[17]。雖師役煩殷，寇賊橫暴。然一世之功，戎虜奔卻，當時中國，無復四夷也。

漢興而都長安。關中之郡，號曰三輔[18]。夷貢雍州，宗周豐鎬之舊也。及至王莽之敗，赤眉因之[19]。西都荒毀，百姓流亡。建武中，以馬援領隴西太守，討叛羌，徙其餘種於關中，居馮翊、河東空地，而與華人雜處[20]。數代之後，族類蕃息，既恃其肥強，且苦漢人侵之。

---

11 義渠：古西戎國，在今甘肅境，戰國時為秦所滅，置義渠縣，屬北地郡。大荔：古西戎國之一，秦厲共公十六年（前四六一）為秦滅，秦於此置臨晉縣，晉時改名為大荔縣。
12 陸渾：春秋時秦晉二國使居於其地之「允姓之戎」遷至伊川，名之為陸渾。漢置陸渾縣，故城在今河南嵩縣東北。陰戎：居於陰地之戎。《後漢書》卷八十七《西羌傳》：「在河南山北者號曰陰戎。」亦名陸渾之戎。
13 鄋瞞：春秋狄國名，傳為防風氏之後。活動於今山東境。春秋時，鄋瞞曾侵齊，為齊所敗，長狄僑如死，後來又先後進攻晉齊衛諸國，直到長狄僑如之弟焚如、榮如、簡如先後被俘，國遂亡。
14 山戎：亦名北戎，春秋時與齊、鄭、燕等國相接，地約在今河北東部。
15 楚吞蠻氏：《左傳‧昭公十六年》：「楚子聞蠻氏之亂也，與蠻子之無質也，使然丹誘戎蠻子嘉殺之。」其地在今河北高碑店市。
16 趙武胡服：指趙武靈王著胡服，以利騎射，詳見《史記‧趙世家》。榆中：今陝西榆林市榆陽區東北，戰國時林胡所居。
17 南兼百越：《史記‧南越尉佗列傳》：「秦時已并天下，略定揚越，置桂林、南海、象郡。」北走匈奴：《史記‧秦本紀》：「始皇乃使將軍蒙恬發兵三十萬人北擊胡，略取河南地。……西北斥逐匈奴。」
18 三輔：左右內史及都尉，為西漢治理京兆的三職官。
19 赤眉：王莽建新朝時，起來反抗的群眾，以眉毛塗成紅色而得名。曾入主長安，後為劉秀所敗。
20 建武：光武帝（劉秀）的年號，自西元廿五年至五十五年。

永初之元，騎都尉王弘使西域，發調羌氏，以為行衛[21]。於是群羌奔駭，互相扇動。二州之戎，一時俱發。覆沒將守，屠破城邑。鄧騭之征，棄甲委兵[22]。輿屍喪師，前後相繼，諸戎遂熾，至於南入蜀漢，東掠趙魏。唐突軹關，侵及河內[23]。乃遣北軍中侯朱寵，將五營士於孟津距羌[24]。十年之中，夷夏俱弊。任尚、馬賢僅乃克之。此所以為害深重，累年不定者。雖由御者之無方，將非其才，亦豈不以寇發心腹，害起肘腋，疢篤難療，瘡大遲愈之故哉？

自此之後，餘燼不盡。小有際會，輒復侵叛。馬賢狃忕，終於覆敗。段熲臨沖，自西徂東[25]。雍川之戎，常為國患。中世之寇，惟此為大。漢末之亂，關中殘滅。魏興之初，與蜀分隔，疆場之戎，一彼一此，魏武皇帝令將軍夏侯妙才討叛氏阿貴千萬等[26]。後因拔棄漢中，遂徙武都之種於秦川，欲以弱寇強國，扞禦蜀虜[27]。此蓋權宜之計，一時之勢，非所以為萬世之利也。今者當之，已受其弊矣。

夫關中土沃物豐，厥田上上。如以涇渭之流，溉其舄鹵。鄭國白渠灌浸相通，黍稷之饒，畝號一鍾。百姓謠詠其殷實，帝王之都，每以為居，未聞戎狄宜在此土也[28]。非我族類，其心必異。戎狄志態，

---

21 永初：東漢安帝（劉祜）的年號，自西元一〇七年至一一三年。
22 鄧騭：後漢和帝后兄，官車騎將軍，儀同三司，討平西羌之叛，拜大將軍，以節儉、進賢士著稱，後為人陷害，不食而死。
23 軹關：地名，為太行八陘第一陘，軍事要衝。河內：河南黃河北岸一帶。
24 朱寵：字仲威，後漢京兆（今陝西西安）人，為潁川太守，順帝時拜太尉。
25 段熲：字紀明，東漢武威姑臧（今甘肅武威）人，官中郎將，在邊十餘年，屢破羌眾，官至太尉。
26 夏侯妙才：即夏侯淵。隨曹操任征西將軍，守漢中。叛氏阿貴千萬：即略陽清水氏楊駒之孫，後附魏封為百頃王。
27 武都：在今甘肅成縣西，漢時置，為武都郡治，為白馬氏居住地。
28 帝王之都：周朝都豐鎬，秦都咸陽，漢都長安，皆關中之地。

不與華同。而因其衰弊,遷之畿服。士庶玩習,侮其輕弱。使其怨恨之氣毒於骨髓,至於蕃育眾盛,則坐生其奸心。以貪悍之性,挾憤怒之情。候隙乘便,輒為橫逆。而居封域之內,無障塞之隔,掩不備之人,收散野之積。故能為禍滋蔓,暴害不測,此必然之勢,已驗之事也。

當今之宜,宜及兵威方盛,眾事未罷,徙馮翊、北地、新平、安定界內諸羌,著先零、罕開、析支之地[29]。徙扶風、始平、京兆之氐,出還隴右,著陰平武都之界[30]。廩其道路之糧,令足自致。各附本種,反其舊土。使屬國撫夷,就安集之。戎晉不雜,並得其所。上合往古即敘之義,下為盛世永久之規。縱有猾夏之心,風塵之警,則絕遠中國,隔閡山河。雖為寇暴,所害不廣。是以充國子明,能以數萬之眾,制群羌之命[31]。有征無戰,全軍獨克。雖有謀謨深計,廟勝遠圖,豈不以華夷異處,戎夏區別,要塞易守之故,得成其功也哉?

難者曰:方今關中之禍,暴兵二載,征戍之勞,老師十萬[32]。水旱之害,薦饑累荒,疫癘之災,札瘥夭昏。凶逆既戮,悔惡初附。且款且畏,感懷危懼。百姓愁苦,異人同慮。冀寧息之有期,若苦旱之思雨露。誠宜鎮之以豫。而子方欲作役起徙,興功造事。使疲瘵之眾,徙自猜之寇;以無穀之人,遷乏食之虜。恐勢盡力屈,緒業

---

29 馮翊:即左馮翊,東漢改為馮翊郡,即今陝西大荔縣治。
30 隴右:隴山以西至黃河以東之地,約今甘肅境內。陰平:陰平郡,即今甘肅文縣西北。有陰平道,陰平、武都皆舊白馬氐所居地。
31 充國子明:充國,漢趙充國;子明,漢馮奉世之字。充國及子明皆有功於邊疆,馮奉世嘗發兵擊沙車,又破隴西西羌,以功賜關內侯,趙充國則以騎都尉將騎三千,屯備羌。
32 關中之禍:指晉惠帝元康六年至八年(二九六—二九八),羌氐造反,立齊萬年為帝,至九年(二九九)正月,始為孟觀所破。

不卒。羌戎離散,心不可一。前害未及弭,而後變復橫出矣。

　　答曰:羌戎狡猾,擅相署號。攻城野戰,傷害牧守,連兵聚眾,載離寒暑矣。而今異類瓦解,同種土崩,老幼繫虜,丁壯降散,禽離獸迸,不能相一。子以此等為尚挾餘資,悔惡反善,懷我德惠,而來柔附乎?將勢窮道盡,智力俱困。懼我兵誅,以至於此乎?曰無有餘力,勢窮道盡故也。然則我能制其短長之命,而令其進退由已矣。夫樂其業者不易事,安其居者無遷志。方其自疑危懼,畏怖促遽。故可制以兵威,使之左右無違也。迨其死亡流散,離迸未鳩,與關中之人戶皆為仇[33]。故可遐遷遠處,令其心不懷土也。夫聖賢之謀事也,為之於未有,理之於未亂。道不著而平,德不顯而成。其次則能轉禍為福,因敗為功。值困必濟,遇否能通。今子遭弊事之終,而不圖更制之始。愛易轍之勤,而得覆車之軌。何哉?且關中之人,百餘萬口。率其少多,戎狄居半。處之與遷,必須口實。若有窮乏糝粒不繼者,故當傾關中之穀,以全其生生之計。必無擠於溝壑,而不為侵掠之害也。今我遷之,傳食而至。附其種族,自使相贍。

而秦地之人,得其半穀。此為濟行者以廩糧,遺居者以積倉。寬關中之逼,去盜賊之原。除旦夕之損,建終年之益。若憚易舉之小勞,而忘永逸之弘策。惜日月之煩苦,而遺累世之寇敵。非所謂能開物成務,創業垂統。崇基拓跡,謀及子孫者也。

　　并州之胡,本實匈奴,桀惡之寇也。漢宣之世,凍餒殘破,國

---

[33] 離迸未鳩:遠離分散,沒聚集在一起。迸,遠。鳩,聚集。

內五裂，後合為二呼韓邪[34]。遂衰弱孤危，不能自存。依阻塞下，委質柔服。建武中，南單于復來降附，遂令入塞，居於漠南。數世之後，亦輒叛戾，故何熙、梁慬戎車屢征[35]。中平中，以黃巾賊起，發調其兵。部眾不從，而殺羌渠。由是於彌扶羅求助於漢，以討其賊。仍值世喪亂，遂乘釁而作。鹵掠趙魏，寇至河南。建安中，又使右賢王去卑誘質呼廚泉[36]。聽其部落，散居六郡。咸熙之際，以一部太強，分為三率。泰始之初又增為四，於是劉猛內叛，連結外虜[37]。近者郝散之變，發於穀遠[38]。今五部之眾，戶至數萬，人口之盛，過於西戎。然其天性驍勇，弓馬便利，倍於氐羌。若有不虞，風塵之慮，則并州之域，可為寒心矣。

滎陽句驪，本居遼東塞外[39]。正始中，幽州刺史毌丘儉伐其叛者，徙其餘種[40]。始徙之時，戶落百數，子孫孳息，今已千計。數世之後，必至殷熾。今百姓失職，猶或亡叛。犬馬肥充，則有噬齧。況於夷狄，能不為變。但顧其微弱，勢力不陳耳。

夫為邦者，患不在貧，而在不均；憂不在寡，而在不安。以四海之廣，士庶之富，豈須夷虜在內，然後取足哉？此等皆可申諭發遣

---

34 呼韓邪：匈奴單于名號，降於漢。漢元帝以王昭君嫁之。
35 何熙：東漢陽夏（治今河南太康）人，永初間南單于與烏桓反，以熙行車騎將軍事征之，暴疾卒。梁慬：多寫作「梁懂」，東漢北地弋居（今甘肅寧縣南）人。南單于與烏桓反時，詔其行度遼將軍事。
36 呼廚泉：南匈奴持至屍逐侯單于弟，興平中立為單于後朝漢，曹操留其於鄴，遣右賢王去卑監其國。
37 劉猛：東漢熹平時為司隸校尉，以救黨人得罪曹節、王甫等。
38 「郝散之變」二句：《通鑑》卷八十二《晉紀四》「元康四年」：「夏五月，匈奴郝散反，攻上黨，殺長吏。」穀遠，漢上黨郡之地，今山西沁源縣南，又名孤遠。
39 滎陽：在今河南境內。
40 毌丘儉：字仲恭，三國魏人。正始中，討高句麗有功。

還其本域，慰彼羈旅懷土之思，釋我華夏纖介之憂。惠此中國，以綏四方[41]。德施永世，於計為長。

《全晉文》

譯文

東夷、南蠻、西戎及北狄，是居住在中國四境的胡人，也叫作四海。照《周禮》的九服制度，他們是在最遙遠的荒服和要服。春秋大義，是要所有的華夏民族團結一致來對抗四周的夷狄。因為夷狄的語言和中國不能相通，所用的貨幣也有不同，法律風俗往往奇詭怪異，而人種也跟中原的人相差很多。他們原本居住在極為遙遠的地方，亦即中國山河以外之處。所居地山谷河川崎嶇不堪，地勢亦都險阻，跟中國土壤不相接連，雙方互不干涉。中國政府不向他們徵收賦稅，他們也不奉中國的年號。所以說有道的天子宣導六教，華夏為一，四夷皆為天子守邊土。

大禹治好了洪水，安定了九州的土地，連西戎的部族也都來就序。但是他們天性貪得無厭，而且兇狠剽悍，不守仁義。在四種外族中，以戎狄為最。勢力衰弱時就會因害怕而歸順，強大時就反過來要侵略叛變了。雖然有聖賢出生的治世，有偉大德化的國君，也不能以道德教化來開導他們，使他們感恩而真正地歸順。當他們強大時，以賢名著稱的殷高宗武丁，卻也為了鬼方而舉國疲憊不堪；以周文王的文德，卻為昆夷、獫狁等國的侵犯而困擾；漢高祖也被匈奴圍困在

---

41 「惠此中國」二句：語見《詩‧大雅‧民勞》。

山西的白登山;漢文帝則為了防備匈奴,而屯軍於霸上。等到夷狄柔弱了,比如周公之時,夷狄從遙遠的地方透過重重翻譯也來朝貢。漢朝在元帝、成帝的衰微之世,四夷依然臣服,這是因為在既有的規模上,已有了些許的成效。

所以,匈奴要來住在邊塞地區,而侯應向皇上陳述決不可以的理由。單于於未央宮前卑躬屈膝,蕭望之猶認為他們沒有真心臣服。有仁德的國君,要馴服夷狄之人,只有隨時準備,平常就要注意防禦。縱使戎狄請罪、送禮、執禮有加,也不肯鬆弛了邊城的防守。因為這些邊寇的盜賊向來就很殘暴,但是我們的軍隊卻無法到遙遠的敵境去攻打他們,只求國內能獲得安寧,邊疆無人來侵略而已。

直到東周時,王室失去了統御天下的權威,由諸侯來行天子的征伐之事,大國因而兼併小國,互相攻打併吞,因而國境不能安固,而且彼此利害關係不同,所以互不相信。戎狄乘著這個機會,侵入中國。有時甚至招撫或引誘中土百姓來加以利用,所以申侯、繒侯竟聯合西夷、戎狄攻殺幽王,而滅了西周;而襄公也乘機要了岐山以西為秦地,建立了秦國,羌戎也一時勃興,成為中國的邊患。當春秋之時,西戎的義渠、大荔住在秦國、晉國的領土之內,陸渾、陰戎這兩個西戎住在伊水、洛水之間。狄國的鄭瞞曾侵入齊國、宋國,橫行於邢國、衛國之間。南蠻、北狄交相侵入,中國幾乎要被滅亡了。所幸齊桓公起而驅逐他們,將滅亡的國家救存了,使被斷絕的社稷能中興。向北討伐山戎,而打通了燕國被戎狄斷絕的通道,因此孔子稱讚管仲的能力,嘉許他維護中華文化,中國可以不必穿著左衽的大功。

到了春秋末年,戰國之初,楚國併吞了南蠻,晉國消滅了陸渾。

後來趙武靈王下令全國穿著胡服,開拓了北邊林胡所居的榆中,雄踞於咸陽的秦國也滅了義渠的西戎。等到秦始皇統一天下之後,向南方兼併了南越各地,向北也驅逐了匈奴,到五嶺長城去打仗的軍隊可說是數以億計。雖然戰役頻繁,敵寇也殘暴橫行,但是始皇可說是立了不朽的大功,因為戎狄胡虜四處流竄,當時的中國也就不再有四夷的禍患了。

等到漢朝興起,建都長安。關中的名稱,稱作三輔,左右內史及馮翊都是來輔佐長安的,這裡也是《尚書‧禹貢》中的雍州,當年西周舊京豐鎬所在之地。等到王莽改制失敗,赤眉入主長安,大肆燒掠,西都因而毀壞為廢墟,百姓只好流亡於東南。到了東漢光武帝建武年間,以馬援為隴西郡的太守,討伐叛變的羌族,將其遺族遷徙到關中,住在馮翊、河東的空地,跟華人雜處在一起。這些羌族在幾代以後,種類繁衍擴張。一方面仗恃著力量已強大,一方面又苦於漢人的侵犯。安帝永初年間,騎都封王弘出使西域,調動發遣羌氏之族為行軍之部從,羌族各部驚駭奔走,互相煽動、鼓噪。因而這兩個州郡的戎族也在一時之間爭相發作,打敗了官兵,殺了守將,並且攻破城池,屠殺良民。鄧騭前往征討,也敗得拋棄盔甲,丟掉兵器,車馬動彈不得,軍士死傷慘重。

就因這種事接連而來,因而戎族遂更加猖狂,甚至向南進入漢中、四川,向東擄掠山西、河南,欺犯軹關,進而騷擾河內。於是只好派遣北軍中侯朱寵帶領五個軍營的兵士在河南孟津迎戰羌人。十年之中,中外都疲憊不堪。最後任尚、馬賢兩位將領,也只是將戎亂弭平。這種為害深遠嚴重,歷時多年沒法平定的原因,雖然是因為抵禦

者沒有方策，所用將領不當，難道不也是因為敵寇發於心腹之地，禍害起於近處，又好比久病難以治療，大瘡治好的時間較遲的緣故嗎？

從此以後，羌戎的餘孽尚存，一有機會往往又再侵犯叛變。馬賢習於前事，不求變化，終遭覆敗的命運，只有靠段熲從西到東來應付羌眾了。雍州、四川的西戎，經常為中國的禍患。漢朝中葉的寇仇，只有西戎最大了。到了漢朝末年，天下大亂，關中殘破。魏國剛立的時候，跟蜀國分起南北，邊疆的戎狄又此起彼落地騷擾。於是魏武帝命令征西將軍夏侯淵討伐叛氐阿貴千萬等，後因放棄漢中之地，遷徙了武都地區的戎狄到秦川，想要借此削弱戎寇，增強國力，並且來抵禦蜀漢。這是權宜之計，為形勢所逼，並非可以做子孫萬世長遠打算，結果證明後來的人已深受其害了。

關中之地，土地肥沃，物產豐富。它的田地是最肥美的，加上涇水、渭水的灌溉，鄭國渠和白渠等人工管道也交織於其境，因此農產品的收穫特別豐饒，田畝號稱收穫有六畝四斗。百姓歌詠此地的豐衣足食，歷代帝王每以此為國都，並沒聽說戎狄適合住在此地。因為若非我華夏民族，他們的心意必定不同。戎狄的心志形態更不跟中土相同。若乘其衰落之時，將之遷徙到王都關中來，一般人喜愛欺凌他，對戎狄的弱小加以侮辱，使他們怨恨華夏的怒氣，深達骨髓之內，到了他們部族繁衍眾多後，奸邪之心就開始滋長了。以他們貪婪兇悍的本性，挾著怨恨的情緒，乘著機會往往起來反叛，橫行州郡。而且住在國境之內，中國沒有屏障關塞的阻隔，來保護毫無武力的百姓，收拾散在各地的產物，所以戎狄一為禍就到處蔓延，他們的為害之大，實難以預測。這是必然如此的事，以前已經是這樣了。

當今所應做的事，就是要趁著國家兵威正當強盛，許多事尚在進行之時，遷徙馮翊、北地、新平、安定等國界內的各個羌族部落，到先零、罕開、析支等羌族舊有的地方。遷徙扶風、始平、京兆等地的氐族，由隴右郡外出，去陰平、武都兩郡的交界處。供給他們在路上的糧食，使他們仍夠生存，各自投靠自己本族，回到他們原來的土地上。讓這些藩屬國家自行照顧其部族，並讓這些遷出者得以安居該處，使得華夷不必雜處，都能住在他們所住的地方。這樣就上可以符合上古，讓各部族就序的大義，下可以為萬世長久的規範。縱然他們有擾亂中土的心意，邊塞有狼煙烽火的警報，但是因離中國遙遠，高山大河又阻斷通路，雖然侵犯暴虐，所能危害的面積也會不夠寬廣。所以充國子明能以幾萬名兵眾控制著群羌的活動，只靠征伐而不必交戰，全軍獨能保全。雖也有高深的計謀，但不出帷幕即能料敵於千里之外，這難道不是因為讓華夏和夷狄住在不同地方，有所分別，要塞容易防守，才得以成功的嗎？

　　也許有人會反駁說道：當今關中的禍亂，兵災已歷兩年，由於征戍頻繁，已使十萬大軍都因疲勞而露出老態，又因水災的危害，祭祀的供品一再欠缺，加上瘴癘、疫疾的肆虐，因大疫而死的、因小病而死的、短命死的、未命名就死的，所在皆有。現在兇殘的叛逆既已被誅戮，留下一些懺悔其罪惡者，剛來歸附，既誠懇又敬畏，大家都懷著戒慎恐懼的心意。而中土老百姓也因憂愁痛苦，人同此心，都想有朝一日能享受太平安寧的日子。就好像久旱不雨，大地乾枯之盼望天降甘霖一樣，實在應該好好地就近安撫他們，使之能安定和平，不會叛變。而你卻想要他們大費周章地遷居，為了立功而惹是生非，使

得疲勞憔悴的群眾，遷徙滿腹猜疑的寇賊，以毫無餘糧的百姓，帶著食物匱乏的胡虜，恐形勢已困窮，而力量也將耗盡。使得羌戎部族離散，心志將難以預料，將對華夏有異心。以前的禍害還來不及消弭，而新的災變恐怕又要出現了。

我可以這樣回答說道：西方羌戎部族特別狡猾，爭相地擅自加上封號，到處挑釁攻城掠地，傷害到邊疆的州牧郡守，聚集群眾軍隊，已經好幾年了。而今這些跟華夏不同類的部族已經土崩瓦解，不再強大了。老年跟幼年被俘虜，而壯丁也有的投降，有的離散了。如同禽獸一樣地分離奔竄，不能再團聚在一起。你以為這些人是挾持著他們過去的餘威，後悔其惡，歸反於善，感念我國的德惠，而來歸順的？還是因窮途末路，無計可施，恐懼我國的出兵討伐，才這樣的嗎？當然是因為沒有餘力，窮途末路的緣故。然而我能夠控制其命的長短，命令他聽我號令來進退。只要快樂於其職業的，不易惹是生非，安心於其住宅的，也不會遷家。正因他們人人懷疑恐懼，害怕得很，所以可以武功來制伏，使他們到處都不敢反抗。趁著此時他們生離死別，遠離分散，沒聚在一起，跟關中地區的住家人民都有仇隙之時，才可以遠遷他處，使他們心裡不會懷念關內的土地啊！

聖賢謀劃事情，都是在尚未成形之前就先做了，尚未有亂事之前就先料理了。他的道德事蹟並不顯著，卻都能平平穩穩地成功。再其次則能扭轉乾坤，化危機為轉機，借著失敗的經驗，成為成功的因素。因此遇到困難之時必能安度，遇到不順利的時候也能過關。現在你已遭遇到困難事情的末期，卻不想從頭改起，只勤於變化車道，卻都跟前人翻車的經驗一樣，為何呢？因關中地區有百餘萬人口，衡

量其人口的多少，戎狄居其半數，要安置他們或要其遷徙，必須要有糧食供應。 假若有窮困以至於三餐不繼的，就應當拿出全關中地區的稻穀，來救這些戎狄們，以讓他們維生，使他們不致窮困到填溝壑的地步，而去做出侵略搶奪的事來。 現在我們將其遷走，糧食由路上各郡縣供應，使其各自歸附他們的種類，可以互相救濟。 而在關中的百姓，可以得到以前戎狄所留之田地，糧食將多出一半。 這是以米糧幫助行路之人，而留下囤積的倉庫給在關中的人。 使得關中戎狄的逼迫可以舒緩，盜賊的根源可以離去，除掉迫在眉睫的損害，而建立長久的利益。 假若害怕短暫而輕易的小麻煩，而遺忘一勞永逸的偉大政策，珍惜一陣子的安適，而留下世世代代的寇仇，這就不是能開發資源，建立制度，創建功業，傳千萬世，宏大基業，開拓土地，為子孫後代著想啊！

并州地區的胡人本來就是匈奴，是殘暴多惡的寇賊。 他們在漢朝宣帝的時候，因國土巨變，人民受凍挨餓，國家四分五裂。 其後合併為呼韓邪等南北單于，以至於國力衰弱，形孤勢危，不能繼續生存下去。 於是南到長城邊謀生，向漢朝歸順。 到了光武帝建武年間，南單于也來投降，於是就命令他們進入關塞，居住於大漠之南。 數代以後，也往往乘戾且常有叛亂之事，所以何熙、梁慬的兵車時常前往討伐。

到了靈帝中平年間，因為黃巾賊的亂事起，所以徵調其部隊。 但是部屬們不服從，而殺掉羌渠，因而於彌扶羅向漢朝求助，以求討伐其賊。 當時因適逢時世大亂，賊人因而乘此機會紛紛起來，在山西、河西一帶大肆擄掠，又進犯到河南。 獻帝建安年間，曹操利用右賢王

去卑引誘呼廚泉單于加以扣押，聽任其部落散居在邊疆六郡。到了魏元帝咸熙年間，因一部太強大，因而分為三部分。到了晉武帝泰始初年又增設為四。於是劉猛叛變於中原，聯結胡虜。最近郝散的叛變也發於山西穀遠縣。現今五部的郡眾，戶口已達好幾萬的盛況，遠超過西戎。而且他們天性驍勇好鬥，持弓騎馬，甚為輕便，可說比當年的氐族羌族更為厲害，假若有所不測，或者有戰火的危險，那麼并州地區的狀況，實在會令人擔心至極。

　　滎陽地區的高麗人，本來居住在遼東長城外，魏正始年間幽州刺史毌丘儉討伐其叛逆者，並且遷徙其餘眾。剛遷來時，才百餘戶而已。但是子孫繁衍，現在已經數以千計，數代之後，必定到達極盛的地步。現今百姓失業猶且叛變，狗馬等家畜養得肥大後，則更可能吞噬或反咬其主人。何況夷狄之族，怎能不叛變？只因目前他國力微弱，勢力不能拓張罷了！

　　治理國家的，其禍害不在於貧窮，而在於不能使大家經濟平衡；擔憂不在於人口寡少，而在於天下不安。以國家領土的廣大，士人及平民的富有，難道需要夷狄胡虜在國境之內，而後才可以滿足嗎？實在可頒佈命令，把這些種族加以遣回，回到他們原來的國度。安慰那些人因長居在外而懷念故土的思緒，以解決我中華一些小小的憂患，這樣就像《詩經》上的話：「對國家實在有太多好處，也可用來安撫四夷。」德業即可傳於萬代，這在為國謀劃上是最好的計策了！

（周益忠、王樾 / 編寫整理）

蘭亭集序
王羲之

王羲之（三〇三—三六一），字逸少，原籍琅邪臨沂（今屬山東）。永嘉之亂後，隨晉室南遷會稽，仕東晉，官至右軍將軍，世稱王右軍。我國最偉大的書法家。草隸行楷皆冠絕古今，號稱「書聖」。所書以《黃庭經》及《蘭亭集序》為著。

王羲之像

背景

王羲之的《蘭亭集序》在逍遙中夾帶著悲情，它透露出一個訊息：死生亦大矣！人生在世，雖取捨萬殊，靜躁不同，也任它快然自足，放浪形骸，但終將有走到生命盡頭的一天。這怎不惹人傷感呢？

「流觴曲水，列坐其次……一觴一詠……暢敘幽情」，透過如此優雅的生活安排，人的「詩心」，亦即一種晶瑩剔透、纖細多感的純粹美感得以抒發、綻放──讓我們與自然結合吧！讓我們的性靈與山清水秀的靈氣相互交流、相互映照吧！從融入自然到性靈相通，進而體認宇宙之大之美，由一顆「詩心」轉而為靜體「天心」。這一轉，將美感轉成智慧。智慧使人猛地察覺：原來「暫得於己，快然自足，曾不知老之將至」，其實只是偶爾的忘情，這喜悅根本經不起

歲月的衝擊，一旦「情隨事遷，感慨繫之」，「況修短隨化，終期於盡……豈不痛哉」！

《蘭亭集序》對生命的歸宿表現出極度的傷感。但它並沒提出解答，也沒有提出該如何面對傷感、克服傷感以設法把「詩心」的靈秀美與對生命意義肯定的莊嚴美結合起來！

這是個大遺憾！

因為，這不僅是王羲之個人的生命態度，也是那一天所有與會者的人生態度，更是魏晉南北朝時期南朝士人的人生態度。

這種人生態度展現在政治上是不知進取以鳴高，展現在文學上是自然、唯美，展現在時代精神上則是瀟灑自在、罔顧現實，遑論未來。於是士階層與天下興亡變得不相干了。

《蘭亭集序》作於晉穆帝永和九年（三五三），歲在癸丑。適值永嘉之禍，五胡亂華、中原喪亂、衣冠南渡之後。身處如此時代的知識分子固然不必排斥美的追尋，但尤其不可不思振作以圖匡復！逍遙中之悲情，在人生的體悟上雖有一定境界，但缺乏人生擔當的大勇氣與大智慧！

影響

《蘭亭集序》一文對中國歷史重大的影響是，它反映出南方士族在中原喪亂後的人生觀、政治觀、文學觀。雖衍生出一套雅致脫俗的生活與文化，但是註定日後中國再統一的工作將由胡漢合作的北朝來完成。至於其在書法上的影響，大家都知道，就不贅述了。

原 文

永和九年,歲在癸丑,暮春之初,會於會稽山陰之蘭亭,修禊事也[1]。

群賢畢至,少長咸集。此地有崇山峻嶺,茂林修竹;又有清流激湍,映帶左右。引以為流觴曲水,列坐其次,雖無絲竹管弦之盛,一觴一詠亦足以暢敘幽情[2]。

是日也,天朗氣清,惠風和暢。仰觀宇宙之大,俯察品類之盛,所以遊目騁懷,足以極視聽之娛,信可樂也!

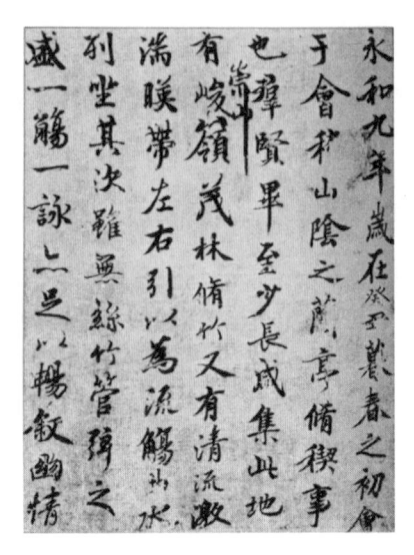

唐褚遂良所臨《蘭亭序》

夫人之相與俯仰一世,或取諸懷抱,晤言一室之內;或因寄所托,放浪形骸之外。雖取捨萬殊,靜躁不同,當其欣於所遇,暫得於己,快然自足,曾不知老之將至[3]。及其所之既倦,情隨事遷,感慨繫之矣。向之所欣,俯仰之間,已為陳跡,猶不能不以之興懷,況修短隨化,終期於盡。古人云:「死生亦大矣[4]。」豈不痛哉!

---

1 永和九年:西元三五三年。永和,東晉穆帝的年號。會稽:郡名,晉時郡治就在山陰(今浙江紹興)。山陰縣西南二十七里有蘭渚,渚中有亭即蘭亭。修禊:以前每年上巳日,到水邊洗濯以祓除不祥,禊潔。後來演變成文人雅集。
2 流觴曲水:古文人飲酒之雅事,引水使之環曲成小渠,然後以漆製的酒器浮於水面,隨流而下,與會者環坐水旁,就近取杯而飲。觴,酒杯。
3 將至:《論語・述而》:「其為人也,發憤忘食,樂以忘憂,不知老之將至云爾。」
4 生死亦大矣:《莊子・德充符》引孔子言:「死生亦大矣,而不得與之變。」

每覽昔人興感之由，若合一契，未嘗不臨文嗟悼，不能喻之於懷[5]。固知一死生為虛誕，齊彭殤為妄作[6]。後之視今，亦猶今之視昔。悲夫！故列敘時人，錄其所述。雖世殊事異，所以興懷，其致一也。後之覽者，亦將有感於斯文。

《全晉文》

譯文

　　晉穆帝永和九年，癸丑歲，暮春三月初，大家在會稽郡山陰縣西南的蘭亭舉行修禊大典。

　　所有的賢者都來了，老老少少聚集在一塊兒。這裡有崇高峻峭的山峰，茂密的樹林，修長的竹子，也有清澈的水流，湧出的激湍，山光水色相映，環繞在此，如同玉帶一般。把流水吸引成環曲的小水道，水面放上酒杯，讓它隨波逐流，大家依次列坐於水旁，就近取杯飲酒，雖然沒有笛簫、琴瑟等樂器伴奏來助興，但是一邊飲酒，一邊吟詩，也足夠暢快地抒發深情雅意了。

　　這一天，天空晴朗，空氣清新，又吹著令人舒暢的和風。仰頭可見上下古今的偉大，低頭也可見到萬物生長的茂密，將目光隨四周的景物而流轉，敞開胸懷，可以得到視覺聽覺上的最高享受，實在可說是一大樂事。

---

5 若合一契：古人合約時各執一紙契約相聚合。合一契，即相互一致。
6 一死生：把死生看成相同，毫無分別。《莊子・齊物論》：「予惡乎知說生之非惑耶？予惡乎知惡死之非弱喪而不知歸者耶？」說，悅。齊彭殤：即將長壽和短命者看成相同，沒分別。《莊子・齊物論》：「莫壽乎殤子，而彭祖為夭。」彭，彭祖，古壽者，年八百餘。殤，幼年夭折。

想到世上的人，或而揚眉吐氣，或而低聲下氣地活了一輩子。有些將心中的懷抱，和三兩知己在房間內相互傾訴；有些則找尋心情的寄託，作身外的追求，因而放蕩逍遙。雖然取捨有不一，動靜也不相同，但是當大家遇到自己所喜歡的處境時，也頗能暫時地自得其樂，對於已將老邁都毫不察覺。但是等到興致一過，感到厭倦時，心情隨著外在事物而轉變，感慨也就接著來了。先前所喜愛的，在轉瞬間竟已成了遙遠的往事，對此怎能不有所感觸？更何況人生在世總是要聽任造化的安排，不管壽命長短，最後總有盡頭的。古人說：「死生的事，實在太重要了。」怎不令人感到傷痛呢？

　　每次讀到前人對外感慨的因由，都這樣一致，沒有不對著這些篇章而感嘆哀悼的，因而心裡都不能參透生死。就此可以知道將死亡生存看成一樣的話實在荒誕無稽，把長壽與夭折看成毫無分別的文章也是亂寫不可相信的。後世的人看我們現在，也將如同我們看從前的人一樣，這人世的無常，實在是可悲的事啊！所以在此一一敘述了參加這次聚會的人，並且記錄大家所作的詩。雖然人世有變，事物也不同，但是大家感慨的原因卻是一致的，後世讀到這些詩文的人，或者也會被它感動吧！

（周益忠、王樾 / 編寫整理）

《文心雕龍》序志
劉勰

　　劉勰（約四六五—約五三二），原籍東莞莒縣（今屬山東）。弱冠之時，丁母憂，因而終身未娶。依定林寺沙門僧祐，佐其抄撰善本。積十年之久，博通經論。建武三年（四九六），感夢始撰《文心雕龍》，書成於齊和帝中興元年（五〇一）。梁受齊禪，彥和起家為奉朝請，後為南康郡王記室，又為東宮通事舍人，為太子侍從。天監六年（五〇七）後與僧智、僧旻、慧震等三十人，同集上定林寺，抄一切經論，以類相從，凡八十卷，功成出家，改名慧地，未期而卒。

背景

　　劉勰的《文心雕龍》體大思精，籠罩群言，從成書之後到現在，一直是我國最重要的文學理論專著。

　　劉勰在《文心雕龍》中指出，歷來評論文章均有所不足，如曹丕的《典論·論文》，陸機的《文賦》，摯虞的《文章流別論》等都不能周備，唯有《文心雕龍》一書能牢籠古今，綜貫百體，建立典範，垂示萬代，因而最稱精察。至於此書的命名，據《序志》篇所言：「文心」，指作者為文時，如何運用其心思；「雕龍」則言自古以來，文章辭藻之修飾，如雕鏤龍文。可知，劉勰已重視內容和形式的運用。

　　《文心雕龍》五十篇，結構完整，由《序志》篇劉勰自道，可知

本書大體分上、下兩篇，上篇二十五篇包括文學本原論和文學體裁論，下篇二十五篇則包括文學創作論、文學批評論，及最後一篇的《序志》作為概論。依照范文瀾《文心雕龍注》的圖表，我們可以清楚地看出《文心雕龍》篇章的安排。上篇包括：

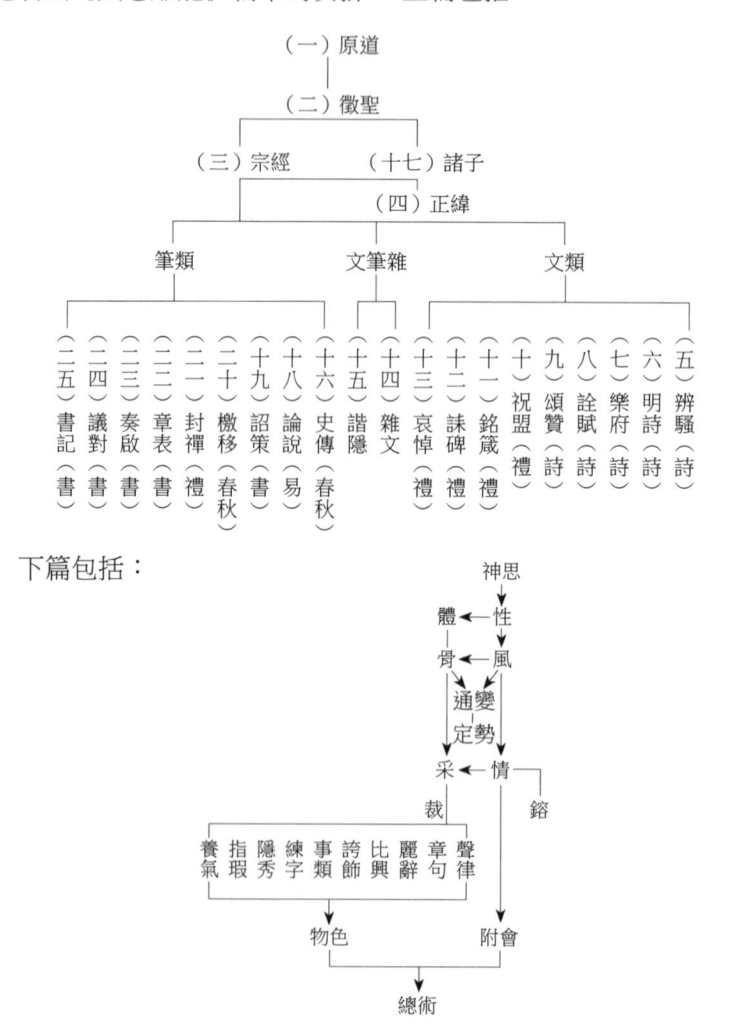

```
                    （一）原道
                        │
                    （二）徵聖
                    ┌───┴────────┐
              （三）宗經      （十七）諸子
                    └────┬───────┘
                    （四）正緯
              ┌─────────┼──────────┐
            筆類       文筆雜       文類
```

筆類	文筆雜	文類
(二五)書記(書)	(十五)諧隱	(十一)銘箴(禮)
(二四)議對(書)	(十四)雜文	(十)祝盟(禮)
(二三)奏啟(書)	(十三)哀悼(禮)	(九)頌贊(詩)
(二二)章表(書)	(十二)誄碑(禮)	(八)詮賦(詩)
(二一)封禪(禮)		(七)樂府(詩)
(二十)檄移(春秋)		(六)明詩(詩)
(十九)詔策(書)		(五)辨騷(詩)
(十八)史傳(春秋)		
(十六)論說(易)		

下篇包括：

```
                              神思
                               │
                    體 ←── 性
                               │
                    骨 ←── 風
                               │
                             通變
                               │
                             定勢
                               │
                    采 ←── 情 ──┐
                    │    裁    鎔
        ┌───────────────────────┐
        │養指隱練事誇比麗章聲│
        │氣瑕秀字類飾興辭句律│
        └───────────────────────┘
             ↓              ↓
            物色           附會
                ↓       ↓
                  總術
```

至於《時序》總術《才略》《知音》《程器》則屬於批評論的範圍。而我們此處所選的《序志》篇,不但是緒論,也可以說是全書的序言,它除了談論到書名由來之外,也談到了寫這本書的動機、目的,介紹本書的根源所在和主要內容,末了提到從事這類文章創作的艱辛及對此書的評價,自己也作了一番評估。

影　響

《文心雕龍》除了體大思精外,更重要的是它能超脫時代環境的影響、唯美的風尚。比如在講求對偶、注重音律乃至於雕章琢句之外,它更能重視文學的內容,以及儒家思想的立場,來作為時代的中流砥柱,以矯時弊,因而此書實有其時代批評的意義及價值。而在中國文學批評史上,更有無與倫比的重大影響力。

原　文

夫文心者,言為文之用心也。昔涓子《琴心》,王孫《巧心》,心哉美矣,故用之焉[1]。古來文章,以雕縟成體,豈取騶奭之群言雕龍也[2]。夫宇宙綿邈,黎獻紛雜,拔萃出類,智術而已[3]。歲月飄忽,性靈不居,騰聲飛實,製作而已。夫人肖貌天地,稟性五才,擬耳目於日

---

[1] 涓子《琴心》:涓子所作的《琴心》。黃侃《文心雕龍札記》說:「涓子蓋即《史記‧孟子荀卿列傳》中的環淵,楚人,為齊稷下先生,言黃老道德之術,著書上下篇。」琴心,即此書之名。《漢書‧藝文志》道家《涓子》十三篇,自注:「名淵,楚人,老子弟子。」王孫《巧心》:《漢書‧藝文志》儒家錄《王孫子》一篇,自注:「一曰巧心。」

[2] 騶奭之群言雕龍:意為騶奭所修飾之文如在雕刻龍文。《漢書‧藝文志》陰陽家錄有《騶奭子》十二篇。自注:「齊之號曰雕龍奭。」

[3] 黎獻:眾賢。《尚書‧皋陶謨》:「萬邦黎獻。」

月,方聲氣乎風雷,其超出萬物,亦已靈矣[4]。形同草木之脆,名逾金石之堅,是以君子處世,樹德建言,豈好辯哉,不得已也!

予生七齡,乃夢彩雲若錦,則攀而採之。齒在逾立,則嘗夜夢執丹漆之禮器,隨仲尼而南行;旦而寤,乃怡然而喜,大哉聖人之難見哉,乃小子之垂夢歟[5]!自生人以來,未有如夫子者也。敷贊聖旨,莫若注經,而馬、鄭諸儒,弘之已精,就有深解,未足立家[6]。唯文章之用,實經典枝條,五禮資之以成,六典因之致用,君臣所以炳煥,軍國所以昭明,詳其本源,莫非經典[7]。而去聖久遠,文體解散,辭人愛奇,言貴浮詭,飾羽尚畫,文繡鞶帨,離本彌甚,將遂訛濫[8]。蓋周書論辭,貴乎體要;尼父陳訓,惡乎異端;辭訓之異,宜體於要[9]。於是搦筆和墨,乃始論文。

詳觀近代之論文者多矣:至於魏文述典、陳思序書、應瑒《文論》、陸機《文賦》、仲洽《流別》、弘範《翰林》,各照隅隙,鮮觀

---

[4] 稟性五才:《漢書・刑法志》:「夫人尚天地之貌,懷五常之性。」顏師古注:「五常,仁義禮智信。」五才,即五常。
[5] 齒在逾立:即年過三十。《論語・為政》:「三十而立。」丹漆之禮器:祭祀用的籩豆。《三禮圖》(玉函山房輯本)云:「豆以木為之,受四升,高尺二寸,黍赤中。」《周禮》注曰:「籩,竹器圓者。」
[6] 馬、鄭:即馬融、鄭玄,為東漢的大儒。鄭玄嘗遍注群經。
[7] 五禮:吉禮、凶禮、賓禮、軍禮、嘉禮。《禮記・祭統》:「凡治人之道,莫急於禮,禮有五經,莫重於祭。」六典:《周禮・天官・塚宰》:「太宰之職,掌建邦之六典,以佐王治邦國,一曰治典,二曰教典,三曰禮典,四曰政典,五曰刑典,六曰事典。」
[8] 飾羽尚畫:喻辭藻再求華麗。《莊子・列禦寇》:「哀公問於顏闔曰:『吾以仲尼為貞幹,國其有瘳乎?』曰:『……仲尼方且飾羽而畫,從事華辭,以文為旨……夫何足以上民?』」文繡鞶帨:衣服的華藻文繡。《法言・寡見篇》:「今之學也,非獨為之華藻也,又從而繡其鞶帨。」鞶,大帶。帨,佩巾。意指講究辭藻及形式。
[9] 周書論辭:《偽古文尚書・畢命》:「政貴有恆,辭尚體要,不惟好異。」體,即內容。意指文辭應以內容為主。尼父陳訓:尼父指孔子。《論語・為政》:「子曰『攻乎異端,斯害也已。』」攻,研究,專攻。

衢路，或臧否當時之才，或銓品前修之文，或泛舉雅俗之旨，或撮題篇章之意[10]。魏典密而不周，陳書辯而無當，應論華而疏略，陸賦巧而碎亂，《流別》精而少巧，《翰林》淺而寡要。又君山、公幹之徒，吉甫、士龍之輩，泛議文意，往往間出，並未能振葉以尋根，觀瀾而索源[11]。不述先哲之誥，無益後生之慮。蓋《文心》之作也，本乎道，師乎聖，體乎經，酌乎緯，變乎騷，文之樞紐，亦云極矣[12]。若乃論文敘筆，則囿別區分，原始以表末，釋名以章義，選文以定篇，敷理以舉統，上篇以上，綱領明矣[13]。至於割情析采，籠圈條貫，摛神性，圖風勢，苞會通，閱聲字，崇替於時序，褒貶於才略，怊悵於知音，耿介於程器，長懷序志，以馭群篇，下篇以下，毛目顯矣[14]。位理

---

10 魏文述典：魏文帝曹丕所作的《典論·論文》。陳思序書：魏陳思王曹植所寫的《與楊德祖書》。應瑒《文論》：魏應瑒所作的《文質論》。《藝文類聚》有錄。陸機《文賦》：晉陸機作《文賦》，開以賦體論文章之先河。仲洽《流別》：《晉書·摯虞傳》：「虞撰文章志四卷，又撰古文章類聚區分為三十卷，名曰流別集。」今《全晉文》卷七十七輯有摯虞《文章流別論》。弘範《翰林》：即李充《翰林論》。《文鏡秘府論》云：「李充之制翰林，褒貶古今，斟酌利病。」《全晉文》卷五十三輯有《翰林論》八條。
11 君山：指桓譚。《全後漢文》輯有桓譚《新論》論文之語數條。公幹：指劉楨。其論文之語已佚，唯劉勰《文心雕龍》之《風骨篇》《定勢篇》曾各引一條。吉甫：指應貞，其論文之語已佚。士龍：指陸雲，陸雲與兄陸機的信往往討論文章。
12 「本乎道」五句：《文心雕龍》之《原道》《徵聖》《宗經》《正緯》《辨騷》。為全書之前五篇，談論文學的本原。
13 論文敘筆：黃侃《文心雕龍札記》云：「六朝人分文筆，大概有二途：其一，以有韻者為文，無韻者為筆，其一以有文采者為文，無文采者為筆。謂兼二說而用之。原始以表末……」敷理以舉統：《文心雕龍札記》云：「謂明詩篇以下至書記篇，每篇敘述之次第。茲舉頌贊篇以示例：自『昔帝嚳之世』，至『相繼於時矣』止，此原始以表末也。『頌者容也』二句，釋名以章義也；『若夫子云之表充國』以下，此選文以定篇也；『原夫頌惟典雅』以下，此敷理以舉統也。」
14 割情析采：割，據嘉靖本當作「剖」。據范文瀾《文心雕龍注》。情，指《神思》以下諸篇。采，指《聲律》以下諸篇。籠圈條貫：意指概括貫通。摛：發、布。神性：指《神思篇》《體性篇》。風勢：指《風骨篇》《定勢篇》。會通：指《通變篇》。聲字：指《聲律篇》《麗辭篇》。以上皆檃括《文心雕龍》之篇名。以馭群篇：用來統領全篇。馭，駕馭。

定名,彰乎大易之數,其為文用,四十九篇而已[15]。

　　夫銓序一文為易,彌綸群言為難,雖復輕採毛髮,深極骨髓,或有曲意密源,似近而遠,辭所不載,亦不可勝數矣[16]。及其品列成文,有同乎舊談者,非雷同也,勢自不可異也。有異乎前論,非苟異也,理自不可同也。同之與異,不屑古今,擘肌分理,唯務折衷[17]。按轡文雅之場,環絡藻繪之府,亦幾乎備矣。但言不盡意,聖人所難,識在瓶管,何能矩矱[18]。茫茫往代,既沉予聞,眇眇來世,倘塵彼觀也。

　　贊曰:生也有涯,無涯惟智[19]。逐物實難,憑性良易。傲岸泉石,咀嚼文義。文果載心,余心有寄。

《文心雕龍》

譯　文

　　所謂文心,就是在說明為文的運用心思。以前齊國的涓子作了《琴心》三篇,王孫子也作了《巧心》一篇,可見「心」這個東西,是夠美妙的!所以本書也以心為名。自古以來寫作文章,都以雕琢繁縟的文筆來完成篇章,這豈是取法以前齊人騶奭的修飾言辭如同雕刻龍文!宇宙是那樣的悠久深遠,眾多的賢者也一代一代地出現,其中能夠壓倒他人特別突出的,只有靠著他的智慧和學術了。歲月奄忽而過,人類靈巧的性命卻不能久遠地留住,要想聲名遠播,流傳千古,

15 大易之數:《易傳‧繫辭上》:「大衍之數五十,其用四十有九。」
16 彌綸:《易傳‧繫辭上》:「故能彌綸天地之道。」彌,彌縫補合。綸,經綸牽引。
17 擘肌分理:言剖析情采的精密。
18 言不盡意:《易傳‧繫辭上》:「子曰:『書不盡言,言不盡意。』」瓶管:言見識如瓶管般地微小。《莊子‧秋水篇》:「是直用管窺天。」
19 無涯惟智:指智識領域無窮盡。《莊子‧養生主》:「吾生也有涯,而知也無涯。

唯有靠著書立說而已。人生於天地間，而人的體貌也模仿天地的形狀，生來就具有仁義禮智信的才性。耳朵眼睛可比擬太陽、月亮，聲音氣息又好比颶風打雷，可見人類遠超過一切萬物，可以算是萬物之靈了。但是人的形軀卻如同草木般脆弱，一下子就腐爛了。只有聲名可比金石還要堅固，足以流傳久遠。所以君子立身處世，要樹立德行，留下著作。我的這番話難道是喜歡辯論嗎？實在是不得已啊！

我七歲的時候，曾經夢見如錦繡般漂亮的彩雲在天上，於是就攀登上去摘採它。到了二十多歲時，曾經夜晚夢見自己持著祭祀用的紅色禮器，跟隨著孔子向南方前行。天亮後醒來，實在是高興得很。聖人是多麼偉大啊，而且又很難見得到的，竟然在夢中跟我這後生小子相見。自從有人類以來，再沒有比孔夫子更偉大的人了，實在是我追隨的對象！

要闡揚推廣聖人的要旨，莫過於注解經典。但是馬融、鄭玄等漢朝的大儒，對於弘揚經書的意旨，已經很精妙了。今日要再注解經書，縱使很深刻，也不足以自成一家。唯有文章的功用，實在是經典的流衍，吉凶軍賓嘉等五禮，有賴文章而成節度；治政禮教刑事等六典，也有賴文章來完成其功能。君臣上下的大義因文章而更加顯明，軍國大事也因文章而更加光耀，這究其根本源流，無非是在聖人的經典。然而聖人離我們太久遠了，文體的形式也紛亂得很了。尤其一般文人喜愛標新立異，用詞崇尚浮誇詭譎，就像衣服好華麗，家室愛裝潢一樣只重視外表的優美，更像在寬衣大帶上刺上織錦，在衣巾上加上裝飾。就因這樣，更加遠離文章的根本，這情況已快到氾濫不已的地步了。以前《尚書》談論到用辭時說：「文辭應以內容的實在為

主。」孔子《論語》也告誡弟子：「專攻異端邪說，就要有害於正道了。」《尚書》和《論語》的話雖然不同，但都言文章應以內容為要務。因此我也就拿起筆蘸上墨，開始評論文章。

仔細觀察一下近世以來，評論文章的人太多了！像曹丕作《典論・論文》、曹植的《與楊德祖書》、應瑒的《文質論》、陸機的《文賦》、摯虞的《文章流別論》、李充的《翰林論》，但是以上諸家，只能洞明某一角落，闡揚某一觀點，很少能進行全面的觀察。有的只是稱讚或貶抑當代的作者，有的只是品評及銓衡前輩作家的文章，有的只是泛泛地舉出雅正或俗氣的旨趣，有的則綜括地節錄篇章的大意。曹丕的《典論・論文》詳密但不周全，曹植的《與楊德祖書》有辯才但不夠允當，應瑒的《文質論》文辭華美但理論往往疏漏簡略，陸機的《文賦》思緒巧妙但較為雜亂，摯虞的《文章流別論》精要但不夠巧妙，李充的《翰林論》淺顯但不得要領。其他如桓譚、劉楨、應瑒、陸雲等人，他們泛泛地談到對文章的意見，往往只是零星片段地出現，尚未能從枝葉去尋求根本，也未觀察波瀾而探索源頭，不能紹述聖人的訓誡，因而對後世學者的學思沒什麼幫助。

這本《文心雕龍》的寫出是根本於自然的大道，效法古代聖人及體會經典的意思，斟酌先賢所撰的緯書，並且參考了《離騷》。對於文體關鍵所在的文學原理，可說探討很詳盡了！至於評論有韻的文章，闡述無韻的筆調，實已劃定了領域，分出了界限。每篇敘述的次第皆先探究其始因，用以表明其結果，次則解釋文體的名稱來彰明其義理，再次便選用一些前人及其文章以為篇章之例證，最後再鋪排事理以舉出文章的統緒。一至二十五篇可將大綱要領說明白。像剖析

感情及辭藻，概括文意，貫通統系，以《神思》及《體性》來鋪寫精神性靈，以《風骨》及《定勢》來繪敘風格。包羅《通變篇》，搜閱《聲律》，鍛煉《麗辭》。借著《時序》，說明文章跟時代的關係，借著《才略》來褒貶作者的才識，借著《知音》來表達對於知己難遇的悵恨，以《程器》來發揚守正不阿的識見，以這《序志》來說明我的理想，同時來統馭本書的各篇。自二十六篇以下至五十篇，對細微的寫作技巧也都說明了。將理論處理好，並且將名稱加以確定，由《易經》演變天地的大衍之數來配合本書的篇數。因為本書除了《序志》以外，都是講文學的理論，剛好也是四十九篇。

要品評敘述一篇文章還算容易，但是要全面而且有條理地評述許多的文辭就很難了。雖然有的只是探看其表面的皮毛，有的則深入骨髓地去探討，也有很曲折的深意，細密的本源，看似很淺近，其實卻很深奧，而且是文辭所不能記載的，沒有辦法一一數說了！至於書中品評列舉已有的文章，有些和前人相同的地方，並非是拾人牙慧地人云亦云，而是自然如此，沒有辦法跟別人不同。有些和前人的觀點不同的，並非要標新立異，故作高論，而是其道理沒有辦法跟前人一樣啊！

對於文理的相同和相異，不管是前人和今人的作品，解析文章的內容，詳述其條理，以中正不偏為目標。在高雅的文苑不停地論文，現在可以止步了！在繪飾辭藻的文章園地既已完成目的，也可勒住奔馬了！本書該算是大功告成了。但是言辭不能完全地表達吾人的心意！以前孔聖人也是這樣認為的。更何況我對文學的膚淺意見，就如同以瓶測量海、以管窺探天一樣，又怎能成為文章的法度呢？廣大渺

茫的往代聖人的著作，既已清晰地引導啟發我的見聞，對於渺不可知的未來讀者，我的看法也許會使他們的觀點感到迷惘吧！

　　人生有窮盡，智識無邊際。以有限的生命追逐外物實在困難，憑藉天性做力所能及的事情還是容易的。傲然於岸邊，寄情於泉石之間，咀嚼文章的要義，寫出的文字果然能表達自己的內心，我的心也就有寄託了。

（周益忠／編寫整理）

宋書恩幸傳論

沈約

沈約（四四一一五一三），字休文，南梁吳興武康（今浙江德清）人，博學多聞，又善為詩文，唯功名心重，從政十餘年，未嘗有所建樹。歷官宋、齊等朝，所著有《晉書》《宋書》《齊紀》等史書，及文集百卷，又撰《四聲譜》，分字為平上去入四聲，於聲韻方面亦有貢獻，見《宋書》沈約自序。《梁書》卷十三、《南史》卷五十七有傳。

背景

《宋書》一百卷，沈約於南齊永明五年（四八七）春奉敕撰著，六年（四八八）二月，書成。沈氏模仿班固《漢書》做法，書末有自序，敘其家世及其撰史經過。

南朝宋、齊以來，士族門閥日趨僵化，「貴仕素資，皆由門閥，平流進取，坐至公卿」。沈約亦出身士族，特為當時著名士族立傳，傳中並無功績可言，唯在宣揚其「名家」「素論」。《宋書》篇幅所以龐大，此為重要因素之一。

今本《宋書》諸志計三十卷，多沿襲何承天《宋書》而加以補充，此種追溯前代的做法，後人頗有不同意見。事實上，宋志上溯三國，既是補闕，又用以溯源，頗為可取，如《州郡志》依據《太康地

理志》及何承天、徐爰舊本加以修補,於地理沿革、戶口統計之外,並記錄僑郡縣的分佈情形,遠比《晉書・地理志》為佳。在《樂志》中,記錄漢魏以來詩歌極多,是研究文學史的良好資料。《律曆志》中,詳載楊偉的《景初曆》、何承天的《元嘉曆》、祖沖之的《大明曆》全文,呈現出當時自然科學發展的面貌與不凡成就。至於食貨、刑法二志,沈約說:「刑法、食貨,前說已該,隨流派別,附之紀傳。」因此,《宋書》沒有《食貨志》和《刑法志》。

《宋書》列傳六十篇,並無新創名目,僅改「佞幸」為「恩幸」,部分內容流於蕪蔓,如《孔靈符傳》詳載有關徙民的事,《何尚之傳》詳記關於錢帛的議論,《何承天傳》詳錄同籍補兵的言論,在列傳中附入這些雜議,以致傳文臃腫,敘述既不成系統,翻檢又不方便,實應另立專志。

影 響

南齊武帝末年,沈約所撰《宋書》已經問世,裴子野看後不滿意,刪訂為《宋略》二十卷,劉知幾極為讚賞,曾說:「世之言宋史者,以裴略為上,沈書次之。」又說:「裴幾原刪略宋史定為二十篇,芟煩撮要,實有其力。」《宋略》雖以刪繁為主,但也有所補充,該書今已亡佚,不過唐人所撰《通典》《建康實錄》,宋人所編《文苑英華》及司馬光的《資治通鑑》考異中仍屢加引用,可見本書確實有用。

本文所談,是我國專制政治的基本問題:君主一人獨掌權力中樞,勢不能照攬全域,於是恩幸小人便包圍了君主。幾千年的禍亂,

大歷史・大文章 古代篇　311

從這一篇文章裡都可以看出端倪。另外，造成魏晉南北朝門閥社會的原因和弊病，在本文中也有深刻的剖析。

原　文

　　夫君子小人類物之稱，蹈道則為君子，違之則為小人。屠釣卑事也，版築賤役也，太公起為周師，傅說去為殷相。非論公侯之世，鼎食之資，明揚幽仄，唯才是與。

　　逮於二漢，茲道未革，胡廣累世農夫，伯始致位公相，黃憲牛醫之子，叔度名重京師[1]。且任子居朝，咸有職業。雖七葉珥貂，見崇西漢，而侍中身奉奏事，又分掌御服。東方朔為黃門侍郎，執戟殿下。郡縣掾史，並出豪家，負戈宿衛，皆由勢族，非若晚代，分為二途者也。

　　漢末喪亂，魏武始基，軍中倉卒，權立九品。蓋以論人才優劣，非為世族高卑。因此相沿，遂為成法。自魏至晉，莫之能改，州都郡正，以才品人，而舉世人才，升降蓋寡。徒以馮藉世資，用相陵駕，都正俗士，斟酌時宜，品目少多，隨事俯仰，劉毅所云「下品無高門，上品無賤族」者也。

　　歲月遷訛，斯風漸篤，凡厥衣冠，莫非二品。自此以還，遂成卑庶。周、漢之道，以智役愚，台隸參差，用成等級。魏晉以來，以貴役賤，士庶之科，較然有辨。夫人君南面，九重奧絕，陪奉朝夕，

---

[1] 黃憲：字叔度，東漢慎陽人，其父為牛醫，然叔度卻名重於時。當時人如郭泰即以為「叔度汪汪若千頃陂，澄之不清，淆之不濁，不可量也」。荀淑將其比為顏子，而陳蕃也以為「日月之間，不見黃生，則鄙吝之萌，復存於心」。

義隔卿士,階闥之任,宜有司存。既而恩以幸生,信由恩固,無可憚之姿,有易親之色。孝建、泰始,主威獨運,官置百司,權不外假,而刑政糾雜,理難遍通,耳目所寄,事歸近習。賞罰之要,是謂國權,出內王命,由其掌握,於是方塗結軌,輻湊同奔。人主謂其身卑位薄,以為權不得重。曾不知鼠憑社貴,狐借虎威,外無逼主之嫌,內有專用之功,勢傾天下,未之或悟。挾朋樹黨,政以賄成,鈇鉞瘡痏,構於筵笫之曲,服冕乘軒,出乎言笑之下。南金北毳,來悉方艚,素縑丹魄,至皆兼兩,西京許、史蓋不足云,晉朝王、庾未或能比。

及太宗晚運,慮經盛衰,權幸之徒,懾憚宗戚,欲使幼主孤立,永竊國權,構造同異,興樹禍隙,帝弟宗王,相繼屠剿。民忘宋德,雖非一塗,寶祚夙傾,實由於此。嗚呼!《漢書》有《恩澤侯表》,又有《佞幸傳》,今採其名,列以為《恩幸篇》云。

《宋書》

譯 文

君子小人,是分辨人品的方便稱呼,舉止合乎道義,就是君子,違背道義,那就是小人。屠狗、釣魚,本都是卑微的事情,但是姜太公卻以這種身分成為周朝的開國國師;做木工替人蓋房子也是低下的工作,但是傳說卻成為商朝武丁的宰相,這可見得古時並不重視門第的貴賤。只要是人才,哪管他是否出身寒微,照樣加以選拔出來。

到了兩漢時朝,這種辦法依然沒有改變。胡廣家裡歷代都務農為生,到了伯始卻攀登上了王公將相的職位。黃憲本只是牛醫的孩子,

但是他的字——叔度的名氣，卻望重京師。而且子嗣位居朝廷，都有正當職業。金日磾、張湯七代，代代都有官職，為兩漢人所看重，而侍中卻只掌管臣下奏議，又掌管皇上的衣服穿著。東方朔擔任黃門侍郎，在宮殿當侍衛，而在郡縣擔任文書的小官，卻都是出身富豪家庭的。此外持著干戈、保衛宮殿的，也都由強大的宗族子弟來擔任，並不像近代出身不同，就擔任不同的官職。

漢朝末年的時候，中原飽經各種災難，魏武帝掌握大權，由於軍務緊逼，因而暫且立了九品中正的方法，用來品評人品的優劣，並非是為了世族的尊卑，卻因此相繼沿襲下來，因而成為通例。從魏到晉，並沒有辦法改進，各地方選拔人才者，本應以人才來品評人格，但是整個天下人才得以升遷者並不多見，多半只是靠著家庭的關係，因而得以爬上高位。而這些選拔者既庸俗不堪，因而他們選拔的標準，只是隨著世俗的標準來衡量高低，劉毅因而會感嘆：「下品中人沒有高門子弟在，而上品中人，亦不會有貧賤家庭的人在。」

經過日積月累之後，此種風氣更加盛行。凡是屬於那些衣冠士族者，無非是一品二品的高官，而其他一般百姓，就只好永遠當個低微不重要的小官了。周朝、漢朝等時候，是有學問有智慧者來管理那些平凡的小民，因而有高下之分；自魏晉以來，由權貴世代相襲來役使低下的百姓，貴賤之別，就此更加明顯了。後來國君南面稱王，天威高遠，一般人不可以接近，連卿大夫都難以接近了。而各種官職，卻有賴各級官吏去執行，這時誰能接近皇帝呢？就是這些小人。他們得到皇上的寵幸，因而皇上恩愛有加，再加上皇上的信任，而且沒有因功高而可能震主的顧慮，更有討人喜愛的容貌。

孝建、泰始年間，皇上獨攬大權，各種官職的權力都操縱在皇上手裡。但是政治之事本就很複雜，難以洞察秋毫，因而皇上即將賞罰等權柄所在交給就近所狎昵的寵幸。由這些寵幸掌管國家的大權，於是不當的趨向就愈演愈烈，而這些幸臣也彼此勾結，互相聲援。人君以為他們地位低下，勢孤力單，而且權位不高，卻不知倉庫中的老鼠，因為得天獨厚，因而顯得特別嬌貴，而狐狸也可借著老虎的威風來炫耀。這些寵幸表面上雖不會有逼迫主上的嫌疑，實際上卻有獨霸皇權的可能。他們權傾天下，而皇上卻不能醒悟；他們招朋引黨，賄賂貪污之風氣因而瀰漫於朝廷之中。他們任意在私宅動用私刑來拷打異己，自己外出，所著服裝，所駕車馬之華麗，連公卿也要望塵莫及。南方所出產的金銀，北地所生產的高貴皮毛，由船隻一艘艘地運來，而高貴的絲織品也都需要比一般人所有的價錢高上一倍以上。當年西漢許、史兩家的寵幸已經微不足道，而晉朝的王導、庾亮等人也不能跟他們相比。

　　到了宋太宗晚年去世以後，這些寵幸，害怕劉宋宗室貴戚的聲勢，為了孤立幼主，永遠保持大權，因而就到處興風作浪，製造謠言，害宗室貴戚們禍起蕭牆，自相殘殺，以至於使得劉宋滅亡。宋朝滅亡的原因雖多，但是國祚早就衰微，原因實在於此。唉！為了這些寵幸小人，《漢書》早列有《恩澤侯表》，更列出《佞幸傳》，因而我也用上這個名稱，將恩澤和佞幸合在一起而成為《恩幸篇》。

（周益忠、陳韻／編寫整理）

《文選》序
蕭統

蕭統即昭明太子，梁武帝長子，字德施，生於齊和帝中興元年（五〇一），卒於梁武帝中大通三年（五三一）。南蘭陵（治今江蘇常州西北）人。性早慧，藏書三萬卷，雅愛屬文，除編寫有《昭明文選》外，復有《文集》《文章英華》等。性至孝，惜三十一歲時，不幸因泛舟溺水，得疾而亡。

蕭統像

背景

總集的編纂，一直有它的時代意義，編纂者或偏重於保存文獻，因而極力搜羅，或著重挑選，因此加以刪定，以去蕪存菁。最早的總集應該是《尚書》與《詩經》。《尚書》的情況前文已有說明。《詩經》則是孔子刪了古詩二千多首，而保存了三百零五篇。但是《詩經》只錄詩歌，未嘗登錄文章，其後的《楚辭》亦然。晉朝以後，如杜預的《善文》、李充的《翰林》、摯虞的《文章流別集》、劉義慶的《集林》等，都是選文章的。然而這些都已失傳了，所幸至今猶留傳下來《文選》一書，方保留了周秦到齊梁間的詩文佳作。

影響

　　蕭統選文以翰藻能文為準，在古代的眾多作品中加以選擇，不但完成了這一部重要的選集，更把我國以前文筆不分的情況改變了。從他以後，純文學作品就此獨立於一般文學作品之外，而有所謂「文」「筆」的分野，使得士子能有所依循，功不可沒。

　　由於本書將上古內容好形式又美的文章都加以選錄，因此以往讀書人必熟讀文選，所謂「文選爛、秀才半」，可見其在科舉時代的重要性，無怪詩聖杜甫也要勉勵他的兒子「熟讀文選理」。《文選》真不愧為我國一部最重要的詩文總集。

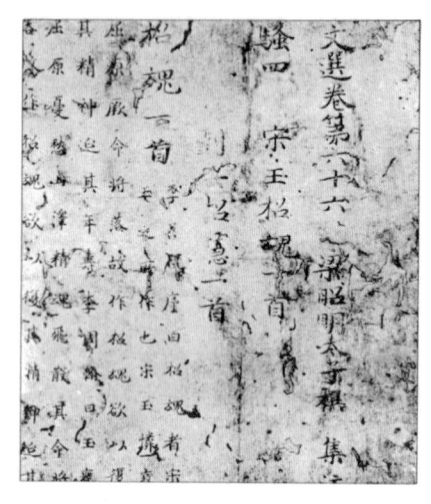

《昭明文選》手抄本書影

原文

　　式觀元始，眇覿玄風，冬穴夏巢之時，茹毛飲血之世，世質民淳，斯文未作[1]。逮乎伏羲氏之王天下也，始畫八卦，造書契，以代結繩之政，由是文籍生焉[2]。《易》曰：「觀乎天文，以察時變；觀乎人

---

1 冬穴夏巢：指上古之世。《禮記・禮運》：「昔者先王未有宮室，冬則居營窟，夏則居橧巢。未有火化，食草木之實，鳥獸之肉，飲其血，茹其毛。」
2 伏羲氏：古三皇之一。教民佃漁畜牧，養犧牲以實庖廚，故又叫庖犧。八卦：乾坤震艮離坎兌巽等八卦。相傳為周文王所作。

文，以化成天下。」文之時義，遠矣哉！若夫椎輪為大輅之始，大輅寧有椎輪之質[3]？增冰為積水所成，積水曾微增水之凜，何哉？蓋踵其事而增華，變其本而加厲；物既有之，文亦宜然；隨時變改，難可詳悉。

嘗試論之曰：《詩序》云：「詩有六義焉，一曰風，二曰賦，三曰比，四曰興，五曰雅，六曰頌[4]。」至於今之作者，異乎古昔，古詩之體，今則全取賦名[5]。荀、宋表之於前，賈、馬繼之於末。自茲以降，源流實繁。述邑居則有憑虛、亡是之作，戒畋遊則有《長楊》《羽獵》之制[6]。若其紀一事，詠一物，風雲草木之興，魚蟲禽獸之流，推而廣之，不可勝載矣。

又楚人屈原，含忠履潔，君匪從流，臣唯逆耳，深思遠慮，遂放湘南。耿介之意既傷，壹鬱之懷靡愬；臨淵有懷沙之志，吟澤有憔悴之容。騷人之文，自茲而作。

詩者，蓋志之所之也，情動於中而形於言：《關雎》《麟趾》正始之道著；桑間濮上，亡國之音表，故風雅之道，粲然可觀[7]。自炎漢

---

[3] 椎輪為大輅之始：言大輅源出於椎輪。椎輪，椎車。原始的車輪，乃鋸樹幹之一段，中鑿圓孔，以軸貫之，形狀如椎，因名椎輪。大輅，大車，天子所乘。
[4] 詩有六義：即風、賦、比、興、雅、頌，風、雅、頌為《詩經》的體裁，賦、比、興為作法。風，即十五國風，歌詠各地風土人情。雅，有大雅、小雅，雅即夏，為流行中原王朝的正聲。頌，有商頌、周頌、魯頌，歌舞之謂。賦，鋪陳直敘。比，即比喻。興，乃先言他物以引起所詠之辭，亦即象徵。
[5] 今之作者：指後世為賦者，特指荀子、宋玉以後之人。
[6] 憑虛、亡是：張衡《西京賦》托於憑虛公子，司馬相如《上林賦》托於亡是公，皆述邑居之作。《長楊》《羽獵》：揚雄作有《長楊賦》《羽獵賦》以戒田獵遨遊。
[7]《關雎》《麟趾》：《詩經·周南篇》名。《關雎》為祝賀新婚之詩，為《詩經》之首篇。《麟趾》則頌美他人子孫眾多。桑間濮上：原出《禮記·樂記》，據鄭玄注：「濮水之上，地有桑間者，亡國之音，於此水出焉。……桑間，在濮陽南。」桑間，在今河南延津縣和滑縣之間。

中葉,厥途漸異:退傅有《在鄒》之作,降將著「河梁」之篇,四言五言,區以別矣[8]。又少則三字,多則九言,各體互興,分鑣並驅。頌者,所以遊揚德業,襃贊成功,吉甫有「穆若」之談,季子有「至矣」之嘆[9]。舒布為詩,既言如彼;總成為頌,又亦若此。次則:箴興於補闕,戒出於弼匡,論則析理精微,銘則序事清潤,美終則誄發,圖像則贊興[10]。又詔誥教令之流,表奏箋記之列,書誓符檄之品,弔祭悲哀之作,答客指事之制,三言八字之文,篇辭引序,碣碑誌狀,眾制鋒起,源流間出[11]。譬陶匏異器,並為入耳之娛;黼黻不同,俱為悅目之玩。作者之致,蓋云備矣。

---

8 退傅:漢彭城(今江蘇徐州)人韋孟,為楚元王交之傅,交子楚王戊荒淫,韋孟作詩諷諫,不聽,遂去位,因稱退傅。孟後徙家於鄒。其《諷諫》《在鄒》二詩為四言詩之濫觴。降將:漢李陵,因孤軍力戰為匈奴所俘,因稱降將。《文選》載有李陵與蘇武詩五首,其中第三首首句為:「攜手上河梁,遊子暮何之。」因稱河梁之篇。李陵之詩一般認為五言古詩之緣起。
9 吉甫:周宣王時名將,嘗作《詩經‧大雅‧烝民》之詩,末章云:「吉甫作誦,穆如清風。」季子:春秋吳國人,即吳王壽夢少子季札。封於延陵,號延陵季子,嘗聘於魯,觀周樂而知列國之治亂興衰,因而歌誦曰:「至矣哉。」
10 箴:《文心雕龍‧銘箴篇》:「箴者,鍼也。所以攻疾患,喻箴石也。」《文選》卷五十六有《張華女史箴》一篇。戒:《文心雕龍‧詔策篇》:「戒者,慎也。」如班昭《女誡》、鄭玄《戒子益恩書》。弼匡:輔正。美終:指旌揚死者。人死曰終。誄:《文心雕龍‧誄碑篇》:「誄,累也,累其德行,旌之不朽。」圖像:指為人事畫像。贊:《頌贊篇》云:「贊者,明也,助也。」
11 詔誥教令:文體名。《文心雕龍‧詔策篇》:「詔者,告也,詔誥百官。」又云:「教者,效也,出言而民效也。」又云:「降及七國,並稱曰令,令者,使也。」表奏箋記:亦文體名。表以陳情。奏,進言於上。《文心雕龍‧書記篇》:「記之意志,進己志也。」箋者,表也,表識其情也。書誓符檄:亦文體名。為舒布其言,陳之簡牘。誓以訓勉軍隊。《文心雕龍‧書記篇》:「符者,孚也,徵召防偽,事資中孚。」孚即信實。又《檄移篇》:「檄,皦也,宣露於外,皦然明白也。」檄以供徵召。答客指事:指嘲弄文體,如東方朔《答客難》、揚雄《解嘲》。三言八字:離合體之文字,用以拆字。碑碣志狀:皆文體名,用以旌表死者。碑碣以石為之。方為碑,圓為碣。志為墓誌,狀為行狀。

余監撫餘閒,居多暇日[12]。歷觀文囿,泛覽辭林,未嘗不心遊目想,移晷忘倦。自姬、漢以來,眇焉悠邈,更迭七代,數逾千祀[13]。詞人才子,則名溢於縹囊,飛文染翰,則卷盈乎緗帙。自非略其蕪穢,集其清英,蓋欲兼功,太半難矣!若夫姬公之籍,孔父之書,與日月俱懸,鬼神爭奧,孝敬之准式,人倫之師友,豈可重以芟夷,加之翦截。老、莊之作,管、孟之流,蓋以立意為宗,不以能文為本,今之所撰,又以略諸。若賢人之美辭,忠臣之抗直,謀夫之話,辯士之端,冰釋泉湧,金相玉振。所謂坐狙丘,議稷下,仲連之卻秦軍,食其之下齊國,留侯之發八難,曲逆之吐六奇,蓋乃事美一時,語流千載,概見墳籍,旁出子史,若斯之流,又亦繁博,雖傳之簡牘,而事異篇章,今之所集,亦所不取[14]。至於記事之史,繫年之書,所以褒貶是非,紀別異同,方之篇翰,亦已不同[15]。若其贊論之綜輯辭采,序述之錯比文華,事出於沉思,義歸乎翰藻。故與夫篇什,雜而集之。遠自周室,迄於聖代,都為三十卷,名曰《文選》云爾。

凡次文之體,各以彙聚[16]。詩賦體既不一,又以類分,類分之中,

---

12 監撫:監國、撫軍。蕭統時為梁太子。《左傳・閔公二年》:「冢子,君行則守,有守則從,從曰撫軍,守曰監國,古之制也。」監國、撫軍為太子之職。
13 七代:周、秦、漢、魏、晉、宋、齊等七代。
14 狙丘:齊國地名。稷下:在齊都臨淄之西,齊君設館為文士論政之所。當時遊說縱橫之士皆來此為上大夫,不治而論議,名為稷下學士。仲連:魯仲連,戰國齊人,秦圍趙急時,嘗說新垣衍以義不帝秦。秦軍為之退卻五十里。食其:酈食其,漢高陽人,為高祖說齊,齊降,後韓信攻齊,齊王以其欺詐,遂烹之。留侯:張良,字子房,佐高祖平定天下,封留侯。嘗陳八事詰難漢王,以明恢復六國後人為君之事不可行。曲逆:陳平字孺子,亦佐高祖定天下,曾六出奇計,封曲逆侯。
15 繫年之書:指按年代編次的史書,如《春秋》《左傳》等。
16 各以彙聚:匯、類、言以文體分類,來編次《文選》。《文選》自賦至祭文,共分三十八類。

各以時代相次[17]。

《四部叢刊》影宋本六臣注《文選》卷首

譯文

　　我看那先民樸實原始的生活，他們冬天就在地上挖洞穴，夏天就在樹上架木巢來居住，吃動物的肉，喝野獸的血，那時候的人民實在是淳樸極了，連文字的記載都沒有。等到伏羲氏為天下共主的時候，才畫八卦，作文字來取代以前的結繩記事，因而慢慢地才有文字的記載和書籍的出現。《易經》賁卦象辭說得好：「觀看那天上日月星辰的運轉來察知四時的變化，觀看人間的詩書禮樂的推行以教化天下。」「文」的意義，實在太豐富，也太重要了。談到那原始的椎輪是天子所乘大輅的老祖宗，可是華麗的大輅，就不是椎輪那麼寒磣質樸了。層層的冰塊是涼水累積冷凍而成，可是涼水哪有層層冰塊的寒冷？這是為什麼呢？後出轉精，後人所造的車輛，自然比前人要更加修飾更加華麗；青出於藍，變本加厲後，自然要比藍色更加奪目了。世間萬物既然如此，文章也是一樣，隨著時代而演變，無法一一都知道得很清楚。

　　我曾經對文章的演變有一些看法：以前《詩經》的大序上說：「詩有六義，一為風，二為賦，三為比，四為興，五為雅，六為頌。」但是現在的作家，則跟古時大不相同，古時《詩經》的體裁有多種，賦只是其中之一，現代則都是在作賦了。荀子、宋玉為賦體的

---

[17] 又以類分：文選以詩賦篇目多，因而賦又分十五類，詩則分二十三類。

先驅，賈誼及司馬相如繼之而起，從此以後，各種流派，紛紛起來。敘述京城的壯觀，有那張衡假託憑虛公子的《兩京賦》，更早則有司馬相如假託亡是公的《上林賦》等，勸誡天子田獵遊樂，有揚雄《長楊賦》《羽獵賦》等作品。其他用來記事的如班彪的《北征賦》，用來詠物的如王褒的《洞簫賦》，詠風雲的如宋玉的《風賦》、陸機的《白雲賦》，歌詠草木的如曹丕、王粲的《柳賦》及鍾會、孫楚的《菊花賦》，歌詠蟲魚鳥獸的有蔡邕的《蟬賦》、摯虞的《觀魚賦》、禰衡的《鸚鵡賦》、顏延之的《赭白馬賦》等等，就賦體的形式大加推廣，作品之多，實在無法一一列舉了。

再談到楚人屈原，懷抱忠貞，行為高潔，既然國君無法從善如流，他又偏偏一再地進諫逆耳的忠言，深思遠慮卻不容於時，因而被放逐到湖南去。堅貞不移的心思既已受到打擊，苦悶不舒的懷抱又何處可宣洩呢？面臨江水的深淵，有必死的決心，行吟澤畔，臉孔帶著憔悴的顏色。因而他作了《離騷》《懷沙》等作品，辭人所作的騷體，就從此開始了。

詩就是心志所表現出於外的。內心有這種情感，於是就表現於外在的言語。《詩經》中《關雎》《麟趾》的典正之音闡揚王道最顯著，桑間濮上的靡靡之音，則表現了亡國之音。因而詩樂也表現了國家政治的興衰，是顯而易見的。自從西漢中世，詩的途徑更加地寬廣，詩體也就更加地不同了：韋孟有四言《在鄒詩》的作品，李陵也有五言答蘇武詩三首，自此以後就有四言詩和五言詩的分別。不但如此，也有少到只有三字一句的三言詩，和多至九字一句的九言詩，各種詩相繼興起，分途並進，蔚為大觀。頌是用來稱揚德業、褒獎事功的，吉

甫先有《詩經・大雅・烝民》之詩來稱美宣王，延陵季子也對魯國所演奏的周樂讚揚備至，推展其事為詩，已有《詩經》的頌，總括其事為頌贊，又是如此，這就是詩體的妙處所在。

其次有「箴」體起於彌補缺失，「戒」體起於輔導指正。又有「論」體因分析事理，特別精密；「銘」體以闡述德業，所以文字比較清潤。為稱揚死者，因而有「誄」體的出現；為人死畫像，因而有「贊」體的興起。還有「詔誥教令」等訓誡百官和百姓的文章，「表奏箋記」等進言於主上的言論，以及「書誓符檄」「弔祭悲哀」等作品，和「答客指事」這些嘲弄的文字，以及所謂「三言八字」等離合體，而「篇辭引序」「碑碣志狀」等各種體裁的作品亦紛紛出來，因此文體的流派也層出不窮。就好比陶塤匏笙，這是兩種不同的樂器，卻都是悅耳的音樂；紅黑色的黼，青黑色的黻，是兩種不同的文采，卻都可以賞心悅目。這些作家盡力所在者，可以說都已有文章表現得淋漓盡致了。

我平日當太子操勞國事以外，閒暇時間，就盡情地觀賞歷代作家的作品。每每因心遊目想，白日不夠，晚上還挑燈夜讀，忘了疲倦。自從周漢以來，時間也頗為悠遠了，更換了七個朝代，年代也已千年之久，這些詞人才子等，聲名早已飛越到了書囊之外，而且所作華麗的文章，卷帙之浩瀚，也可說是汗牛充棟了。若非將其蕪穢部分刪略，只選取其精華的所在，否則想要全部都收取，那就困難多了。談到周公、孔子所傳下的六經，可與日月並昭，跟鬼神合德，這六經是孝親敬長的準則，是人倫綱常的模範，豈可妄加刪除裁剪呢？老子、莊子的著作，及管子、孟子等文章，是以闡揚思想為宗，不以文采為

主，因而現在所選錄的，只好將其刪去。至於那些賢士的美麗辭藻，忠臣的抗顏直言，軍師的言語，縱橫家的舌端，詞鋒快如春來冰水的消融，思緒像泉水般地湧出，華麗言辭像黃金般地燦爛，音調的抑揚，像玉石般地鏗鏘。正如同前人所謂高坐齊國狙丘地方，在稷下高談闊論；魯仲連的提倡義不帝秦，使得秦國退兵；酈食其的不爛之舌說服齊王，獻城以降；張良的口說八事以詰難漢王，改變主意；陳平的六獻奇計，佐高祖定天下，也都為時人所津津樂道，並且流傳千年之久。

這些都可於古書中見到，也記載於現在的子書和史書中。像這一類的文字卻又都繁雜冗長，雖然已在書籍中留傳下來，但是與文章大不相同，今所集錄的這本書，也不加選取。至於記載事實的歷史文字如《尚書》，按年代編次的史書如《春秋》，是用來獎善罰惡，記載各種說法的，跟一般的文章比較起來，也是大不相同。但是史書裡邊的贊論序述，既妥於運用辭采，也有華麗的外觀，所談的內容出自深思，用義也能兼顧文采，所以跟其他的文學作品選在一起。本書遠起自周朝，一直到梁朝，共分為三十卷，題名就叫作《文選》。

編次本篇文章的方法，是依照它們的種類，分別在各卷中，詩賦文體不一，又各有不同的小類別，因而照它的小類別來區分，每種品類之中，各按照它們的時代早晚來排定次序先後。

（周益忠／編寫整理）

遷都議
元宏

元宏,即魏孝文帝拓跋宏,原都平城(今山西大同東北),後遷都洛陽,推行華化政策,改姓元,是中國歷史上推行漢化最重要的君主。

背景

南北朝是中國文化史上一個最重要的時期,也是中國文明的第一座難關。由於北方新民族的加入,華夏文化受到空前的大考驗。但中國文化終於含攝了北方文化的撞擊,而融成一個波瀾壯闊的奇景。

元宏像

在這大融合的過程中,代表北方新民族領導地位的,首推北魏孝文帝的漢化政策。魏自太武帝統一北方後,由於接觸到內涵豐美的華夏文化,便以極緩的速度步上漢化的路途。到孝文帝即位,正是儒術文學並盛,朝中濟濟多士的時候,加上他本身是位「優於文學,才藻天成」的飽學之士,對華夏文化抱持著衷心欽慕的熱忱。為了加強對中原地區的統治,把立國基礎由武治變為文治,革除世代的陋習,最重要的是便利吸收漢文化與全面推行漢化政策,乃決心把都城從偏北

的平城，遷到當時是中原地區政治、經濟、文化中心的洛陽。此舉對北方社會文化各方面的發展與華夷民族的大融合，實為決定性的關鍵所在。

本文選自《資治通鑑》，記載議定遷都的原因與過程，為影響中國文化命脈與內涵的重要篇章。

影 響

在這華夏與夷狄文化空前的人交匯中，孝文帝耗盡了畢生心血，於遷都之後，完全採用了中國的文化，禁胡語、禁胡服、改漢姓、娶漢女、立學校、正禮樂、行古禮，竟比南朝的中國更富有古典的色彩，此舉確實帶給元魏社會組織的改變，以及風俗習慣、典章制度的美化，渾然跟漢民族熔鑄為一體，充分顯現出「夷狄進於中國則中國之」的華夏文化含融並蓄的大同本質。

另一方面，華夏文化已然征服了北方的新民族，使得六世紀隋朝統一南北後，不但在政治上保有完整性，而且在文化上南北合融的統一更加圓熟。由於異族活潑昂揚的生命力，注入到了中原古老民族的血液中，激發了新的創造力與變化瑰麗的開闊氣象，影響到中國文化再次達到燦爛璀璨的巔峰。

唯對北魏來說，鮮卑族瘠弱的文化基礎，雖歷數代漢化，但因措施失當，施行得並不徹底。自遷都洛陽以後，更是連年征戰，民生凋敝，苛政大興，終致群亂並起，自掘本根，從而走向衰弱亡國的命運。

原 文

　　魏主以平城地寒，六月雨雪，風沙常起，將遷都洛陽，恐群臣不從，乃議大舉伐齊，欲以脅眾，齊於明堂左個，使太常卿王諶筮之，遇革，帝曰：「湯武革命，應乎天而順乎人，吉孰大焉！」[1]群臣莫敢言。尚書任城王澄曰：「陛下奕葉重光，帝有中土。今出師以征未服，而得湯武革命之象，未為全吉也！」帝厲聲曰：「繇云『大人虎變』，何言不吉[2]？」澄曰：「陛下龍興已久，何得今乃虎變！」帝作色曰：「社稷，我之社稷，任城欲沮眾邪！」澄曰：「社稷雖為陛下之有，臣為社稷之臣，安可知危而不言？」帝久之乃解，曰：「各言其志，夫亦何傷。」既還宮，召澄入見，逆謂之曰：「向者革卦，今當更與卿論之。明堂之忿，恐人人競言，沮我大計，故以聲色怖文武耳！想識朕意。」因屏人謂澄曰：「今日之舉，誠為不易，但國家興自朔土，徙居平城，此乃用武之地，非可文治。今將移風易俗，其道誠難，朕欲因此遷宅中原，卿以為何如？」澄曰：「陛下欲卜宅中土，以經略四海，此周漢所以興隆也[3]。」帝曰：「北人習常戀故，必將驚擾，奈何？」澄曰：「非常之事，故非常人之所及，陛下斷自聖心，彼亦何所能為？」帝曰：「任城，吾之子房也[4]！」

《資治通鑑》

---

[1] 六月雨雪：胡三省《通鑑注》：「極陰之地，盛夏雨雪。」六月為季夏，平城雖寒，但不至於下雪，此乃誇張之語。明堂左個：鄭玄說：「明堂左個，大寢南堂東偏也。」革：卦象辭。

[2] 繇云「大人虎變」：胡三省《通鑑注》：「大人虎變，革九五爻辭。九五，君位也，故引以難澄。」

[3] 此周漢所以興隆也：周公時經營東都雒邑，號曰成周。漢光武中興定都洛陽，以其居天下之中，得形勢之勝。因而王澄以孝文帝和周成王、漢光武相比。

[4] 任城，吾之子房也：胡三省《通鑑注》：「張良讚漢高遷都長安，故以為比。」

譯　文

　　魏孝文帝因平城之地寒冷，六月中就下雪，且常有風沙，不宜居住，想遷都洛陽，但又恐大臣們不肯服從，因而假託要大舉討伐南齊，想要以此來要脅臣下，因而在明堂之東南齋戒沐浴，並派太常卿王諶卜卦，結果卜出革卦。孝文帝因而說道：「湯武革命，應於天上且順於人心，沒有比這個更吉利的了！」大臣們都不敢說話。這時尚書拓跋澄說道：「皇上歷代英明，佔有中原地區，現在出師來征討不知歸順者，竟得到湯武革命的卦象，這並不是很好啊！」孝文帝乃大聲說道：「爻辭上說『大人虎變。』這有何不吉？」拓跋澄說道：「皇上登基成龍已久，何以如今才虎變？」孝文帝因而大怒，變色說道：「國家，是我的國家，任城王想要動搖我的民心是不是？」拓跋澄說道：「國家是你的，但是我卻是國家的重臣，怎可知道危險卻不說？」孝文帝氣了好久才勉強寬解說道：「大家各自說出心中的話，這又有何關係。」

　　回到宮中，文帝召拓跋澄入見說道：「剛剛得了革卦，現在還是要跟你討論，在明堂的憤怒，是為了怕大家紛紛說話，影響我的大計，因而故意疾言厲色來嚇文武百官而已，你應該能瞭解我的意思。」因而摒退左右跟拓跋澄私下說道：「今日這種舉動，實在不容易，但是我鮮卑從北方大漠興起，遷到平城，這只是利於征討的地方，無法講求文治教化。現在要教化百姓，改變風俗，使大家知書達禮，實在很困難，我因而想要遷都到中原去。你認為如何？」

　　拓跋澄說道：「你想要定都中原，來經營天下四方，這是周室漢朝興盛的原因所在，有何不好？」孝文帝說道：「北方人習於舊制、

留戀故土,必將驚擾他們,這怎麼辦?」拓跋澄說道:「陛下這一不平凡的舉動,本就不是平凡的人所能瞭解的,你只要認為可以的就可以。當機立斷,不必遲疑!那些人又能怎麼樣呢?」皇帝因而說道:「任城王,真是我的張良啊!」

(周益忠、沈寶春/編寫整理)

《顏氏家訓》序致
顏之推

顏之推（五三一－約五九〇後），字介，琅邪臨沂（今屬山東）人。顏之推博覽群書，繼承家業，好詩酒，不修邊幅。初仕梁為湘東王參軍，後被擄至北齊，領中書舍人，善為文。開皇中，召為太子學士，深受禮重，有文集三十卷、《家訓》二十篇。

背景

顏之推《顏氏家訓》中所談及的問題，內容似乎甚為平凡，不過本著儒家的一貫道理，教育子弟做到誠孝、慎言、檢跡等修養而已。也許有人會問，這篇平凡的文章又會有什麼重大的歷史意義呢？

要解答這個問題，就必須先建立一個觀念，那就是，欲探究歷史的意義如何，必須緊扣住當時的時空背景及價值導向，在當時特定時空背景、流行價值的映照下，才得以掌握其真正的歷史意義。准此，則顏之推這份他自謙「非敢軌物範世也，業以整齊門內、提撕子孫」的家訓，實深具特殊的文化意義與政治意義。

它所代表的深刻的文化意義是：北朝的士族，在中原喪亂、陷身於異族宰割的困境下，不但沒有懷憂喪志或自我流放，反而忍辱負重，以無比堅毅的精神，將儒家的學術理念與精神價值以一種踏實的內容、樸素的風貌來自我激勵並傳之子孫，將此文化的種子在澆薄的

土地上播種、耕耘。他們被迫北遷，無法在南方繼續憑藉優越的血統封山占澤，談玄弄虛，悠遊歲月或偶爾唱唱匡復的高調；而是在喪亂的痛苦中，艱難地將儒統傳承下來，期盼並默默開創美好的明天。也因此，他們一方面堅毅而又帶有尊嚴地活著，一方面以文化力量教育了入侵的、文化低落的異族，促成了異族的漢化，也促進了民族的融合。

　　它所代表的深刻的政治意義是，士族的良好家風所造成的社會地位，成為當時戰亂流離中一般百姓仰為領袖的力量，亦是異族統治者欲學習治理國家請教與合作的對象。馬上可得天下，但卻不能憑蠻勇治理天下。北朝的統治者，具有典型的征服王朝的特質，其武力或足以開創一個帝國，然其文化力及政治理論與實務經驗卻極其缺乏、落伍，仍停滯在部落階段。以部落水準的政治理念及統治技術如何安頓一個帝國？只有將征服者的高姿態作一調整，就教於漢人的士族，展開胡漢合作。這種胡漢的合作，促進了雙方的溝通、理解，也促進了胡漢的交融、創新。胡人提升了其文化水準，漢人革除文弱氣，增強其勇武性格，化育為新的民族，使中華民族更具活力與開創性。

影　響

　　由上述兩點觀之，《顏氏家訓》所代表的意義又何止一家之訓而已？它更代表了北朝士族在南北朝時期對胡漢融合、民族更新所作的深遠、重大的貢獻！

　　其次，家規家訓家教在中國宗族之傳承發展中地位極其重要。《顏氏家訓》後來也成為千餘年來中華民族內部鞏固其家族意識，建

立子弟價值觀的典範文獻,影響深遠。

原 文

夫聖賢之書,教人誠孝、慎言、檢跡。立身揚名,亦已備矣!魏晉以來,所著諸子理重事複,遞相模斅,猶屋下架屋,床上施床耳,吾今所以復為此者,非敢軌物範世也,業以整齊門內、提撕子孫[1]。夫同言而信、信其所親,同命而行、行其所服,禁童子之暴謔,則師友之誡,不如傅婢之指揮;凡人之鬥鬩,則堯舜之道,不如寡妻之誨諭。吾望此書,為汝曹之所信,猶賢於傅婢寡妻耳。

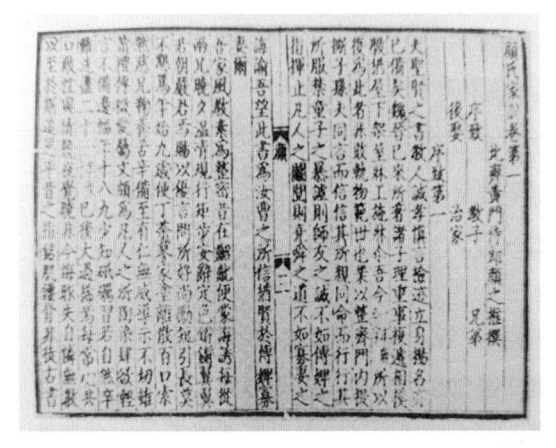

《顏氏家訓》書影

吾家風教素為整密,昔在齠齔,便蒙誘誨,每從兩兄,曉夕溫清,規行矩步,安辭定色,鏘鏘翼翼,若朝嚴君焉[2]。賜以優言,問所好尚,勸短引長,莫不懇篤。年始九歲,便丁荼蓼,家塗離散,百口索然。慈兄鞠養,苦辛備至,有仁無威,導示不切。雖讀禮傳,微

---

[1] 所著諸子:據《隋書・經籍志》:儒家有徐氏《中論》六卷,徐幹撰;王氏《正論》十卷,王肅撰。提撕子孫:《詩・大雅・抑》:「匪面命之,言提其耳。」
[2] 曉夕溫清:《禮記・曲禮上》:「凡為人子之禮,冬溫而夏清。」

愛屬文。頗為凡人之所陶染,肆欲輕言,不修邊幅。年十八九,少知砥礪,習若自然,卒難洗蕩。三十已後,大過稀焉。每常心共口敵,性與情競,夜覺曉非,今悔昨失[3]。自憐無教,以至於斯,追思平昔之指,銘肌鏤骨,非徒古書之誡,經目過耳也。故留此二十篇,以為汝曹後車耳[4]。

《顏氏家訓》

譯文

古聖先賢的書籍,主要是教人要誠實孝順,說話謹慎,行為檢點,以及將來能立身行道,揚名於後世罷了。但是從魏晉以後,各家所作的書籍,論點事蹟都跟古人沒啥兩樣,相互因襲,就好像在屋頂下再造房子,在床上又設置床一樣累贅。現在我也跟他們一樣又寫書的原因,並不是說要來做世人的典範,只不過是為了整頓家門,用來提醒子孫而已。依人的心理來說,同樣的話,親近的人說出來,就比較容易相信;同樣的命令,也只服從由他素所信服之人所發出的。因此要管束小孩子的頑皮及不聽話,那麼長輩親友的告誡,還不如服侍小孩的婢女的指揮命令來得有效;要平息普通人的爭吵鬥毆,那麼堯舜的大道,遠不如他們妻妾的教誨曉諭來得有用。我希望這本書能讓你們這些後生晚輩相信,能夠比那婢女妻妾的話還管用就好了。

我們家族家風一向嚴謹,以前我在七八歲的時候,就接受兩位兄

---

3 性與情競:《禮記・樂記》:「人生而靜,天之性也。」《禮記・禮運》:「何謂人情,喜怒哀懼愛惡欲,七者弗學而能。」性與情之關係可參見本書李翱《復性書上篇》一文。
4 後車:《漢書・賈誼傳》:「前車覆,後車戒。」

長的誘導教誨,早晚都要前去問候父母,服侍父長,走路中規中矩,說話也要有條有理、不可逾越本分,一切都要謹慎小心,戰戰兢兢進見父母,就好像要去朝拜嚴厲的國君一樣,而長者也都能以溫和的言語來關心我,問我的情況,並且親切地對我的善行加以鼓舞,對於我的短處加以激勵。 然而,我才九歲,父母就去世了,家境也就日益衰微,所幸兄長親自來教導養育我,可說嘗盡了各種苦頭。 因他雖有仁心,卻不威嚴,開導我也不夠明白確切,因而我雖也讀些經典禮教的書籍,卻偏喜愛塗抹些詩文,可說被一般俗人所感染了,因而縱欲任性,隨意說話,甚至衣冠不整,不修邊幅。 到了十八九歲稍為知道要改過自新,但是習慣已成自然,因而很難革除一新。 到了三十歲以後,才比較少有重大的過錯。 心意已正,因而張口雖想放言高論,也就不會隨便說出,情欲雖想放縱,但是本性既正,也就不會任其胡來了。 晚上必反省白天的缺失,今日一定檢討昨天的缺失,可說是自己做自己的敵人。 這是因自己感傷以前沒好好受教,才到達這種地步,因而追想以往種種,可說刻骨銘心地永不能忘記,不只是古書的訓誡而已,這是我全身上下親身體驗的結晶,因而留下這二十篇,用來做你們後輩的借鏡。

(周益忠、王樾/編寫整理)

征高麗詔
楊廣

隋煬帝（五六九—六一八），即楊廣，為文帝楊堅之次子，一名英。弒父即位。雖聰明過人，亦好文學，然奢侈成性。大興土木，嘗築西苑、離宮，開邗溝、通濟渠、永濟渠等運河。又築長城、伐高麗，因而民不聊生，海內浮動，叛民四起。其後留守江南不歸，為部下宇文化及所殺。在位十四年，年號大業。

楊廣像

背景

朝鮮相傳為箕子所開拓，跟中國關係密切，但秦漢都曾對朝鮮用過兵，漢武帝並將其地置樂浪、臨屯、玄菟、真番四郡，是朝鮮劃入中國版圖的濫觴。隋唐時，朝鮮裂分為高麗、百濟、新羅三國，鼎立而治。其中高麗領土最大，兵力最強，建都在平壤，西北與中國東北境相接，常勾結百濟入寇，成為東北最大的邊患。隋文帝、唐太宗的東征高麗，並非好大喜功，完全是因高麗野心勃勃，入寇遼西，侵掠藩屬，其態度雖表面恭順，實則益常驕橫，擾亂邊境，使得人民不能安居樂業。

隋煬帝以高麗人口，還比不上我國一郡，而竟如此狂妄，「此而可忍，孰不可容」！於是大舉出兵，三伐高麗。尤其大業八年（六一二）第一次出征，其軍容的浩大，聲威的壯闊，史稱「近古出師之盛，未之有也」。所徵集的四方兵士，齊聚涿郡，共一百一十三萬三千八百人，號稱二百萬，鼓角相聞，旌旗相望，統十二軍分二十四路出發。《征高麗詔》正是此次顯赫軍威、大興義師的文字，攸關隋朝存亡的重要篇章。

影 響

《征高麗詔》十足表現出當時中國與高麗的關係，以及中國對四方藩屬文綏武服的姿態，名正言順、師出仁義的傳統用兵號召，與「隨才任用，無隔夷夏」的好才尚能，沒有種族歧視的大一統寬容精神。

隋煬帝滿以為這樣浩浩蕩蕩，長達九百六十里的大軍，烜赫凌霄的聲勢一到，高麗就會望風披靡，舉旗投降。沒想到轉戰四野，卻一個城池也沒攻下，隋煬帝大怒，率殘餘部隊回洛陽。所以，《征高麗詔》雖剛柔並濟，氣勢奪人，有王者之風，但在實際軍事上，卻未如此神采飛揚。

第二、第三次的征伐高麗，已不若第一次的軍威浩壯、盛況空前。雖然高麗派使請和，煬帝也班師回洛陽，但這幾場小型的國際戰爭，不僅徒勞無功，也使國家元氣大傷，全國已星火燎原似的到處冒出造反的火花。第三次東征歸來後，天下已告大亂，僅一年，煬帝被弒，再一年而隋亡。《征高麗詔》無疑是煬帝窮兵黷武，將隋朝江山推向滅亡之路的關鍵所在。

原 文

　　天地大德，降繁霜於秋令；聖哲至仁，著甲兵於刑典。故知造化之有肅殺，義在無私；帝王之用干戈，蓋非獲已。版泉、丹浦，莫匪龔行；取亂覆昏，咸由順動[1]。況乎甘野誓師，夏開承大禹之業；商郊問罪，周發成文王之必。永監前載，屬當聯躬。

　　粵我有隋，誕膺靈命，兼三才而建極，一六合而為家。提封所漸，細柳、盤桃之外；聲教爰暨，紫舌、黃枝之域[2]。遠至邇安，罔不和會，功成治定，於是乎在。而高麗小丑，迷昏不恭，崇聚勃、碣之間，薦食遼、獩之境；雖復漢、魏誅戮，巢窟暫傾，亂離多阻，種落還集[3]。萃川藪於往代，播實繁以迄今。眷彼華壤，翦為夷類。歷年永久，惡稔既盈；天道禍淫，亡徵已兆。亂常敗德，非可勝圖，掩慝懷奸，惟日不足。移告之嚴，未嘗而受；朝覲之禮，莫肯躬親。誘納亡叛，不知紀極，充斥邊垂，亟勞烽候。關柝以之不靜，生人為之廢業。在昔薄伐，已漏天網，既緩前禽之戮，未即後服之誅。曾不懷恩，翻為長惡，乃兼契丹之黨，虔劉海戍；習靺鞨之服，侵軼遼西。又青丘之表，咸修職貢；碧海之濱，同稟正朔[4]。遂復奪攘琛贐，

---

1 版泉：即阪泉。黃帝與炎帝之後人戰於此。其地有三種說法：一、在今河北涿鹿縣東南（《水經注・水注十三》）。二、在今山西運城市南（沈括《夢溪筆談》三）。三、在今山西陽曲縣東北（《左傳・僖公二十五年》）。丹浦：在丹水之浦。相傳古堯帝征苗蠻之所。丹水，又稱丹江、丹河，源出陝西商州西北。舜封堯子丹朱於此。
2 細柳、盤桃：皆指極遠之地。細柳，西方之野，日入之地。《論衡》曰：「日出扶桑，暮入細柳。」盤桃，盤桃山，即今盤山，在遼寧境。紫舌：南蠻地名。袁梅《送人使交趾》詩：「紫舌音聲狡。」黃枝：即黃支，亦古地名，在南海中，漢平帝時來獻犀牛。應劭注曰：「黃支在日南之，南去京師三萬里。」
3 薦食：數食。《左傳・定公四年》，吳為封豕長蛇，薦食上國。獩：獩，亦作獩貊。古民族名，居於朝鮮北部。
4 青丘：神仙所居地。一名長洲，又泛指東方之地。

遏絕往來，虐及弗辜，誠而過禍。軺軒奉使，爰暨海東，旌節所次，途經藩境。而擁塞道路，拒絕王人，無事君之心，豈為臣之禮！此而可忍，孰不可容！且法令苛酷，賦斂煩重，強臣豪族，咸執國鈞，朋黨比周，以之成俗，賄貨如市，冤枉莫申。重以仍歲災凶，比居饑饉，兵戈不息，徭役無期，力竭轉輸，身填溝壑。百姓愁苦，爰誰適從？境內哀惶，不勝其弊。回首面內，各懷性命之圖；黃髮稚齒，咸興酷毒之嘆。省俗觀風，爰屆幽朔，吊人問罪，無俟再駕。於是親總六師，用申九伐，拯厥阽危，協從天意，殄茲逋穢，克嗣先謨。

今宜授律啟行，分麾屆路，掩勃澥而雷震，歷夫餘以電掃。比戈按甲，誓旅而後行，三令五申，必勝而後戰。左第一軍可鏤方道，第二軍可長岑道，第三軍可海冥道，第四軍可蓋馬道，第五軍可建安道，第六軍可南蘇道，第七軍可遼東道，第八軍可玄菟道，第九軍可扶餘道，第十軍可朝鮮道，第十一軍可沃沮道，第十二軍可樂浪道。右第一軍可黏蟬道，第二軍可含資道，第三軍可渾彌道，第四軍可臨屯道，第五軍可候城道，第六軍可提奚道，第七軍可踏頓道，第八軍可肅慎道，第九軍可碣石道，第十軍可東暆道，第十一軍可帶方道，第十二軍可襄平道。凡此眾軍，先奉廟略，駱驛引途，總集平壤。莫非如豼如貙之勇，百戰百勝之雄，顧眄則山岳傾頹，叱吒則風雲騰鬱，心德攸同，爪牙斯在。朕躬馭元戎，為其節度，涉遼而東，循海之右，解倒懸於遐裔，問疾苦於遺黎。其外輕賫游闕，隨機赴響，卷甲銜枚，出其不意。又滄海道軍舟艫千重，高帆電逝，巨艦雲飛，橫斷浿江，徑造平壤，島嶼之望斯絕，坎井之路已窮。其餘被髮左衽之

人，控弦待發，微、盧、彭、濮之旅，不謀同辭[5]。杖順臨逆，人百其勇，以此眾戰，勢等摧枯。

然則王者之師，義存止殺，聖人之教，必也勝殘。天罰有罪，本在元惡，人之多僻，脅從罔治。若高元泥首轅門，自歸司寇，即宜解縛焚櫬，弘之以恩。其餘臣人歸朝奉順，咸加慰撫，各安生業，隨才任用，無隔夷夏。營壘所次，務在整肅，芻蕘有禁，秋毫勿犯，布以恩宥，喻以禍福。若其同惡相濟，抗拒官軍，國有常刑，俾無遺類。明加曉示，稱朕意焉。

《隋書》

譯文

偉大的天地，在秋寒時節降下嚴霜；仁慈的聖王，彰顯軍備於刑典之中。因而知道，秋天所降的肅殺之氣，是為了不能有所偏私，聖王動用干戈，也是不得已的舉動。黃帝時在阪泉、丹浦等地的戰役，無非是恭敬地行使天命；去討伐昏亂不整的部落，這全都是順天而動。後來夏啟在甘邑誓師，是為了繼承其父大禹的事業；武於商郊牧野，大敗商紂的軍隊，如此興師問罪，也是為了繼承文王的遺志。因此今日要光耀前世的功業，應該就在我們的身上了。

我們隋朝，秉承著上天的使命，於天地間統一四海，而創立了一統的國家，諸侯封地的擴張遠至細柳、盤山之外，教化的範圍遠到南

---

5 微、盧、彭、濮：指各地的蠻夷徒眾。《尚書‧牧誓》：「及庸、蜀、羌、髳、微、盧、彭、濮人。」微，即眉，今陝西眉縣。盧，為春秋之盧戎，在今湖北襄陽南。彭，在今四川彭州。濮，即百濮，分佈在今湖南西北部一帶。

蠻紫舌之地、南海黃支國。遠方都來朝貢，近處亦能安居，沒有不歸順的，可說是大功告成，政治安定。然而高麗這個不自量力的小部落迷了心竅，不知恭順，聚集在東北的渤海、碣山之間，偷食於遼東，獢貊之境。雖然經歷漢武和魏武的征討，他們的巢穴暫時傾覆，然而因距離遙遠，關山阻隔重重，他們的殘部又死灰復燃，在他們原有的住所，繼續繁衍以至於今日。

想起那肥沃美好的土地，竟為蠻夷所盤踞，能不痛心？時間一久，這高麗所積的惡貫已滿盈，天道將降災於淫亂之國，他們滅亡的徵兆也已出現，不但敗亂綱常、道德，不可一一記下，更且掩飾邪惡，懷著私心，日甚一日。我們移檄告誡的旨意都不曾接受，而應來朝貢的大禮也不肯親自奉行，引誘中土流亡之人，接納叛亂之輩，不知有綱紀，擾亂邊境，烽火時常告急，因而邊境從此不得安靜，人民不能安居樂業。在以前的誅討行動中，漏掉了他們，當初沒有注意，至今也沒對他們的不歸順加以誅伐。他們既不懷恩，更且成為大惡，又聯合契丹為黨羽，殺害海邊戍守的兵士，更習慣於靺鞨的風俗，侵略遼西等地。而東方青丘之外的國家，全都準備貢禮，前來朝貢，以及海濱各國，同樣依奉我國的曆法，而高麗卻又奪取各方來貢獻的寶物，斷絕他們和中國的往來，殺害無辜的使者，使誠意奉獻者不幸遇害，使臣奉使出國，到了東海各地，只要經過該國的竟然被堵住道路，被加以刁難。既沒有事奉之心，更沒有盡到藩臣的禮節。像這樣的行為，如果可以容忍，那還有什麼不可以容忍的？而且高麗國法律殘酷、苛刻，稅賦又極其繁多，王親貴戚等重要大臣全部掌握了國家的權柄，他們朋比為黨，交相為惡，甚至成為一種習尚，所貪污來

的財物簡直如同市場的東西一樣多，而百姓含冤無處可訴，再加上連年的災荒，國境內都是饑餓的人民，而且戰爭不斷，公家徵召百姓的勞力永無止境，百姓已經為軍隊及糧草的運輸而精疲力盡，卻仍不免身死於水溝山谷中。大家都憂愁且痛苦不堪，不知何去何從？國境之內，人心惶惶。無法承受這麼苦難的日子，大家只能回頭暗自嘆息，只求能保得住自家的性命，不管老幼，每一想到統治者的殘酷，就感嘆不已。

我們詳察當地的風俗，應跟幽州、朔方差不多，因此慰問無辜的受害者，對敵寇加以興師問罪的舉動，是不必再等待下去了。於是我親自動員大軍，以申明糾正討伐之義，來拯救那些陷於危險的人民，順從上天的旨意，消滅這些抗命不從的莠民，以繼承先人的偉大遺志。

現在應頒佈軍令，開始出發，分派各部到各個地方去，軍威浩大掩蓋渤海的波瀾，而聲震雲霄，足以清除扶餘的寇盜。軍士們摩拳擦掌撫按著兵甲，誓師之後即刻要上陣，長官們三令五申，有必勝的把握。左側第一軍經由鏤方道，第二軍經由長岑道，第三軍經由海冥道，第四軍經由蓋馬道，第五軍經由建安道，第六軍經由南蘇道，第七軍經由遼東道，第八軍經由玄菟道，第九軍經由扶餘道，第十軍經由朝鮮道，第十一軍經由沃沮道，第十二軍經由樂浪道。右側第一軍經由黏蟬道，第二軍經由含資道，第三軍經由渾彌道，第四軍經由臨屯道，第五軍經由候城道，第六軍經由提奚道，第七軍經由踏頓道，第八軍經由肅慎道，第九軍經由碣石道，第十軍經由東暆道，第十一軍經由帶方道，第十二軍經由襄平道。以上所有的軍隊，先奉朝廷的命令，陸續地出發，經由各道，最後則會師在平壤。

大家都像虎豹般勇猛，都是百戰百勝的英雄，眼睛稍微一動，山岳就要崩潰傾倒，一憤怒就要風起雲湧，天地變色。大家同心同德，全力以赴。我身兼大元帥，統領大軍，渡過遼水，向東沿著海邊前進，解救遠方待救的人民，慰問這些痛苦的海外百姓。另外輕騎游擊部隊，簡單裝備，尋找空隙隨時待命，準備出其不意地進攻。還有滄海道的軍隊，戰艦排列有千里之長，戰艦飄忽，行動迅速如同雲飛，足可橫斷浿江，直接攻進平壤，讓這島夷的希望斷絕，走向窮途末路。還有其他各部的兵士，操持著弓箭，隨時準備發射，所有四邊各族的勁族，大家齊一心志，秉持正義誅伐叛逆，人人奮勇前進，以如此的軍容前去征討，將摧枯拉朽般地攻破敵人。

但是要注意的是，我們是仁者的軍隊，聖人所遺留下的義理，教我們要感化凶暴者，化而為善，因而能避免殺戮就要避免，上天懲罰有罪者，只在元凶，其他眾人，既出於被裹脅才參加，應該可以不追究。假若高麗首領能夠知罪，在轅門之前囚首認罪，自己向我國投降，就應替他解脫罪名，並且加以賞賜，使他知恩圖報。其他臣民若能歸順本朝，都應加以撫慰，使他們能安居樂業，並且按照其才能加以使用，不必有華夷的分別。軍營駐紮的地方，務必要整肅威儀，隨意砍伐亦有禁令，更不得任意侵犯所過之地，要能曉諭我的恩澤，告訴他們禍福之道，使他們能夠投誠。假若他們依然爭相為惡，不肯改過，甚至抗拒我官軍的征討，國家有刑罰在，必定不予饒恕。希望大家能瞭解，並且加以轉告，以便稱合我的意思。

（周益忠、沈寶春／編寫整理）

《切韻》序
陸法言

　　陸法言（五六二—？），名詞，字以行，隋朝臨漳（今河北臨漳西南）人。官至承奉郎。仁壽初年，與劉臻、顏之推等撰《切韻》五卷，文見《全上古三代秦漢三國六朝文》卷二十七。

背景

　　在還沒有以注音符號或中文拼音來記錄語言之前，古人對於字音的標明，先是用直音，也就是以簡單字注複雜字的音，而後才曉得用反切，就是合二字以為一字之音，上字取其聲，下字取其韻。如東，為德紅切，上取「德」之聲母，下取「紅」之韻母，即得「東」之音。這是以前一種很普通的注音方式，早在東漢時就已開始，甚至先秦典籍中有些以不可為叵、而已為耳、之乎為諸、之焉為旃等，可說即是反切的前身了。當然，反切的盛行要到魏晉時孫炎始為反語開始。顧炎武《音論》云：「反切之名，自南北朝以上皆謂之反，孫愐《唐韻》則謂之切，蓋當時諱反字。」亦可知早期就叫作反，只因後代恐人造反，因而諱言反字，改口叫切，或而叫作翻，叫作紐。如當時有名為《九經字樣》的書，稱「蓋」為「公害翻」，稱「受」為「平表紐」。但不管稱反、切、翻、紐，都是以兩個字的音拼一個字的音，通稱就叫反切。

《切韻》的內容，大體為：

一、全書共分五卷。其中平聲分上、下兩卷。上、去、入三聲則各一卷。

二、平聲上卷有二十六韻，下卷有二十八韻。上聲有五十一韻，去聲有五十六韻，入聲則包括三十二韻，全書總共一百九十三韻。

三、書前有陸法言和長孫訥言的序文。

四、全書所收的字根據封演的《聞見記》，共有一萬二千一百五十字。

五、切韻乃以南北期的實際語音為標準，因而每韻所包括的字，都與南北朝韻文所表現的系統相當一致。

至於陸法言的這篇序文，更將其著作的緣起、經過加以說明，因而有其時代意義，所以由這篇文字我們可以得到幾點認識。

一、當時各地的聲韻不同。因而需令世人瞭解，以便利士子為文，所謂「吳楚則時傷輕淺，燕趙則多傷重濁，秦隴則去聲為入，梁益則平聲似去」等皆是聲韻的問題，可知南腔北調的問題，當時已相當嚴重。

二、當時一般人對於音韻的辨別也不夠精確。「支」「脂」原來反切不同，聲韻自然不同。「魚」和「虞」原來也不一樣。可是在當時不少人卻都混淆了。另外，「先」「仙」「尤」「侯」的共韻現象，也為陸法言等人指責。時到如今這些押韻現象，已無區別。陸法言特地提出，可見當時雅音對此分辨得很精密，因而特別要求士子重視。所以說「欲廣文路自可清濁皆通，若賞知音即須輕重有異」。

三、由於語音的差異，各地用韻的標準也都各有不同，所謂「江

東取韻與河北復殊」。原可證明，因而需要進行一番整理。

　　四、當時已有的韻書，如作《韻集》的呂靜，作《音韻》的周思言，作《音譜》的李季節，以及作《韻略》的夏侯該、陽休之、杜台卿六家，他們分韻的標準「各有乖互」，因此顯得較不一致。

　　五、就因為音韻現象如此紊亂，所以陸氏等人「論南北是非，古今通塞。欲更捃選精切，除削疏緩」。因此不但作了音韻史上一部承先啟後的書籍，也寫下了以後科舉制度中學子所仰賴的一本韻書。

影　響

　　反切被廣為利用後，韻書因而興起，最早的音韻方面的書籍，有魏李登的《聲類》，晉呂靜的《韻集》等書，但是這些書籍，如今都已遺失了。現在所能見到最早的記錄反切的韻書，即為隋代陸法言的《切韻》。《切韻》一書出來以後，歷代都以之為分韻的標準，韻目雖然頗有增減，內容則沒有多大差別，如《唐韻》《廣韻》《集韻》《禮部韻略》等。而這類書籍，最重要的目的，原是科舉考試時士子寫詩作賦押韻的標準。它對於一千多年來士子的影響力可說是無與倫比的。

原　文

　　昔開皇初，有儀同劉臻等八人，同詣法言門宿，夜永酒闌，論及音韻，以今聲調既自有別，諸家取捨亦復不同。吳楚則時傷輕淺，燕趙則多傷重濁，秦隴則去聲為入，梁益則平聲似去，又支脂魚虞共為一韻，先仙尤侯俱論是切，欲廣文路自可清濁皆通，若賞知音即須輕重有異。呂靜《韻集》、夏侯該《韻略》、陽休之《韻略》、周思言

《音韻》、李季節《音譜》、杜台卿《韻略》等，各有乖互，江東取韻與河北復殊，因論南北是非，古今通塞。欲更捃選精切，除削疏緩，蕭顏多所決定。魏著作謂法言曰：「向來論難疑處悉盡，何不隨口記之，我輩數人定則定矣。」法言即燭下握筆，略記綱紀，博問英辯，殆得精華。於是更涉餘學，兼從薄宦[1]。十數年間，不遑修集。今返初服，私訓諸弟子，凡有文藻，即須明聲韻[2]。屏居山野，交遊阻絕，疑惑之所，質問無從。亡則生死路殊，空懷可作之嘆；存者則貴賤禮隔，以報絕交之旨。遂取諸家音韻，古今字書，以前所記者，定之為《切韻》五卷。剖析毫釐，分別黍稷，何煩泣玉[3]？未得縣金[4]。藏之名山，昔怪馬遷之言大；持以蓋醬，今嘆揚雄之口吃[5]。非是小子專輒，乃述群賢遺意。寧敢施行人世？直欲不出戶庭。於時歲次辛酉，大隋仁壽元年。

《王仁煦切韻刊謬補缺》

譯文

當隋文帝開皇初年時，有儀同三司劉臻、外史顏之推、著作郎魏

---

1 餘學：指做官而言。《論語》孔子曰：「學而優則仕。」
2 初服：穿著未做官以前之服裝。引申而為罷官。《楚辭·離騷》：「退將復修吾初服。」
3 泣玉：《韓非子·和氏》：「和乃抱其璞而哭於楚山之下，三日三夜，淚盡而繼之以血。王聞之，使人問其故。……和曰：『吾非悲刖也，悲夫寶玉而題之以石，貞士而名之以誑。此吾所以悲也。』王乃使玉人理其璞而得寶焉，遂命曰『和氏之璧』。」此即泣玉的由來。
4 縣金：即懸金、懸賞。《史記》卷八十五《呂不韋傳》：「呂不韋乃使其客人人著所聞……號曰《呂氏春秋》，布咸陽市門，縣千金其上，延諸遊士賓客有能增損一字者予千金。」
5 揚雄：《漢書·揚雄傳》：「鉅鹿侯芭常從雄居，受其《太玄》《法言》焉，劉歆亦嘗觀之，謂雄曰：『空自苦，今學者有祿利，然尚不能明《易》，又如《玄》何？吾恐後人用覆醬瓿也。』」後指著述之無足重者。

淵、武陽太守盧思道、散騎常侍李若、國子博士蕭該，及蜀王咨議參軍辛德源、吏部侍郎薛道衡八人，一同來我家過夜。到夜半時分，大家喝得酒酣耳熱，因而討論到了音韻的問題。以為如今聲調既有所差別，各家取捨的標準也大不相同。南方各地聲調比較偏於輕脆、短促，北音又偏於厚重、混濁，西北地方將去聲念成入聲，四川平聲讀起來像去聲。其他又有「支」「脂」「魚」「虞」等不能分辨，「先」「仙」「尤」「侯」共用韻的狀況。

若是想要開拓為文的領域，那麼自然輕短和濁重的聲音都可相通；但是若要通曉音律者來鑒賞，那麼聲音的輕脆和渾厚就應有所區別了。呂靜所作的《韻集》、夏侯該的《韻略》、陽休之的《韻略》、周思言的《音韻》、李季節的《音譜》、杜台卿的《韻略》等各書，都互有差異。江南取韻的標準和河北各地等也有所差別。大家因而討論南北各地音韻的差別所在，也談到古今時代語音的演變。想要挑選精確的語音，而刪去混濁不清的音韻。於是蕭該、顏之推等人就著手進行，其中蕭、顏二人所下的斷語最多，著作郎魏淵因而告訴法言說：「以前一向以為麻煩的音韻，現在經我們的討論之後，已經都徹底解決，何不就此隨口記下，就讓我們幾人將它決定算了。」於是我就在燭火下提起筆，記下當時討論決定的分韻原則。依大家共同的意見，先作一大綱，大家往返討論，並且相容各地的音調，而得到語音的標準。

此後，則因做官的關係，在宦海浮沉了十幾年，因而都沒有空好好來修集韻書。直到現在退休在家，私底下教導子弟，告誡他們，凡是做起詩文，就必須辨明音韻的不同。但是遠離世人，獨居山野，

和世間不相往來，稍有疑問，無從問起。如今這些人有的已死了，死了的人和世間已幽明永隔，只抱著壯志未酬的感嘆；而活的人，則地位已有差別，而有幾年來沒交往的遺憾。因而選取各家討論音韻的書籍，古往今來的字書，加上以前所記錄的筆記，作為底本，編出一本書，就定名為「切韻」，總共有五卷。既已作詳密的分析、辨別，縱使沒得到世人的稱讚，也不必感嘆寶玉的無人賞識，就像司馬遷一樣，將書藏於名山，但卻又像揚雄一樣地擔心，所作的書沒人讀讓人拿去覆蓋醬缸。這書並非我的專利，乃是敘述前輩眾人的寶貴意見。況且我又怎敢拿來要世人遵照我的這本書，只要能供我的家人作為參考就可以了！其時為辛酉年，即大隋仁壽元年（六〇一）。

（周益忠／編寫整理）

《隋書・經籍志》序

魏徵

魏徵(五八〇一六四三),字玄成,唐魏郡內黃(今河南內黃西北)人。隋末群雄並起,魏徵初事李密,後侍太宗,平天下。於太宗朝官至太子太師,封鄭國公,曾奉詔修《隋書》,詩文於初唐頗負盛名。

魏徵像

背景

唐貞觀三年(六二九),詔魏徵等修《隋史》,十年(六三六)成紀傳六十五卷,十五年(六四一)又詔修梁、陳、齊、周、隋五代史志。

東漢夷於董氏,亡於曹氏,自東漢至隋,有四百多年。圖書先是有始皇之焚為一厄,再則有赤眉入京為二厄,董卓之亂為三厄,五胡亂華為四厄,侯景之亂,及北周南下、南朝之藏書盡焚毀為五厄,可知圖書保存之不易。

隋文帝即位後下詔天下獻書,其後煬帝即位亦有積極的建樹,但是隋朝國祚短,又多戰事,所以唐朝所繼承者亦殘缺不存,故唐朝統一後,又收羅遺書,《舊唐書》即云:「武德五年,時承喪亂,經籍

亡逸,德棻(令狐德棻)奏稱購募遺書,重加錢帛,增置楷書令繕寫。數年之間,群書略備。」更加上太宗之仁義英明,文治武功具有可觀者,所以當時圖書之典藏更見豐富。因而《隋書‧經籍志》方得網羅古今,為後代學者所重視。

影響

　　《經籍志》是《隋書》最受讀書人垂青的一篇,因為此志將東漢以後典籍之源流及演變,作了一番記載,對古書真偽考辨之功實不可沒。

　　歷來要考訂古籍之亡殘訛誤,秦以前的書實有賴於《漢書‧藝文志》,漢以後的書則非賴《隋書‧經籍志》不可。而隋志之序,更將歷代書籍之藏棄做了一番介紹,使我們對於中國歷代經典及圖書的認識又多了一層。

原文

　　夫經籍也者,機神之妙旨,聖哲之能事,所以經天地、緯陰陽、正紀綱、弘道德,顯仁足以利物,藏用足以獨善,學之者將殖焉,不學者將落焉。大業崇之,則成欽明之德;匹夫克念,則有王公之重。其王者之所以樹風聲、流顯號、美教化、移風俗,何莫由乎斯道?故曰:「其為人也,溫柔敦厚,《詩》教也;疏通知遠,《書》教也;廣博易良,《樂》教也;潔靜精微,《易》教也;恭儉莊敬,《禮》教也;屬辭比事,《春秋》教也。」遭時制宜,質文迭用,應之以通變,通變之以中庸。中庸則可久,通變則可大,其教有適,其用無窮,實仁義之陶鈞,誠道德之橐籥也。其為用大矣,隨時之義深矣,

言無得而稱焉。故曰：「不疾而速，不行而至。」今之所以知古，後之所以知今，其斯之謂也。是以大道方行，俯龜象而設卦；後聖有作，仰鳥跡以成文。書契已傳，繩木棄而不用；史官既立，經籍於是興焉。

夫經籍也者，先聖據龍圖，握鳳紀，南面以君天下者，咸有史官，以紀言行。言則左史書之，動則右史書之。故曰「君舉必書」，懲勸斯在。考之前載，則三墳、五典、八索、九丘之類是也[1]。下逮殷、周，史官尤備，紀言書事，靡有闕遺，則《周禮》所稱：太史掌建邦之六典、八法、八則，以詔王治；小史掌邦國之志，定世系，辨昭穆；內史掌王之八柄，策命而貳之；外史掌王之外令及四方之志，三皇、五帝之書；御史掌邦國都鄙萬民之治令，以贊塚宰。此則天子之史，凡有五焉。諸侯亦各有國史，分拿其職。則《春秋傳》，晉趙穿弒靈公，太史董狐書曰「趙盾弒其君」，以示於朝。宣子曰：「不然。」對曰：「子為正卿，亡不越境，反不討賊，非子而誰？」齊崔杼弒莊公，太史書曰「崔杼弒其君」，崔子殺之。其弟嗣書，死者二人。其弟又書，乃捨之。南史聞太史盡死，執簡以往，聞既書矣，乃還。楚靈王與右尹子革語，左史倚相趨而過。王曰：「此良史也，能讀三墳、五典、八索、九丘。」然則諸侯史官，亦非一人而已，皆以記言書事，太史總而裁之，以成國家之典。不虛美，不隱惡，故得有所懲勸，遺文可觀，則《左傳》稱周志，《國語》有鄭書之類是也。

---

[1] 三墳、五典、八索、九丘：古書名，原文見《左傳·昭公十二年》。孔安國《尚書序》以為三墳為伏羲、神農、黃帝之書，五典為少昊、顓頊、高辛、堯、舜之書，八索為八卦之說，九丘為九州之志。

暨夫周室道衰,紀綱散亂,國異政,家殊俗,褒貶失賞,隳紊舊章。孔丘以大聖之才,當傾頹之運,嘆鳳鳥之不至,惜將墜於斯文,乃述《易》道而刪《詩》《書》,修《春秋》而正雅、頌。壞禮崩樂,咸得其所。自哲人萎而微言絕,七十子散而大義乖,戰國縱橫,真偽莫辨,諸子之言,紛然淆亂。聖人之至德喪矣,先王之要道亡矣,陵夷踳駁,以至於秦。秦政奮豺狼之心,劃先代之跡,焚詩、書,坑儒士,以刀筆吏為師,制挾書之令。學者逃難,竄伏山林,或失本經,口以傳說。

漢氏誅除秦、項,未及下車,先命叔孫通草綿蕝之儀,救雜亂之弊[2]。其後張蒼治律曆,陸賈撰《新語》,曹參薦蓋公言黃老,惠帝除挾書之律,儒者始以其行業行於民間。猶以去聖既遠,經籍散逸,簡札錯亂,傳說紕繆,遂使書分為二,詩分為三,《論語》有齊、魯之殊,《春秋》有數家之傳。其餘互有踳駁,不可勝言。此其所以博而寡要,勞而少功者也。武帝置太史公,命天下計書,先上太史,副上丞相,開獻書之路,置寫書之官,外有太常、太史、博士之藏,內有延閣、廣內、秘室之府。司馬談父子,世居太史,探採前代,斷自軒皇,逮於孝武,作《史記》一百三十篇。詳其體制,蓋史官之舊也。至於孝成,秘藏之書,頗有亡散,乃使謁者陳農,求遺書於天下。命光祿大夫劉向校經傳諸子詩賦,步兵校尉任宏校兵書,太史令尹咸校數術,太醫監李柱國校方技。每一書就,向輒撰為一錄,論其指歸,辨其訛謬,敍而奏之。向卒後,哀帝使其子歆嗣父之業。乃徙溫室

---

[2] 雜亂之弊:《史記》卷九十九《叔孫通列傳》:「高帝悉去秦苛儀,法為簡易。群臣飲酒爭功,醉或妄呼,拔劍擊柱,高帝患之。」

中書於天祿閣上。歆遂總括群篇，撮其指要，著為《七略》：一曰集略，二曰六藝略，三曰諸子略，四曰詩賦略，五曰兵書略，六曰數術略，七曰方技略。大凡三萬三千九十卷。王莽之末，又被焚燒。光武中興，篤好文雅，明、章繼軌，尤重經術。四方鴻生鉅儒，負帙自遠而至者，不可勝算。石室、蘭台，彌以充積[3]。又於東觀及仁壽閣集新書，校書郎班固、傅毅等典掌焉。並依《七略》而為書部，固又編之，以為《漢書・藝文志》。董卓之亂，獻帝西遷，圖書縑帛，軍人皆取為帷囊。所收而西，猶七十餘載。兩京大亂，掃地皆盡。

魏氏代漢，採掇遺亡，藏在秘書中、外三閣。魏秘書郎鄭默，始制《中經》，秘書監荀勖，又因《中經》，更著《新簿》，分為四部，總括群書。一曰甲部，紀六藝及小學等書；二曰乙部，有古諸子家、近世子家、兵書、兵家、數術；三曰丙部，有史記、舊事、皇覽簿、雜事；四曰丁部，有詩賦、圖贊、汲冢書，大凡四部合二萬九千九百四十五卷[4]。但錄題及言，盛以縹囊，書用緗素。至於作者之意，無所論辯。惠、懷之亂，京華蕩覆，渠閣文籍，靡有孑遺。

東晉之初，漸更鳩聚。著作郎李充，以勗舊簿校之，其見存者，但有三千一十四卷。充遂總沒眾篇之名，但以甲、乙為次。自爾因循，無所變革。其後中朝遺書，稍流江左。宋元嘉八年，秘書監謝靈運造四部目錄，大凡六萬四千五百八十二卷。元徽元年，秘書丞王儉又造目錄，大凡一萬五千七百四卷。儉又別撰《七志》：一曰經典

---

[3] 石室：藏圖書之室。《史記・太史公自序》：「秦撥去古文，焚滅《詩》《書》，故明堂石室，金匱玉版，圖籍散亂。」蘭台：亦為藏秘笈的宮殿。
[4] 汲冢書：《晉書・武帝記》，咸寧五年（二七九），汲郡人不准，掘魏襄王塚得竹簡、小篆、古書十餘萬言。

志，紀六藝、小學、史記、雜傳；二曰諸子志，紀今古諸子；三曰文翰志，紀詩賦；四曰軍書志，紀兵書；五曰陰陽志，紀陰陽圖緯；六曰術藝志，紀方技；七曰圖譜志，紀地域及圖書。其道、佛附見，合九條。然亦不述作者之意，但於書名之下，每立一傳，而又作九篇條例，編乎首卷之中。文義淺近，未為典則。齊永明中，秘書丞王亮、監謝朏又造四部書目，大凡一萬八千一十卷。

齊末兵火，延燒秘閣，經籍遺散。梁初，秘書監任昉躬加部集，又於文德殿內列藏眾書，華林園中總集釋典，大凡二萬三千一百六卷，而釋氏不豫焉。梁有秘書監任昉、殷鈞四部目錄，又文德殿目錄。其數術之書，更為一部，使奉朝請祖暅撰其名。故梁有五部目錄。普通中，有處士阮孝緒，沉靜寡欲，篤好墳史，博採宋、齊以來王公之家，凡有書記，參校官簿，更為《七錄》：一曰經典錄，紀六藝；二曰記傳錄，紀史傳；三曰子兵錄，紀子書、兵書；四曰文集錄，紀詩賦；五曰技術錄，紀數術；六曰佛錄；七曰道錄。其分部題目，頗有次序，割析辭義，淺薄不經。梁武敦悅詩書，下化其上，四境之內，家有文史。元帝克平侯景，收文德之書及公私經籍，歸於江陵，大凡七萬餘卷。周師入郢，咸自焚之。陳天嘉中，又更鳩集，考其篇目，遺闕尚多。

其中原則戰爭相尋，干戈是務，文教之盛，苻、姚而已。宋武入關，收其圖籍，府藏所有，才四千卷。赤軸青紙，文字古拙。後魏始都燕、代，南略中原，粗收經史，未能全具。孝文徙都雒邑，借書於齊，秘府之中，稍以充實[5]。暨於爾朱之亂，散落人間。後齊遷鄴，

---

[5] 孝文徙都雒邑：事見《通鑑》卷一百三十八卷，詳本書《遷都議》一文。

頗更搜聚,迄於天統、武平,校寫不輟。後周始基關右,外逼強鄰,戎馬生郊,日不暇給。保定之始,書止八千,後稍加增,方盈萬卷。周武平齊,先封書府,所加舊本,才至五千。

隋開皇三年,秘書監牛弘,表請分遣使人,搜訪異本。每書一卷,賞絹一匹,校寫既定,本即歸主。於是民間異書,往往間出。及平陳已後,經籍漸備。檢其所得,多太建時書,紙墨不精,書亦拙惡。於是總集編次,存為古本。召天下工書之士,京兆韋霈、南陽杜頵等,於秘書內補續殘缺,為正副二本,藏於宮中,其餘以實秘書內、外之閣,凡三萬餘卷。煬帝即位,秘閣之書,限寫五十副本,分為三品:上品紅琉璃軸,中品紺琉璃軸,下品漆軸。於東都觀文殿東西廂構屋以貯之,東屋藏甲、乙,西屋藏丙、丁。又聚魏已來古跡名畫,於殿後起二台,東曰妙楷台,藏古跡;西曰寶跡台,藏古畫。又於內道場集道、佛經,別撰目錄。

大唐武德五年,克平偽鄭,盡收其圖書及古跡焉[6]。命司農少卿宋遵貴載之以船,溯河西上,將致京師。行經砥柱,多被漂沒,其所存者,十不一二。其目錄亦為所漸濡,時有殘缺。今考見存,分為四部,合條為一萬四千四百六十六部,有八萬九千六百六十六卷。其舊錄所取,文義淺俗、無益教理者,並刪去之。其舊錄所遺,辭義可采,有所弘益者,咸附入之。遠覽馬史、班書,近觀王、阮志、錄,挹其風流體制,削其浮雜鄙俚,離其疏遠,合其近密,約文緒義,凡五十五篇,各列本條之下,以備《經籍志》。雖未能研幾探賾,窮極

---

[6] 偽鄭:隋末王世充篡位,而得隋都之遺業,自號為「鄭」。

幽隱，庶乎弘道設教，可以無遺闕焉。夫仁義禮智，所以治國也，方技數術，所以治身也，諸子為經籍之鼓吹，文章乃政化之黼黻，皆為治之具也。故列之於此志云。

《百衲本隋書》

譯 文

經書是什麼呢？經書可領悟宇宙的奧妙，是聖賢智慧的結晶，可以用來窺探天地、陰陽的消息，端正凡間的綱紀，弘揚人類的道德。進則可以救濟世人，退則可以獨善其身。讀了經書可以開拓吾人智慧的領域，不學就將落後。有大功勞者能推崇經書，則將有令人敬重的光明德行。百姓能夠以經書為念，則將為世人所看重。統治天下者若要樹立政聲，顯揚德威，敦勵教化，移風易俗，哪有不從讀經書開始的？因此《禮記》上孔子說：「看到該地百姓如果是溫柔而且厚道的，那是因為得到《詩經》薰陶。如果是通達而知道遠古之事的，那是因為受到《書經》的薰陶。如果是爽朗而和平的，那是因為得到《樂經》的薰陶。如果是清靜而深入的，那是得到《易經》的教化。如果是恭敬而謙遜的，那是得到《禮經》的教化。如果是善於言辭舉例來作判斷的，那是得到《春秋經》的教化。」可知經書的重要。因時而制宜，或寬或緊，因情況而通變，並不拘泥，但通變則要出之以中庸之道，因為唯有中庸才能長久，唯有通變才能宏大，他的道理放諸四海而皆準，運用起來更是歷時萬古而常新，是仁義道德的關鍵所在。由於他的功用很大，而與時俱新的意義也深不可測，實在無法用一個適當的名字來稱呼它。所謂「不見它奔跑，卻快得很；不見它行

走,卻忽然來到」。經書就是這樣,今人以它知道遠古之事,後人因它而知道今世之事,道理就在此。所以先王初領悟到天地的道理時,就觀察天地的各種徵象而畫了八卦,後代的聖人繼之而起,更因觀察鳥獸的足跡而作成文字,有了文字之後,就不用再結繩來記事,而史官的設立,更使得經書因而出現。

經書的出現,是因古代聖王掌握大權,君臨天下後,必設立史官,來記其言行舉止。言語方面由左史來記載,行止則由右史來記載,所以說國君的言行舉止必須做記錄,就為了告誡國君之故,因而有了經書。考察前人的記載,像三墳、五典、八索、九丘這一些都是。到了殷周之時,史官一職尤其詳備,不管記言記事,都沒有缺失的。《周禮》上記載:太史公掌管建國的六典、八法、八則,以便顯揚王者的治事。小史則掌管國家的記載,排定世系,明祖先血食的次序。內史則幫助王者來分封爵賞等頒佈賞罰的命令。外史則掌管王者對外宣佈詔令,及四方蠻夷的史事,以及三皇五帝、先民所遺的神話傳說。御史則掌管國家都城及邊疆百姓的政令,以幫助大宰治理國事。

以上就是天子的五位史官。其他諸侯各國也有史官,也分別執掌其職位。比如《春秋傳》就有記載:晉國的趙穿殺靈公,太史董狐寫下「趙盾弒其君」,並在朝廷中宣示。趙盾以為不然。董狐說道:「你身為正卿,逃亡而不走出國境,回來後又不討伐反賊,不是你弒君,那是誰?」齊國的崔杼弒莊公,太史寫下「崔杼弒其君」,崔杼殺了太史,而太史之弟又如此寫,也被崔杼殺死,太史的小弟又繼續寫,崔杼只好作罷。南史聽到太史兄弟為此而死,也要持著書簡前往

記載,聽到已經被記下之後才回去。楚靈王和右尹子革說話時,左史倚相在一旁經過。靈王說道:「這是位好史官,他能讀三墳、五典、八索、九丘等古書。」可知諸侯的史官,也不是一個人來做而已。他們都是記載國君的言行舉止,由太史做最後的整理判定工作,而完成國家的重要典籍。不浮誇地讚美,也不隱藏其罪過,所以能有勸誡的作用,所留傳下來者都大有可觀。像《左傳》稱周志、《國語》提到的鄭書等類都是諸侯史書的好例子。

到了周朝王室衰微,綱常敗壞,國家政治紊亂,大權在諸侯手中,而諸侯大權也在大夫手中,對於當代人物的褒貶也都不如以前,破壞了經史原有的條例。孔子以天縱之聖,應運而生,感嘆盛世的不再,經典的散亂,因而闡述《易經》的道理,刪定《詩》《書》,並且整理《春秋》,重新釐正雅、頌之樂。已近乎崩壞的禮樂,都能重新振起。然而孔子去世後,他的弟子也相繼凋零,其微言大義已無人能通曉。進入戰國,縱橫家逞其三寸不爛之舌,信口雌黃,難辨真假,而諸子的說辭更是紛亂混淆,聖王的至德要道,可說已淪喪殆盡,就這樣地不絕如縷。到了秦朝之後,始皇以貪狠暴戾、豺狼的心想要斬除前人的智慧結晶,因而竟然焚掉經書,坑殺儒者,只留下辦事辦案的小吏,為百姓習字的準則,並且頒佈私藏古書的禁令。學者只好逃難,躲到山林裡去,雖已失去了經典等書籍,但仍口誦指畫,不停地傳授聖人的學說,以維護文化,不使中斷。

到了漢朝,推翻了秦的暴政,又打敗了項羽,天下尚未定,就命叔孫通草擬朝廷的儀制,以矯除眾軍士不識君臣上下禮儀的弊端。而後張蒼研究律令和曆法,陸賈寫了《新語》,曹參向朝廷推薦黃老之

說，惠帝廢除了禁止挾書的命令，儒家才能再度推廣其學說於中國。然而因距離周孔等聖人之時已非常久遠，經書早已散亂，而傳說所述，又多荒謬錯誤，因此使得《書經》有今、古文的不同，《詩經》也有齊、魯、韓三家的分別，《論語》也有齊、魯的差異，《春秋》更有《左傳》《公羊》《穀梁》等各種不同的說法。其他的也都雜亂得很，實在不勝枚舉。這就是為什麼司馬談會說儒家學問廣博，卻不夠精要，盡粹於世事卻少有功勞的原因。武帝設立了太史公的職務，並且下令天下開始清查圖書，將圖書先呈獻給太史公，再上呈給丞相，因而廣開各界獻書的途徑。

在宮廷之外，有太常、太史、博士的典藏圖書，在宮廷內有廷閣、廣內、秘室等藏書之所。司馬談和司馬遷父子一直擔任太史的職務，於是探究各代的史實，從黃帝開始，一直到孝武帝天漢年間，作了《史記》一百三十篇。詳探此書的體制，實在是史官記事一向的準則。到了孝成皇帝時，宮中典藏的圖書頗有些亡佚散失的，於是派遣負責接待賓客的大臣陳農到各地去探求遺書，並且要光祿大夫劉向校考經傳、諸子詩賦等各種圖書，步兵校尉任宏校對兵書，太史令尹咸校對數術等書籍，太醫監李柱國校對醫藥方面的圖書。每一書校對完成，劉向就作一錄，討論其旨趣，並且辨別其錯誤疏漏之處，既已論述完畢，再呈奉給皇帝。

劉向死後，哀帝就派劉向的兒子劉歆繼續做，於是就搬出溫室殿中的圖書到天祿閣上，劉歆因而總括所有的篇章，摘出其要旨所在，作了《七略》一書，內容包括：一、集略，二、六藝略，三、諸子略，四、詩賦略，五、兵書略，六、數術略，七、方技略，總共三萬

三千九十卷。王莽末年，這些書不幸又被焚燒。光武帝中興漢室後，他一向愛好文學，明帝、章帝繼位後，更是注重群經學術。因而各地的儒生，紛紛負笈前來京師，人數多到不可勝數。石室、蘭台等多家藏書的地方，因而更加充實了。又在東觀和仁壽閣總輯新書，由掌管圖書的校書郎班固、傅毅來接管，並且依照《七略》而為圖書分部，班固更且加以編次而成為《漢書·藝文志》。董卓叛亂時，獻帝西遷，許多圖書卷帙都被亂軍燒掠及佔有，所能收藏到西京去的，猶有七十餘輛車次，等到兩京都大亂後，所有圖書就因戰亂一掃而空了。

曹魏起來後，開始採拾遺失的典籍，藏在秘書、中、外三處。魏校書郎鄭默因而整理宮內所藏的經籍，並加以編目叫作《中經》，秘書監荀勖又依循《中經》的規模作了《新簿》，分群書為四部，一為甲部，收錄六經及小學等書；二為乙部，收錄古今的重要思想家以及兵家的書籍，及陰陽數術等書；三為丙部，有史記、舊史、皇帝御覽簿及雜事等；四為丁部，有詩賦、圖贊和汲塚書。總共有四部，合計為二萬九千九百四十五卷。只是錄標題和提要，並以淡青色的書袋來裝書，以淡黃色的紙張來印書。由於記載已多，而作者作書之意，就不能多寫了。到了惠帝的八王之亂，懷帝時的永嘉之亂，京師疲弊，因而石渠閣的文籍竟然被燒掠得一無所有。

渡江以後，東晉初年，又慢慢地收集圖書。著作郎李充，以荀勖舊有的《新簿》加以校對，書中尚存者，有三千零十四卷，李充因而就泯滅各篇之名，只以甲、乙部為次序。從此以後，大家都遵循此法，不再有變革。之後中原的遺書稍有流入江南的。到了南朝宋文帝元嘉八年（四三一），秘書監謝靈運作四部目錄，總共有六萬四千五

八十二卷。元徽元年（四七三），秘書丞王儉又作了目錄，總共有一萬五千七百零四卷。 王儉另外也撰寫《七志》，書中一為經典志，收錄了六藝、小學、史記、雜記等類的書籍；二為諸子志，收錄古今的思想名家；三為文翰志，收錄了詩賦；四為軍書志，收錄兵書；五為陰陽志，收錄陰陽圖讖和緯書；六為術藝志，收錄各種奇方妙技；七為圖譜志，收錄地域和地圖等書籍。而道家、佛家也附錄於此，共有九條。但是也不敘述作者的意旨，只在書名之下列了一傳，並且作了九篇的條例，編在第一卷當中。 可是文義較淺薄，不能作為典則。

　　齊武帝永明年間，秘書丞王亮，秘書監謝朏又作了四部書目，總共有一萬八千零十卷。 南齊末年，因兵亂大火，火勢波及秘閣，因而經籍又大量遺散。 到了梁武帝初年，秘書監任昉親自參與編纂圖書之事，又在文德殿內陳列所藏的所有圖書，華林園中編列所有的佛教寶典，總共二萬三千一百零六卷，但是佛家經典不在四部之內。 除了秘書監任昉、殷鈞的四部目錄外，又有文德殿目錄，將數術之類的書籍，列出而為一部，由奉朝請祖暅撰寫其名，所以梁朝有五部目錄。 梁武帝普通年間，有位隱士阮孝緒，為人沉靜，嗜愛古書，因而廣博地採用宋、齊以來貴族名士家中所有的書籍筆記，參考官府中的文獻，重新改訂《七錄》。 一為經典錄，收錄六藝；二為記傳錄，收錄史傳；三為子兵錄，收錄子書、兵書；四為文集錄，收錄詩賦；五為技術錄，收錄數術；六為佛錄；七為道錄。 書中對於分部和標題，都有些次序，但是割裂文辭分析辭義，卻較為淺薄，且不合經書之義。 梁武帝則因喜愛詩書，在下者受其感化，因此國境之內，家家都有文史書籍。 到了元帝平定侯景之亂，收錄文德殿的圖書和公家私

人所藏的典籍，到江陵去，總共有七萬多卷。等到北周的軍隊攻下江陵，就將這些圖書都焚毀掉了。陳文帝天嘉年間，又再次聚集圖書，但是若詳加考核篇目，遺散的圖書還是很多。

　　當時中原地區則因戰禍相連，多半只知道動刀動槍，比較重視文化教育的多只有前秦、後秦而已。劉裕進入關中以後，收錄長安的圖籍，和府庫的藏書，不過才四千卷而已。所用的卷帙紙張也很普通，文字卻頗為古拙。後魏拓跋氏定都於大同，向南攻打中原，也粗略地收了經史等書，但卻未能完全。到了孝文帝遷都洛陽，向南齊借了不少圖書，秘府之中的收藏才比較充實，後來爾朱榮叛亂，就散落在民間了。到了後齊，遷都於鄴，也對書籍頗有搜集，齊後主天統、武平年間，依然不停地抄寫改定。後周則因建國於關外，強鄰所逼，戰事時起，應接不暇，直到武帝保定元年（五六一），才有圖書八千卷，以後稍稍增多，但也不過一萬卷。等到武帝平定北齊，首先查封了北齊的藏書之府，但也不過多了五千本典籍而已。

　　到了隋文帝開皇三年（五八三），秘書監牛弘上表請求朝廷派遣大臣，到各地去搜求典籍，若有書一卷，賞賜絹布一匹，查寫已畢，書本即歸還原主，於是民間的各種書籍紛紛出籠。等到平定陳國以後，經書漸漸完備，然而檢視所得到的圖書，多半是南陳宣帝太建年間的書籍，紙墨及書法都不是很理想，因而再加以整理編次，以便保存古本。為此召集國內精於書法者，如京師的韋霈、南陽郡的杜頵等人，在秘書省內補訂原有殘缺的經書，並抄寫兩份，藏在宮殿內。其他則用來放在秘書省的內外，共有三萬多卷。煬帝即位，秘閣的圖書限定要寫五十本副本，總共分為三品。上品以紅色琉璃為卷軸，中

品以天青色的琉璃為之，下品則以漆繪的卷軸為之。在洛陽觀文殿東西廂建造屋舍以貯藏這些書，東邊藏甲、乙兩部，西邊則藏丙、丁兩部。又聚集曹魏以來的古跡和名畫，在觀文殿後建兩座高臺，東邊為妙楷台，以收藏古跡，西邊為寶跡臺，收藏古書，又在內道場收集道經、佛經，並另為編寫目錄。

大唐高祖武德五年（六二二），討平王世充，因而把洛陽的圖書古跡全部沒收，又命令司農少卿宋遵貴雇船載運，逆河而上，想運到長安，卻不意行經砥柱時翻覆，大半被河水淹沒了，僥倖存在的不到十分之二，而目錄部分也多被浸濕了，因而也多半殘缺不全。現在查考尚存在的書籍，將它分為四部，合計為一萬四千四百六十六部，共有八萬九千六百六十六卷。其中有以前目錄所採用者，但是文義淺薄通俗，對於教化沒有幫助的，都一概刪去；以前目錄所沒採用，但是文辭可觀，對於世道人心有幫助的，就收錄進來。遠則參考司馬遷、班固的《史記》《漢書》，近則依據王儉的目錄《七志》、阮孝緒的《七錄》，吸取他們的經驗及優點，除去他們駁雜及低俗的地方，截長補短，補其缺失，摘其精密，整理文義，總共五十五篇，各列在該條之下，而為隋朝《經籍志》的依據。雖然尚未能探究聖人高深幽微的旨趣，但是庶幾對於弘揚大道，宣導教化，大有幫助。仁義禮智，用來治國，而方技數術，則為修身所需，諸子百家實為經書的傳播者，文章則為政令教化的文采，都是治世所不可缺少的，所以也都列在這經籍志中。

（周益忠／編寫整理）

大唐三藏聖教序
李世民

李世民像

李世民（五九九—六四九），唐高祖次子，擁其父起兵有功，被封為秦王，後受父禪即位。其在位時期為我國最著名的治世。其文治武功俱有可觀，威震四夷，被尊為天可汗。於儒、釋、道三家，均加以宣導，以助教化，是以四海昇平，締造了我國史上最輝煌的「貞觀之治」。

背景

玄奘於貞觀十九年（六四五）從印度回國，他在前後十七年的留學生涯中，經過了一百二十餘國，所到之處，均向名師大德執經問道。《三藏法師傳》卷三曾記玄奘在那爛陀寺求學的情形：「法師在寺，聽瑜珈三遍，順正理一遍，顯揚、對法各一遍，因明、聲明、集量等論各兩遍，中、百二論各三遍。其俱舍、婆娑、六足、阿毗曇等，已曾於迦濕彌羅諸國聽訖，至此尋讀決疑而已，兼學婆羅門書。」可見其用功的程度。回國後，他帶來原典佛書不知凡幾，在此後的十九年中，他著手翻譯及弘法工作，先後譯了六百五十七部、一

千三百餘卷佛典,對此後佛教的發展產生了極大的影響。

貞觀二十二年(六四八),唐太宗為嘉許玄奘譯經的成就,特頒賜此序。《三藏法師傳》記此事:「帝先許作新經序,國務繁劇,未及措意。至此法師重啟,方為染翰,少頃而成,名《大唐三藏聖教序》,凡七百八十一字,神筆自寫,敕貫眾經之首。」

影 響

佛教自東漢末年傳入中國,直到隋代以前,它顯然還是個外來的宗教。唐初,中國人的佛教思想逐漸成熟,就外形而言,此時實為我國歷史上佛教隆盛達於頂點之時期。這當然跟玄奘西遊,帶來許多佛教原典,加之他熱心真誠且大量地翻譯佛書有關。在中國歷史上曾經盛極一時的禪、天台、三論雖在唐以前已開宗,但真正的發皇盛大,則是在唐以後。玄奘建立的唯識宗,及較晚形成的華嚴宗都影響風氣,不僅在佛教史上,在唐以後的文化史上也扮演了極重要的角色。

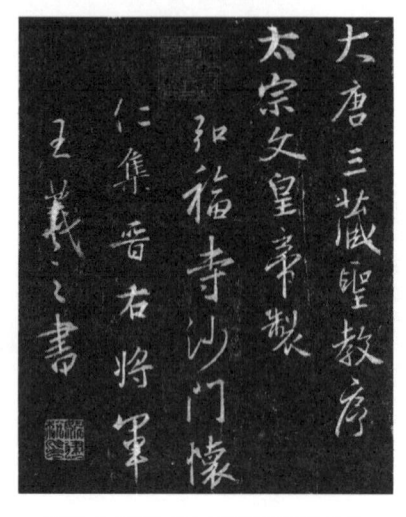

王羲之所書《大唐三藏聖教序》

不過,我們必須承認,唐代佛教的昌盛與初唐君主提倡也有密切關係。玄奘翻譯佛經得到唐太宗的全力支持,而全國各地寺廟的建設,也多得之於君王的資助。如唐高宗即位以來,就在長安建立了會昌寺、勝業寺、慈悲寺、證果尼寺、集仙尼寺,在太原建靈仙寺,

並舍舊第為興聖尼寺，於并州建義興寺等。太宗所建之寺廟更多，法琳的《辯正論》曾載其事說：「主上（指唐太宗）曾經戰場，白刃相拒；至於登極，情深厥衷，乃下敕：凡所陳場，並建寺，有司供給，務令周備；宇內凡置十所，嚴整可見。」太宗早年爭戰，殺戮過多，後來普建宗廟，熱心佛教，當然與他試圖平衡罪惡的心理有關，但他的一舉一動，對日後佛教在中國的發展產生了極深遠的影響，確是我們不能忽略的事實。

原 文

蓋聞二儀有像，顯覆載以含生；四時無形，潛寒暑以化物。是以窺天鑒地，庸愚皆識其端；明陰洞陽，賢哲罕窮其數。然而天地苞乎陰陽，而易識者，以其有像也；陰陽處乎天地，而難窮者，以其無形也。故知像顯可徵，雖愚不惑；形潛莫睹，在智猶迷。況乎佛道崇虛，乘幽控寂。弘濟萬品，典御十方[1]。舉威靈而無上，抑神力而無下。大之則彌於宇宙，細之則攝於毫釐。無滅無生，歷千劫而不古；若隱若顯，運百福而長今。妙道凝玄，遵之莫知其際；法流湛寂，挹之莫測其源。故知蠢蠢凡愚，區區庸鄙，投其旨趣，能無疑惑者哉。

然則大教之興，基乎西土。騰漢庭而皎夢，照東域而流慈[2]。昔者分形分跡之時，言未馳而成化；當常現常之世，民仰德而知遵。及乎晦影歸真，遷儀越世。金容掩色，不鏡三千之光。麗象開圖，空

---

[1] 十方：佛家語，為東、西、南、北、東南、西南、東北、西北及上、下，意指全世界，又作十方世界。
[2] 騰漢庭而皎夢：後漢明帝嘗夜夢金人，有人告訴他金人即佛，因而遣使往西域求佛法。

端四八之相。於是微言廣被，拯含類於三途[3]。遺訓遐宣，導群生於十地[4]。然而真教難仰，莫能一其旨歸；曲學易遵，邪正於焉紛糾。所以空有之論，或習俗而是非；大小之乘，乍沿時而隆替。

有玄奘法師者，法門之領袖也。幼懷貞敏，早悟三空之心；長契神情，先苞四忍之行。松風水月，未足比其清華；仙露明珠，詎能方其朗潤。故以智通無累，神測未形。超六塵而迥出，雙千古而無對。凝心內境，悲正法之陵遲。棲慮玄門，慨深文之訛謬。思欲分條析理，廣彼前聞。截偽續真，開茲後學。是以翹心淨土，往遊西域，乘危遠邁，杖策孤征[5]。積雪晨飛，途間失地，驚砂夕起，空外迷天。萬里山川，撥煙霞而進影；百重寒暑，躡霜雨而前蹤。誠重勞輕，求深願達，周遊西宇十有七年。窮歷道邦，詢求正教。雙林八水，味道餐風[6]。鹿苑鷲峰，瞻奇仰異。承至言於先聖，受真教於上賢。探賾妙門，精窮奧業。一乘五律之道，馳驟於心田。八藏三篋之文，波濤於口海。爰自所歷之國，捴將三藏要文，凡六百五十七部，譯布中夏，宣揚勝業。引慈雲於西極，注法雨於東垂。聖教缺而復全，蒼生罪而還福。濕火宅之乾焰，共拔迷途；朗愛水之昏波，同臻彼岸。

是知惡因業墜，善以緣升。升墜之端，惟人所托。譬夫桂生高嶺，雲露方得泫其花。蓮出淥波，飛塵不能汙其葉。非蓮性自潔，

---

3 三途：佛家語即三惡道，火途（地獄道）、血途（畜生道）、刀途（餓鬼道）。
4 十地：佛家語，地者能生功德之義，其階級有十，故稱十地。見《智度論》卷七十八。
5 往遊西域：詳見本書《〈大唐西域記〉序》。
6 雙林：沙羅雙樹之林，轉謂精舍，即寺廟。八水：佛家語，在彌陀如來報土池中之水，即八功德水。

而桂質本貞。良由所附者高，則微物不能累；所憑者淨，則濁類不能沾。夫以卉木無知，猶資善而成善。況乎人倫有識，不緣慶而求慶。方冀茲經流施，將日月而無窮。斯福遐敷，與乾坤而永大。朕才謝珪璋，言慚博達。至於內典，尤所未閒。昨制序文，深為鄙拙。唯恐穢翰墨於金簡，標瓦礫於珠林。忽得來書，謬承褒讚。循躬省慮，彌益厚顏，善不足稱，空勞致謝。

《大唐三藏聖教序》拓本

譯 文

我曾聽說陰陽兩儀，由太極展現出形象，表現出天覆地載來養育眾生，一年四季也有寒暑的變化來化育萬物，因而俯仰天地，不論賢愚智不肖都能認清它的端由，但是要洞徹天地的道理，雖然是賢智，也有所不能。然而這天地有陰陽的變化，而容易辨識，是因為它有形象可看；陰陽處於天地之間，卻難以窮究，因為它是沒有形象的。所以知道形象顯現出來，則可以徵驗，再笨的人也能瞭解；不見形象，縱使智者、賢人也要迷惑！何況釋道崇尚虛空，神游於幽渺寂寥的領域，普度眾生，可以為天上地下各方的準則，威靈顯赫，神力無邊，沒有其他神威可以超越。放大可以包含整個宇宙，縮小可以放到微小的芥末之間，不會消滅，亦不增長，經歷千年之久，也不覺其古老，似有似無，到今天仍賜福予人。其道理卻至為玄妙，沿波探討仍不知邊際何在，而佛法更是高深莫測，去加以汲取，仍無法窺探其源頭。所以可以知道我們平日的眾生，天性愚昧，探討佛法的意旨，怎能沒有疑惑呢？

但是這偉大的宗教,起源於西方,由於漢明帝的一夢,派人去尋找,終於來到了中原,而能在此盛行。以前天地剛現形的時候,大道並不為眾人瞭解,但是眾人自然成化;當天地之常道顯現的時候,人民崇仰大德,而知道遵循。等到佛祖圓寂之後,三千世界雖不再見到佛光普照,四面八方也未能一睹佛的真相。所幸佛祖的微言大義無所不在,在三惡道中來拯救所有的物類,他所遺留下來的寶典也傳佈到全世界引導各方的眾生。但是至高的教義難以窺探,沒能探測其要旨妙義。而且邪辟的學說容易吸引人,佛教就起了正邪的差異,因而空宗、有宗的不同,也就為俗人的喜好而有了分別,大乘小乘的不同,也由時代的不同而有了興衰。

有位名為玄奘的法師,是佛門的領袖。自幼聰慧,早就領悟到空寂的大道,毅力修行更可嘉,已修習了各種苦行,清風明月不能形容他心地的光明,明珠仙露也不能描繪其言行的圓潤,所以他智慧通達,毫無阻塞,腦筋也特別靈敏,能測知未來,超邁色聲香味觸法的俗塵,而特別突出,千年之前千年之後也無人能相比。他內心悲憫正法衰微,更憂懼佛門經典的錯誤沒能糾正,想要逐步地有條理地整理佛經,除去偽說,彰顯真理,以鼓勵後代學者,因而一心嚮往佛家淨土,想到西域去一探究竟。於是玄奘他不顧危險,一個人孤獨地拄著拐杖走上遙遠的路程,風霜雨雪挾著沙石,往往迷失了方向,如此不知經歷了多少寒暑、跋涉了多少山川。由於誠心篤厚,因而不以此為勞苦,只因所求者宏大精深,這願望終於還是完成了。

總計他周遊西域達十七年之久,到了印度的各個地方訪求正道,到各個叢林、佛土勝地及靈鷲峰等處去一睹淨土風光,並接受佛門高

僧的教誨，得以聆聽佛法的真諦，進入了佛門最深奧的領域，去探究最高深的佛法，因而佛法上乘及戒律的根本，都已默識在心，而菩薩藏、獨覺藏、聲聞藏等佛家三藏的文字，亦在心中翻起波瀾。就所經歷的國家整理出三藏等重要典籍，總共有六百五十七部之多，回到中土加以翻譯，並大加弘揚，可說是從西方極樂世界引來慈雲，然後化成雨珠灌注到東土各地。於是殘缺的宗教終於又能復全，而蒼生的罪業也得以洗淨而得享福業，將熾熱的人間紅塵淋濕，使其不再迷惘，沉陷在愛恨昏沉中的眾生也能夠重享朗朗乾坤的關照，一同到達淨土的那一邊。

因而知道作惡者乃因罪惡而墜落，行善者因善緣而能超升，超升或墜落都是由自己造成的。就比如桂樹生在高山，雲露方能灌溉其花朵；蓮花生於水上，因而飛塵不能污染其葉片。這並非蓮性愛清潔、桂花本質特別堅貞，實在是因為它所附著者高，那麼灰塵就不能沾染到它；它所依憑者特別乾淨，那麼污濁者也不能玷污了它。可知草木以其無知，猶能因善而成善，何況人類是有知識的，怎能不慶幸自己有知，而真的有可以慶幸的呢？我正盼望這些經典的流布，將與日月同光，無窮無盡，而眾生所享的福分，也將甚為久長，跟宇宙一樣永遠廣大。我的才能不好，言語不能通達，至於佛門典籍，更是不能瞭解，作了這篇序文，非常簡陋。只恐怕這種粗劣的文筆，污染了佛經的輝煌，更怕這瓦礫般的賤物，有礙眾人的觀瞻，若有人妄加稱讚，我自己私底下反省，只更覺得慚愧，實在不配讓人稱讚，也不知該如何表達我的心意！

（周益忠、周志文 / 編寫整理）

《大唐西域記》序
玄奘

玄奘（六〇二—六六四），本姓陳，名褘，唐時洛州緱氏（今河南偃師緱氏鎮）人。貞觀年間，發憤西行取經，回來後廣校佛經，並開唯識宗一派。

背景

玄奘十歲時，父親去世，其由早年出家的哥哥帶到寺中撫養，十三歲也出了家。隋末大亂，他從洛陽逃到長安，又從長安逃入四川，在成都定慧寺受具足大戒，此年他二十一歲。

不久，他展開國內的遊學旅行，離開四川後，他先後到過湖北、湖南、安徽、江蘇、河北、河南等地，拜訪各地名師，參加講座。他學無常師，亦不宗一派一說。經過一段時日，他發覺雖為同一部經，卻解說歧異。《舊唐書・玄奘傳》說：「大業末出家，博涉經論。嘗謂翻譯者，多有訛謬，故就西域，廣求異本，以參驗之。」在這個動機下，他決心去印度求經。

他從河西走廊向西，經過今天的新疆、阿富汗、喀什米爾到印度，前後十九年在外。貞觀十九年（六四五）回國，隨即在官方贊助

玄奘像

下，著手翻譯佛經的工作。在此後十九年之間，總共譯了一千三百三十八卷佛典。《大唐大慈恩寺三藏法師傳》說：「專務翻譯，無棄寸陰，每日自立程課，若晝日有事不允，必兼夜以續之。」

他不但譯佛經原典，並開唯識宗，對後來的華嚴宗及北宗禪都有十分深遠的影響。

影 響

《舊唐書・玄奘傳》說：「貞觀初，(玄奘)隨商人往游西域。玄奘既辯博出群，所在必為講釋論難，蕃人遠近咸尊伏之。在西域十七年，經百餘國，悉解其國之語，乃採其山川謠俗、土地所有，撰《西域記》十二卷。」

《大唐大慈恩寺三藏法師傳》記貞觀二十年（六四六）奉敕修《西域記》，玄奘上表曰：「尋求歷覽，時序推遷，言返帝京，淹逾一紀，所聞所履，百又二十八國。」

由以上所引二文，可知《大唐西域記》之內容及旨趣所在。此書除了使我們瞭解玄奘當年求經的困難歷程，它還提供我們：

一、對七世紀前後的西域及印度，不論在歷史、地理及風土人情的認識上，它提供了大批的資料。

二、對佛教史的研究，本書也有積極的貢獻，其中有關印度及西域諸國的僧院、佛教流派的資料尤多。

三、對中西交通史的研究有極大的助益。

原 文

　　竊以穹儀方載之廣，蘊識懷靈之異。談天無以究其極，括地詎足辯其原。是知方志所未傳，聲教所不暨者，豈可勝道哉？

　　詳夫天竺之為國也，其來尚矣。聖賢以之疊軫，仁義於焉成俗。然事絕於曩代，壤隔於中土。山經莫之紀，王會所不書。博望鑿空，徒實懷於邛竹；昆明道閉，謬肆力於神池[1]。遂使瑞表恆星，鬱玄妙於千載；夢彰佩日，秘神光於萬里。

　　暨於蔡愔訪道，摩騰入洛[2]。經藏石室，未盡龍宮之奧；像畫涼臺，寧極鷲峰之美？自茲厥後，時政多虞。閹豎乘權，憤東京而鼎峙；母后成釁，剪中朝而幅裂[3]。憲章泯於函雒，烽燧警於關塞。四郊因而多壘，況茲邦之絕遠哉？然而釣奇之客，希世間至。頗存記注，寧盡物土之宜；徒採《神經》，未極真如之旨。

　　有隋一統，寔務恢疆，尚且眷西海而咨嗟，望東雒而抒軸。揚旌玉門之表，信亦多人；利涉蔥嶺之源，蓋無足紀。曷能指雪山而長騖，望龍池而一息者哉？良由德不被物，威不及遠。我大唐之有天下也，辟寰宇而創帝圖，掃攙搶而清天步。功侔造化，明等照臨。人荷再生，骨肉豺狼之吻；家蒙錫壽，還魂鬼蜮之墟。總異類於槁街，

---

1 邛竹：《史記・大宛列傳》：騫曰：「臣在大夏時，見邛竹杖蜀布，問曰：安得此？大夏國人曰：吾賈人往市之身毒，身毒，在大夏東南可數千里。」身毒即天竺，亦今之印度。神池：《漢書・武帝紀》：「元狩三年，發謫吏穿昆明池。」注引臣瓚曰：「西南夷傳有越巂，昆明國有滇池，方三百里，漢……欲伐之，故作昆明池象之，以習水戰。」又《西京雜記》卷上云：「昆明池刻玉石為鯨，每至雷雨，常鳴吼，鬐尾皆動。」
2 訪道、入洛：後漢明帝嘗命蔡愔至大月氏，與迦葉摩騰、竺法蘭二僧共攜佛像、佛經以歸，在洛陽建白馬寺。
3 母后成釁：指晉惠帝時賈后專權，而引起八王之亂，即所謂剪中朝而幅裂。

掩遐荒於輿地[4]。苑十洲而池環海，小五帝而鄙上皇。

　　法師幼漸法門，慨祇園之莫履，長懷真跡，仰鹿野而翹心。褰裳淨境，實惟素蓄。會淳風之西偃，屬候律之東歸。以貞觀三年，杖錫遵路，資皇靈而抵殊俗，冒重險其若夷；假冥助而踐畏塗，幾必危而已濟。暄寒驟徙，輾轉方達。言尋真相，見不見於空有之間；博考精微，聞不聞於生滅之際。廓群疑於性海，啟妙覺於迷津。

　　於是櫽括眾經，無片言而不盡；傍稽聖跡，無一物而不窺。周流多載，方始旋返。十九年正月，屆於長安。所獲經論六百五十部，有詔譯焉。親踐者一百一十國，傳聞者二十八國，或事見於前典，或名始於今代。莫不餐和飲澤，頓顙而知歸；請吏革音，梯山而奉贐。歡闕庭而相抃，襲冠帶而成群。

　　爾其物產風土之差，習俗山川之異，遠則稽之於國典，近則詳之於故老。邈矣殊方，依然在目。無勞握槧，已詳油素，名為《大唐西域記》，一帙十二卷。竊惟書事記言，固已緝於微婉；瑣詞小道，莫有補於遺闕。

《大唐西域記》

譯　文

　　宇宙的廣大及天地間所包含的各種五花八門、稀奇古怪的事太多了。談天說地，既無法窮究它的奧秘，更無從知道其來頭。所以各地的方志所沒記載、大家所沒聽說過的事情，多得實在無法一一講出來。

---

4 槁街：即葉街。漢長安城南街名，諸夷之客邸大多設於此。《漢書·陳湯傳》：「斬郅支首及名王以下，宜懸頭葉街蠻夷邸間，以示萬里。」

印度這個國家，立國已久，代有聖賢出現，人民早已薰染於仁義的風俗之中，但是因與我中國山川阻隔，歷代不相往來，因此《山海經》未曾加以記載，《周書》也沒加以記入，張騫通西域，只不過點到大夏國西南之外有所謂印度國而已，通往昆明的道路封閉後，只是在長安挖了個昆明池，無法前往瞭解印度。因而使得大家只把它看作一顆無法到達的星星，雖然祥瑞，卻蘊藏了幾千年的玄妙，雖也讓漢明帝夢見了，卻仍以為這是萬里之外無法到達的神秘地區。

　　一直到蔡愔求道，跟迦葉摩騰到了中土後，藏經石室所藏的書，還不能說盡淨土的奧妙；各地建造的涼臺所畫的圖像，難道就能畫出靈鷲峰的壯美來？而且此後國家政治每多事情，宦官乘機攬權，先是有賈氏貴為太后，卻亂用權力引起了八王之亂，而後又有匈奴部族的叛變，佔領洛陽而晉朝的領土泰半失去。許多重要的檔案文件，在函谷關和洛陽之間的黃河道上失散了，關塞烽煙也因而頻頻示警，從此中國四境戰火蜂起，因而對於遠方的印度就沒法去注意了。愛奇好事的人，雖然偶爾也曾出現過，卻只在為古書作記作注時稍一提起，哪裡能描繪出該國的情形？只是從《神異經》等這一類的書籍探討，也很難窮究真正的妙義所在。

　　隋朝統一南北以後，國力大增，尚且望著西域而興嘆，只能在東方一帶大加經營。揚威於玉門關之外，也還有不少人；但是能渡過蔥嶺之源頭去到印度，好像就沒人了。因此對於印度的名山勝水也就只能在此空自讚嘆罷了。這也是由於隋朝德化尚不能覆載萬物，威信還不能傳播遠方。到了我大唐繼承隋朝有了天下以後，開闢宇宙之內，創造空前未有的帝國，掃除各地的妖氛，而天下太平，大功可以跟造

化並齊,光明也可跟日月同列。 對於天下百姓有再生的恩德,對於許多破碎的家庭也有重造的功勞。 融合各種族於一體,將遙遠的地方都收入版圖之內,以十洲之大為下苑,以四海之廣為池水。 三皇五帝也沒有我大唐皇帝來得偉大。

　　玄奘自幼即在於佛門,受佛法的感召。 感嘆印度祇樹給孤獨園的名聲雖響,卻未能一睹,又懷念佛土的種種事蹟,想要一睹真面目,因而決定長途跋涉到西土去一探究竟。 這種心意已經蘊藏了好久,正巧中國國威西揚,西域各國感慕而來歸,因此中西交通暢達無比,於是在貞觀三年(六二九)由皇上下詔,命玄奘循路前往西域,借著皇上的恩寵、祖先的保佑,因而突破重重險阻而到達西域。 又承蒙冥冥上蒼的護佑,而經過各種難關,雖然幾次瀕於九死一生,終於都能渡過。 幾經寒暑往來,歷盡各種轉折終於完成任務。 要尋求真相,因而見以前所未嘗見的佛道在虛空和實有之間;考察最精巧最微的真理,聽以前所未嘗聽的道理在生老病死之際! 清除眾生的迷惘於無邊的法力中,啟發生民的大覺悟於迷失的人生旅途中。

　　於是就此訂正佛經,詳細得沒有疏漏之處,並且考察印證佛法的傳佈。 只要是佛經所記載的地方,他沒有不去的,如此參觀訪問多年,才回到中土。 於貞觀十九年(六四五)正月,在長安展示他獲得的佛經六百五十七部。 皇上也下詔要翻譯這些佛經。 總計他所到達的地方多達一百一十國,所知曉而沒到達的也有二十八國,這些事蹟有些書本上早已出現,有的當時才聽到,但是大家沒有不滿懷收穫,因而佩服得五體投地的。 於是世人紛紛登山來禮佛,為他歡呼於廟庭中而爭相參見,衣冠革履的士族也成群結隊地趕來朝拜。

至於國土人情、山川產物的差別，遠則可以考察到國家秘府典藏的書籍，近則可以向那些飽學宿儒印證。這些遙遠的地方，如今好像清楚地就在眼前，不必再去製版印製，因為已經寫在精白的紙絹上了，書名就叫作《大唐西域記》，共有十二卷。我只記載這些瑣事，其他已經在書中編次出來了，我這些瑣碎的不成大體的話，希望能對書上沒談到的有加以補充的功效。

（周益忠、周志文／編寫整理）

《尚書正義》序

孔穎達

孔穎達（五七四—六四八），字衝遠，唐冀州衡水（今屬河北）人。少時即於隋煬帝朝中參與論議群經，入唐後，升官至國子司業、國子祭酒諸職。奉太宗詔，撰《五經正義》。卒諡憲。《舊唐書》卷七十三、《新唐書》卷一百九十八皆有傳。

孔穎達像

背 景

唐太宗即位初年，即崇學重儒，置弘文學館，精選天下文彥碩儒講論經義，每到夜分始罷。又表彰先儒勸勉後生，不僅用其書，而且還行其道，當時儒學之盛，濟濟洋洋，可以稱得上冠冕前代。

貞觀十六年（六四二），以儒學家門太多，章句甚是雜亂，於是命令孔穎達、顏師古、司馬才章、王恭、王琰等，撰《五經義訓》，凡一百八十卷，號義贊，後改名正義。至高宗永徽二年（六五一），又命中書門下、國子三館博士與弘文館學士加以考證，于志寧、張行成、高季輔就正義加以增損，書始頒行天下。其中纂修的《尚書正義》，是以東晉梅賾所上的偽孔傳為底本，然後參以其他六家說法，

加以取捨揚榷，成為現在通行的十三經注疏本的骨幹。

《五經正義》一出，行於南北的學說義疏，復歸於統一，而且終唐之世無異說，因為它是唐代開科取士的定本，凡欲參加科舉的士子，沒有不研習此書的，所以影響重大，《尚書正義序》正是其舉足輕重的縮影。

影　響

自《正義》出而《尚書》的說法歸於統一，不再有紛歧的見解，至終唐之世竟無異說。唐以前治《尚書》的人多為義疏，尤以南北朝為盛，自《正義》出，即為義疏體的結束，代之而起的，即為正義體的流行。影響所及，如賈公彥之於《周禮》《儀禮》疏，邢昺之為《論語》《孝經》《爾雅》疏。甚至清代的漢學家，用正義為名的亦不乏其人，像劉寶楠的《論語正義》、焦循的《孟子正義》、孫詒讓的《周禮正義》等，無不沿襲這種體式。

唯自《正義》出，前此的著作，也隨著相繼淪亡，後代的學者如欲探求古義，考證古文，卻無從而得。且學術既歸於統一，才智之士又不得以己意解經，於是牽強附會的風氣在不知不覺中形成。尤其唐代開科取士，既以《正義》為標準本，因此士子所習，不敢稍有出入，在無形中也限制了學術的發展。經學之所以不能像前代那樣蓬勃有朝氣，實不能不歸咎於《正義》。

是其功過互見，未可一概而論，唯在《正義》的統一背後，隱然潛藏著一股疑黜經書的浪潮，為宋代經學另闢別派。

原 文

夫書者，人君辭誥之典，右史記言之策[1]。古之正者，事總萬機，發號出令，義非一揆。或設教以馭下，或展禮以事上，或宣威以肅震曜，或敷和而散風雨。得之則百度惟貞，失之則千里斯謬。樞機之發，榮辱之生，絲綸之動，不可不慎[2]。所以辭不苟出，君舉必書。欲其昭法誡，慎言行也。其泉源所漸，基於出震之君，黼藻斯彰，郁乎如雲之後。

勳華揖讓，而典謨起。湯武革命，而誓誥興。先師宣父生於周末，有至德而無至位，修聖道以顯聖人。芟煩亂，而翦浮辭；舉宏維，而撮機要[3]。上斷唐虞，下終秦魯。時經五代，書總百篇。採翡翠之羽毛，拔犀象之牙角。磬荊山之石，所得者連城；窮漢水之濱，所求者照乘。巍巍蕩蕩，無得而稱；郁郁紛紛，於斯為盛。斯乃前言往行，足以垂法將來者也。

暨乎七雄已戰，五精未聚[4]。儒雅與深阱同埋，經典共積薪俱燎。漢氏大濟區宇，廣求遺逸，採古文於金石，得今書於齊魯[5]。其文則歐陽、夏侯二家之所說，蔡邕碑石刻之。古文則兩漢亦所不行，安國注

---

1 右史：《禮記・玉藻》：「言則右史書之。」古書有所謂左史記功、右史記言。或則以為右史記事、左史記言，如《漢書・藝文志》。
2 絲綸：《禮記・緇衣》：「王言如絲，其出如綸。」疏：「王言初出微細如絲，及其出行於外，言更漸大如綸也。」後引申為帝王詔書。
3 「芟煩亂」二句：言孔子刪訂《尚書》為一百篇。
4 五精：五行之精。《易林》：「仁德不暴，五精就舍。」
5 得今書於齊魯：《史記・儒林傳》：「秦時焚書，伏生壁藏之，其後，兵大起，流亡，漢定，伏生求其書，亡數十篇，獨得二十九篇，即以教於齊魯之間，學者由是頗能言《尚書》。」

之,實遭巫蠱,遂寢而不用[6]。 歷及魏晉,方始稍興。 故馬鄭諸儒,莫睹其學。 所注經傳,時或異同。 晉世皇甫謐獨得其書,載於帝紀。 其後傳授乃可詳焉。 但古文經,雖然早出,晚始得行。 其辭富而備,其義弘而雅,故復而不厭,久而愈亮。 江左學者,咸悉祖焉[7]。 近至隋初,始流河朔。

其為正義者,蔡大寶、巢猗、費甝、顧彪、劉焯、劉炫等,其諸公旨趣多或因循怗釋注文,義皆淺略。 惟劉焯、劉炫最為詳雅,然焯乃織綜經文,穿鑿孔穴,詭其新見,異彼前儒,非險而更為險,無義而更生義。 竊以古人言諾,惟在達情。 雖復時或取象,不必辭皆有意。 若其言必托數,經悉對文,斯乃鼓怒浪於平流,震驚飆於靜樹,使教者煩而多惑,學者勞而少功。 過猶不及,良為此也。 炫嫌焯之煩雜,就而刪焉。 雖復微稍省要,又好改張前義。 義更太略,辭又過華。 雖為文筆之善,乃非開獎之路。 義既無義,文又非文。 欲使後生,若為領袖,此乃炫之所失,未為得也。

今奉明敕,考定是非,謹罄庸愚,竭所聞見。 覽古人之傳記,質近代之異同。 存其是而去其非,削其煩而增其簡。 此亦非敢臆說,必據舊聞。 與朝散大夫行太學博士臣王德韶,前四門助教臣李子雲等,謹共銓敘。 至十六年,又奉敕與前修疏人,及通直郎行四門博士驍

---

[6] 「安國注之」二句:《漢書・藝文志》:「古文尚書者,出孔子壁中,武帝末,魯共王壞孔子宅,欲以廣其宮,而得古文尚書。……孔安國者,孔子後也,悉得其書,以考二十九篇,得多十六篇,安國獻之,遭巫蠱事,未列於學官。」

[7] 江左學者:指東晉及南朝學者宗法古尚文書之說。此為清代閻若璩等考訂為東晉梅賾所偽造的古文尚書者,亦即所謂偽孔傳。當時北朝猶以鄭玄兼收今古之注本為準。唐朝續隋有天下後,孔穎達奉太宗令撰《尚書正義》則以梅賾所偽之古文尚書為依歸,因而對於偽孔傳頗多讚美之語。

騎尉臣朱長才給事郎、守四門博士上騎都尉臣蘇德融、登仕郎守太學助教雲騎尉臣隨德素、儒林郎守四門助教雲騎尉臣王士雄等對敕，使趙弘智復更詳審，為之正義，凡二十卷，庶對揚於聖範，冀有益於童稚，略陳其事，敘之云爾。

《尚書正義》

譯　文

　　書經乃是人君一切辭令的書冊，也是史官記錄皇上言行的典籍。當時主持國家大事者，日理萬機，發號施令，所運用的準則也有多種，因而必實行教化，以便統御臣下；有時也舉行各種儀式，來祭拜上天；有時則大展雄威來肅清宇內；也有時突發仁心，普降恩澤於百姓。處理得當，那麼各種措施都很令人讚揚，若措施不妥，就像差之毫釐一樣，將失之千里。這是國事的關鍵所在，榮譽或羞辱的差別，都在於此，所以國君的言行詔令不可不謹慎。以前認為國君言辭不可隨意，國君有所舉動，史臣必定寫下來，這是想要他能彰明國家的法令告誡，謹慎自己一言一行的原因。如同源泉般地不停地噴出並湧向四方，都是源於國君具有偉大影響力，華美的辭藻，可以如此彰顯，也是來自國君的文采出眾。

　　堯舜無私能夠禪讓，表現出來就成為書經的《堯典》《大禹謨》等各篇，因商湯、周武革命，所以各種誓詞、告誡的篇章也就一一出現。我們的至聖先師孔子，生於春秋末年，有至高的德行，卻沒有登上國君寶座，因而勤修古聖王所留下的聖道，用來彰顯聖人。刪除古書紛亂並對浮誇者加以剪裁，選出對治國的政策有重要影響力的，並

且抓出其中最重要者。從堯舜開始,一直到春秋,歷經五代,總共百篇。文辭華美如同翡翠的羽毛,又如同象牙、犀角一樣可觀,內容更是珍貴,如同荊山漢濱的寶石一樣,價值連城,那樣地高偉,那樣地浩大,實在無法來形容它,既茂盛又漂亮,沒有其他書比書經更出色的。早期帝王功臣聖賢的言行中,最能夠留傳給後世的,可說都在這裡了。

到了戰國之時,秦楚等七雄攻戰未休,中國尚未能平定,儒道埋沒,經典也付之一炬。等到漢室興起,因而廣求古時的遺書,由孔壁及鐘鼎金石中得到了古文尚書,也從齊魯各地的儒者得到了今文經典。今文經典有歐陽高和夏侯勝、夏侯建等的不同,後來蔡邕曾立碑石並且刻下這兩家的說法。古文家在兩漢時尚未流行,孔安國獻古文尚書,並且加以注解,只因不巧碰到了武帝時的巫蠱之禍,因而並沒有被採用,到了魏晉以後,才慢慢地被人注意,而開始興起,因而東漢大儒馬融、鄭玄無由目睹古文尚書,所注的尚書經傳,只是偶然採用古文學的說法,和古文尚書頗有出入。到了晉朝時皇甫謐從武帝獲得這個秘本,在《晉書・武帝紀》中曾有記載。以後《尚書》的傳授也才漸漸詳細。只不過古文尚書出現得早,卻很晚才得以盛行,它的辭藻華美,內容豐富,義理宏大而高雅,因而雖一再翻閱也不會厭倦,越久越能顯出其光芒。當時江東學者,都以古文為宗,到了隋朝時,才傳到北方。

在此所以要撰《尚書正義》的原因,是為了蔡大寶、巢猗、費甝、顧彪、劉焯、劉炫等人,這些人注解書經多半因循前人,注解文義都很淺顯簡略,其中只有劉焯、劉炫所注的比較詳細,但是劉焯對

古書往往斷章取義，穿鑿附會，假託是自己異於前人的高見，在沒話中找話，在平淺中故作驚人之論。我認為古人的言辭不過是在表情達意而已。雖然偶爾也用了些象徵之類的言辭，卻也不一定每句話都有意思。若說言辭都有深意寄託於其中，這就像在平靜的河流中，故意興風作浪；對安穩的大樹，故意刮起大風，無事找事，使得傳授書經者感到煩瑣，而且迷惑，研究者更是花費多而收穫少，這都是過猶不及的原因。劉炫則嫌棄劉焯的繁雜，因而加以刪減，雖然比較簡要一些，但是卻又喜歡故意改變前人的說法。意義過於簡略，辭藻又過度浮華不實，雖然文筆可觀，實在不是開導、獎勵後人的好法子。因為劉炫所注文義都不是很理想，只想使後人以他為依歸，這也是劉炫的毛病。

　　如今我接受皇帝的詔示，來考訂辨別書經注解的是非所在，因而竭盡所能，參照古人留下的典籍，並且跟近代各種不同的說法做一番比較，將正確無誤的說法保留，將大謬不然的除去，將煩瑣不當的刪掉，而特別保留簡要者。並不是說我敢隨便以己意來臆測，這都是根據古書有詳明的依據。在此謹和朝散大夫行太學博士王德韶，前四門助教李子雲等共同來編修注解，到了貞觀十六年（六四二）又奉皇上命令，跟前面二人及通直郎行四門博士驍騎尉朱長才給事郎、守四門博士上騎都尉蘇德融、登仕郎守太學助教雲騎尉隨德素、儒林郎守四門助教雲騎尉王士雄等覆核皇上詔命編修的書，又使趙弘智更加詳細地復審，作了《尚書正義》二十卷，希望能彰顯聖王的典型，並且有助於後生小子。在此簡單地陳述其經過原始，以作為本書的序文。

（周益忠、沈寶春／編寫整理）

大歷史・大文章【古代篇】

主編：龔鵬程
發行人：陳曉林
出版所：風雲時代出版股份有限公司
地址：10576台北市民生東路五段178號7樓之3
電話：(02) 2756-0949
傳真：(02) 2765-3799
執行主編：朱墨菲
美術設計：吳宗潔
業務總監：張瑋鳳

初版日期：2025年5月
版權授權：龔鵬程
ISBN：978-626-7510-57-5

風雲書網：http://www.eastbooks.com.tw
官方部落格：http://eastbooks.pixnet.net/blog
Facebook：http://www.facebook.com/h7560949
E-mail：h7560949@ms15.hinet.net
劃撥帳號：12043291
戶名：風雲時代出版股份有限公司

風雲發行所：33373桃園市龜山區公西村2鄰復興街304巷96號
電話：(03) 318-1378
傳真：(03) 318-1378
法律顧問：永然法律事務所 李永然律師
　　　　　北辰著作權事務所 蕭雄淋律師

行政院新聞局局版台業字第3595號 營利事業統一編號22759935
© 2025 by Storm & Stress Publishing Co.Printed in Taiwan
◎如有缺頁或裝訂錯誤，請退回本社更換

定價：540元　　版權所有　翻印必究

國家圖書館出版品預行編目資料

大歷史.大文章. 古代篇 / 龔鵬程著. -- 初版. -- 臺北市：
風雲時代出版股份有限公司, 2025.03　面；　公分

ISBN 978-626-7510-57-5 (平裝)
1.CST: 中國史 2.CST: 中國文學 3.CST: 作品集
610　　　　　　　　　　　　　　　　114000488